PRÉCIS ÉLÉMENTAIRE

DE

DROIT ROMAIN

(NOTES DE COURS)

LES OBLIGATIONS

SOCIÉTÉ ANONYME

DU

RECUEIL SIREY

22, Rue Soufflot, PARIS, 5e

LÉON TENIN, Directeur de la Librairie

1926

PRÉCIS ÉLÉMENTAIRE

DE

DROIT ROMAIN

(NOTES DE COURS)

———

LES OBLIGATIONS

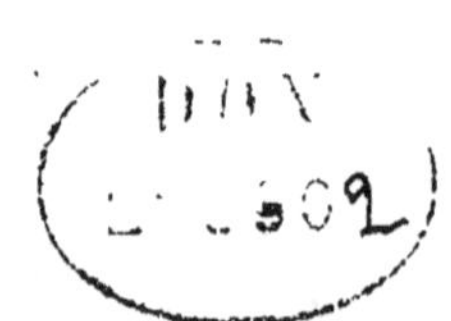

PRÉCIS ÉLÉMENTAIRE

DE

DROIT ROMAIN

(NOTES DE COURS)

LES OBLIGATIONS

SOCIÉTÉ ANONYME

DU

RECUEIL SIREY

22, Rue Soufflot, PARIS 5e

LÉON TENIN, Directeur de la Librairie

1926

Avertissement

Ce petit volume contient un exposé élémentaire des Obligations en droit romain. *Il peut servir de guide aux étudiants de seconde année. L'absence d'un appareil suffisant de textes doit rappeler à ces étudiants qu'un tel exposé ne les dispense pas :* 1° *de recourir aux sources,* au Corpus juris civilis, *mais principalement à ces recueils de textes de droit romain qui contiennent les reconstitutions de la loi des XII Tables et de l'édit du préteur, les Institutes de Gaius, les Sentences de Paul, les Règles d'Ulpien et les Institutes de Justinien*[1]; 2° *de développer leurs connaissances et leur esprit critique par la lecture de Manuels plus étendus et de monographies bien faites;* 3° *d'assister à ces cours et conférences, qui facilitent l'assimilation des données, la compréhension des principes et où se donnent parfois les prémisses d'un enseignement qui s'éprouve avant même qu'il puisse se préciser dans des écrits.*

Cependant, tel qu'il s'offre aux étudiants, cet exposé donne les résultats d'un enseignement. Il ne fait pas seulement appel à la mémoire des étudiants, mais avant

---

1. Le meilleur de ces recueils est le recueil de Girard, *Textes de droit romain*, 5e édition.

tout à leur raisonnement réfléchi. Ceux-ci y trouveront un guide au courant des travaux scientifiques particuliers parus jusqu'à ce jour.

Ils y trouveront les résultats de l'enseignement donné d'une manière générale dans les Facultés de Droit, en deuxième année de licence. Toutefois, nous avons suivi plus particulièrement l'enseignement donné par M. Senn à la Faculté de droit de Paris, en ce qui concerne le plan du cours, l'étude des éléments constitutifs du contrat, l'aperçu historique de la formation des contrats, le contrat litteris, la fiducie, la dation d'arrhes, le dépôt irrégulier, le contrat de vente, le mandat, les contrats innommés, les sources non-contractuelles et non-délictuelles d'obligations, la faute contractuelle et la condition

Mars 1925.

ABREVIATIONS

Gaius : Institutes de Gaius; Ulpien, *Reg.* : Règles d'Ulpien; Paul, *Sent.* : Sentences de Paul; *Fragm. Vat.* : Fragments du Vatican (textes reproduits dans Girard, *Textes*, 5ᵉ éd., pp. 211 et s.).

C. : Code de Justinien; *D.* : Digeste de Justinien; *Inst.* : Institutes de Justinien; *Nov.* : Novelles de Justinien (dont l'ensemble est dit *Corpus juris civilis*, 3 vol., éd. Mommsen, Krueger et Schoell-Kroll).

Les Obligations

INTRODUCTION

§ 1. — *L'obligation et l'action « in personam ».*

Gaius, 4, 1-3, indique deux genres d'actions : l'action *in rem* et l'action *in personam*.

L'action *in rem* est donnée à celui qui revendique la *potestas* ou le *dominium* ou une fraction de *dominium* sur une personne ou sur une chose. L'action *in rem* est intentée par celui qui affirme sa *potestas* sur un fils, *vindicatio filii;* son *dominium*, sa propriété sur une chose, *rei vindicatio;* sur un esclave prétendu libre, *vindicatio in servitutem;* sur une hérédité, *vindicatio generalis* ou pétition d'hérédité; sur une servitude, *vindicatio servitutis* ou action confessoire, etc.

L'action *in rem* est bien intentée contre une personne : possesseur ou détenteur de la chose, des biens héréditaires, etc. Mais il n'en demeure pas moins que par l'action le demandeur prétend affirmer sa puissance ou son *dominium*. Il déclare avoir le droit de suivre directement la chose. Au temps des Actions de la loi, il déclarait *aio* HANC REM MEAM ESSE *ex jure quiritium* (je dis que telle chose est à moi), énonçant ainsi le rapport direct qu'il affirmait avoir sur la chose à raison de son *dominium* sur cette chose. Au temps de la procédure formulaire, il en est de même : si la *condemnatio* indique naturellement le nom du défendeur, *l'intentio n'évoque que le rapport de puissance que le demandeur exerce sur la chose : si paret* REM *qua de agitur in jure quiritium* A. AGERII *esse* (s'il apparaît que telle chose est à A. Agerius).

Il en est tout autrement de l'*actio in personam*. Le demandeur y réclame toujours une chose ou l'exécution d'un acte ou une abstention.

Mais, si nous envisageons par exemple le cas où il ré clame une chose, nous constatons qu'il n'affirme plus, comme au cas d'action réelle, sa puissance, son *dominium*, total ou partiel, sur la chose réclamée. Il se contente de réclamer la chose au défendeur qui, d'ailleurs, suivant les cas, est ou non propriétaire. Il s'adresse au défendeur pour lui demander d'exécuter une obligation qui lui incombe de *dare*. Ainsi, au cas où il réclamera une somme d'argent qui lui a été promise à la suite d'une stipulation, sous les Actions de la loi, le demandeur déclarera *aio* TE MIHI *centum* DARE OPORTERE (je dis que *tu* dois *me* faire dation de cent); sous la procédure formulaire, l'*intentio* portera *si paret* N. NEGIDIUM A. AGERIO *centum dare oportere* (s'il apparaît que N. Negidius doit *dare* 100 à Aulus Agerius). *L'intentio énoncera le rapport qui existe entre deux personnes*, l'une dite créancier et l'autre dite débiteur, qui est obligée de *dare*.

D'une manière générale, nous intentons l'action personnelle, *in personam*, lorsque nous demandons à une personne de *dare* (transférer), *facere* (faire), *non facere* (ne pas faire), *praestare* (fournir une prestation) : et que cette personne est déclarée par nous obligée à ces actes ou à ces abstentions : *cum intendimus dare, facere*[1], *praestare oportere.*

Le créancier, *creditor*, est celui qui a le droit de réclamer ces actes ou ces abstentions; son droit est dit créance. Le débiteur, *debitor*, est celui qui les doit; ce dont il est tenu est appelé dette.

L'obligation, *obligatio* (de *ob ligare*), est le lien de droit, le *vinculum juris* qui unit créancier et débiteur, qui lie le débiteur au créancier qui peut le contraindre à exécuter[2]. Le langage juridique moderne l'appelle aussi droit personnel.

§ 2. — *De la nécessité de l'existence des liens de droit ou obligations pour l'établissement d'une véritable société entre les hommes.*

Il est naturel et nécessaire que l'homme ait pouvoir, puissance sur les diverses choses qui ont été mises à sa disposition en vue d'assurer sa vie matérielle et de remplir sa destinée. Les droits réels constituent, sans aucun doute, une des principales assises de toute société. Il n'en est pas moins vrai que les groupements et les individus, à moins de demeurer isolés ou le plus souvent ennemis, ne peuvent pas s'en contenter.

L'existence de liens de droit, *vincula juris* ou obligations,

---

1. Paul, *Digeste*, 44, 7, *fr.* 3, *pr. : obligationum substantia in eo consistit ut alium nobis obstringat* AD DANDUM ALIQUID VEL FACIENDUM VEL PRAESTANDUM.

2. *Inst.*, 3, 13, *de obligationibus, pr. : obligatio est* JURIS VINCULUM, *quo necessitate adstringimur alicujus solvendae rei secundum nostrae civitatis jura.*

est nécessaire aux groupements et aux individus pour maintenir entre eux la justice, l'ordre, l'harmonie. Ces liens, en rendant les divers membres d'une société dépendants les uns des autres, permettent à toute société de remplir ses fins. Il suffit, pour s'en rendre compte, d'énumérer les diverses sources de ces obligations. Qu'elles naissent à raison des délits commis et qu'elles aient pour but de faire obtenir à la victime du délit une réparation; qu'elles naissent à raison de contrats conclus et qu'en assurant le respect de la parole donnée, elles donnent satisfaction aux besoins des hommes; qu'elles naissent d'autres sources encore : les obligations tendent, dans tous les cas, à resserrer les liens de la société des hommes entre eux, *devincire hominum inter homines societatem* (Cicéron).

L'importance et le nombre des obligations ou liens de droit entre les hommes varient suivant l'état économique, intellectuel ou moral des diverses époques. Leur complexité même est un facteur d'entente et de paix sociales.

PREMIÈRE PARTIE

SOURCES DES OBLIGATIONS

Les deux principales sources des obligations sont :
les délits, *delicta, maleficia;* et les contrats, *contractus*[1].

Il se peut qu'à une époque fort ancienne, seules les obligations délictuelles aient existé; mais cela ɳ'est pas certain;
le droit romain le plus ancien, que nous puissions étudier,
connaît obligations délictuelles et obligations contractuelles.
Mais, ce qui est certain, c'est que souvent des rapports d'affaires, existant entre particuliers, ont été sanctionnés par des
actions délictuelles avant de l'être par des actions contractuelles. Souvent, on a puni les fausses déclarations ou les trompe-
ries ou la violation de la parole donnée comme délits, avant
d'assurer le respect de la parole donnée et la sanction de rapports contractuels par des actions contractuelles[2].

Cependant contrats et délits ne sont pas demeurés les
seules sources d'obligations. Gaius déclare que des obli-

---

1. Gaius, 3, 88 : *omnis obligatio vel ex contractu nascitur vel ex delicto.*

2. Exemples : les actions délictuelles *auctoritatis* et *de modo agri*, antérieures aux actions *duplae* et *empti*, p. 106; l'action pénale de dépôt au
double, antérieure à l'action contractuelle de bonne foi de dépôt, p. 91;
les actions *in factum* à portée pénale, antérieures aux actions contractuelles de bonne foi de fiducie, mandat, dépôt, commodat, gage, p. 55; etc.

gations naissent encore, en vertu de règles de droit particulières, de diverses espèces de causes, de *variae causarum figurae*[3]. Ce n'était là qu'une dénomination générale. Gaius lui-même et les Institutes de Justinien[4] ont voulu en préciser le contenu, en déclarant que les obligations naissent : non seulement de délits et de contrats; mais encore *quasi ex contractu* et *quasi ex delicto*.

Nous indiquerons (p. 137) en quoi cette classification d'obligations *quasi ex contractu* et d'obligations *quasi ex delicto* ne comprend pas toutes les obligations nées de sources autres que les délits et les contrats. Aussi l'étude des sources des obligations comportera-t-elle : 1° l'étude des délits privés; 2° l'étude des contrats; 3° l'étude des diverses sources non contractuelles et non délictuelles d'obligations.

---

3. Gaius, *D.*, 44, 7, *De O. et A.*, 1, *pr.* : *Obligationes aut ex contractu nascuntur aut ex maleficio aut proprio quodam jure ex variis causarum figuris.*

4. *Inst.*, 3, 13, *De obligationibus*, 2; 3, 27; 4, 5.

TITRE PREMIER

LES DÉLITS

CHAPITRE I

Des délits privés.

§ 1. — *Des délits privés, par opposition aux délits publics.*

Le délit, *delictum*, *maleficium*, est un fait illicite, préjudiciable à autrui, qui en principe entraîne une peine pour son auteur.

Cependant les délits, qui font naître des obligations, sont les délits privés, *delicta privata*, par opposition aux délits publics, *delicta publica*.

> On peut citer, comme délits publics, notamment la *perduellio*, le *crimen majestatis populi romani*, le meurtre et les crimes qui lui sont assimilés, etc. Ces délits portent atteinte à la cité, à l'Etat : ils donneront lieu à une procédure criminelle devant des tribunaux spéciaux; ils entraîneront des peines qui en principe ne profitent pas à la victime. On comprend dès lors que le meurtre, qui entraîne la disparition d'un habitant libre de la cité, soit rangé parmi les délits publics, tandis que la rupture d'un os ou la mort des esclaves feront l'objet de délits privés.

Le délit privé ne porte atteinte, selon la notion romaine, qu'à l'intérêt du particulier victime du délit. Cette victime du délit recouvrera donc l'amende due par l'auteur du délit, en intentant une action privée devant les tribunaux civils ordinaires.

§ 2. — *Des diverses sortes de délits privés.*

Nous distinguerons : d'une part, les délits privés, réprimés par la loi et subsidiairement par l'édit du préteur; c'est à l'occasion de ces délits que s'est formé le système des délits privés; — d'autre part, les délits privés, qui ne furent jamais prévus ni réprimés que par l'édit du préteur.

En tout cas, nous trouvons toujours une disposition du droit primitif pour édicter la peine que le délit entraîne, que cette disposition soit d'ailleurs légale ou prétorienne. Les interprètes rappellent sans cesse à ce propos l'adage *nulla poena sine lege,* qui ne se trouve cependant pas dans les textes romains.

CHAPITRE II

Des délits privés réprimés par la loi et, subsidiairement, par l'édit du préteur.

§ 1. — *Des principaux de ces délits privés.*

On peut citer : l'*injuria;* le *furtum;* le *damnum injuria datum;* les délits réprimés par les actions *rationibus distrahendis, de modo agri, de arboribus succisis,* par l'action au double donnée contre le dépositaire infidèle, etc.

C'est en étudiant l'*injuria* et le *furtum* qu'on peut le mieux se rendre compte comment fut organisé progressivement le système de répression de ces délits privés.

§ 2. — *Formation historique du système de répression de ces délits privés.*

L'histoire du droit pénal, chez les différents peuples, comporte généralement quatre phases[1] : 1° la phase de la vengeance privée. Cette vengeance, *vindicatio*, est mue par le sentiment inné de la justice que ressent la victime de l'injustice. La victime aura le droit de se venger. Mais il est à craindre que la mesure de sa vengeance ne soit plus en rapport avec l'injustice commise, la dépasse de beaucoup, ne dépende de sa fantaisie ou de sa colère. Et déjà apparaissent comme un progrès, et la peine du talion (œil pour œil, dent pour dent), qui veut, toujours dans une pensée de justice, que le mal infligé ne soit pas plus grand que le mal éprouvé[2]; et les formes rituelles que la victime doit respecter pour tirer une juste vengeance de l'auteur du délit; — 2° la phase des compositions volontaires, qui suppose encore la survivance de la vengeance privée. La victime du délit renoncera à sa vengeance, mais moyennant une rançon (*poena*) librement débattue. La composition est volontaire; car la victime du délit peut ne pas s'en contenter

---

1. Cf. l'exposé donné par M. Girard, *Mélanges de droit romain*, 1, p. 439 et s. — Mais il s'agit là de la formation historique du système de répression des délits privés, et non pas de l'origine historique de la notion de délits privés.

2. Le Code babylonien de Hammourabi, vers 2.000 avant J.-C., édition Scheil, déclare dans les §§ 196 et 200 que si un homme a crevé l'œil ou a fait tomber les dents d'un homme de même condition que lui, on lui crèvera un œil ou l'on fera tomber ses dents.

et exercer encore sa vengeance. Mais si elle convient avec l'auteur du délit d'une certaine rançon, un lien de droit, un *vinculum juris*, naît alors entre les parties; une obligation naît à la charge de l'auteur du délit; le délit devient une source d'obligations. Cette phase est celle où en sont encore restés, à l'époque des XII Tables, le *furtum* et l'*injuria* dans certains cas; — 3° la phase des compositions légales, qui suppose que l'autorité sociale, devenue assez forte pour imposer la paix entre les groupements familiaux à l'intérieur de la cité, interdit pour toujours l'exercice de la vengeance privée. Le législateur décide que la victime du délit se contentera d'une rançon dont il fixe lui-même le montant : il existe des tarifs de compositions. Les XII Tables fixent, pour l'injure, le vol et d'autres délits, le taux de ces compositions forcées (on trouve de ces tarifs dans les lois salique, ripuaire, etc.); — 4° la phase de la répression par l'Etat, que l'Etat romain avait admise de bonne heure pour les délits publics, mais qu'il n'admit progressivement et imparfaitement que pour certains des délits privés, tels que l'*injuria* et le *furtum*.

C'est par cette idée que l'amende née du délit est une composition légale, substituée par l'autorité publique à l'exercice du droit de vengeance, que certains auteurs[3] expliquent de nombreuses règles relatives aux délits, à savoir que : 1° la victime seule a droit à l'amende,

---

3. V. notamment, Girard, *Manuel*, 7° édition, p. 413 s.

parce que seule elle pouvait exercer le droit de vengeance que l'amende a remplacé; sans doute anciennement la créance née du délit s'éteignait par sa mort; et, si par la suite on admit en général qu'elle passerait aux héritiers de la victime, cependant apparaît encore sous l'Empire, comme un vestige de l'ancien droit, le fait que la créance du délit s'éteint encore dans certains cas par la mort de la victime, notamment au cas de délit d'injures (p. 13); — 2° l'auteur du délit est en principe seul tenu de l'action délictuelle, comme jadis sur lui seul s'exerçait le droit de vengeance de la victime. Aussi, si les délits ont été commis par des personnes en puissance ou même parfois par des animaux appartenant à autrui[4], celui qui a la *potestas* sur ces personnes ou le *dominium* sur les animaux devra faire l'abandon noxal de l'auteur du préjudice, à moins qu'il ne consente à payer la composition légale. Aussi, l'action délictuelle s'éteint en principe par la mort de l'auteur du délit[5]; cependant, à partir du début de l'Empire, les héritiers de l'auteur du délit peuvent être poursuivis jusqu'à concurrence de leur enrichissement[6] (p. 174); — 3° au cas de pluralité d'auteurs du délit, l'amende peut être demandée cumulativement à chaque auteur, de même que la vengeance pouvait s'exercer contre chacun d'eux.

---

4. V ci-après, p. 173.
5. Gaius, 4, 112.
6. Pomponius, *D.*, 50, 17, *De R. J.*, 38.

§ 3. — *L'injuria*[7].

Cette notion d'injure est difficile à préciser : ce qu'on peut dire d'elle, c'est qu'elle est un délit contre la personne et ne donne pas lieu à la réparation d'un préjudice pécuniaire. Elle ne peut se comprendre que par l'analyse des applications concrètes qui en furent dégagées à des époques successives :

a) La loi des XII Tables punissait, comme injures[8] : la rupture d'un membre (peine du talion, à moins que les parties ne conviennent d'une composition)[9]; la fracture d'un os (composition légale de 300 ou 150 as, selon que la victime est libre ou esclave); les coups et soufflets (composition légale de 25 as);

b) L'édit du préteur ajouta aux anciens cas d'injures un certain nombre de cas nouveaux[10], à savoir : l'outrage à la pudeur des femmes et des jeunes gens; les actes diffamatoires; les clameurs outrageantes, etc. Il réprima tous les cas d'injures en donnant, à la place de l'ancienne action civile, une nouvelle action prétorienne, *in bonum et aequum concepta*, estimatoire, entraînant l'infamie. L'évaluation du montant de la condamnation émanait du juge, sauf au cas d'injure grave, où elle émanait du magistrat.

---

7. *Inst.*, 4, 4, *De injuriis; D.*, 47, 10, *De injuriis.*
8. XII Tables, 8, 1-4 (Girard, *Textes*, p. 17-18).
9. XII Tables, 8, 2 : *si membrum rupsit, ni cum eo pacit, talio esto.*
10. Edit du préteur [restitué], 35, *De injuriis*, n°s 190-197 (Girard, *Textes*, p. 189).

c) La loi Cornelia *de injuriis*, de Sulla, fit de la violation de domicile et des coups un délit public[11];

d) Le droit impérial donna à la victime le choix entre l'action d'injures et un châtiment physique infligé à l'auteur du délit *extra ordinem*[12].

Caractères particuliers de l'action d'injures. — Elle est annale; elle peut s'éteindre par un simple pacte de pardon; elle est intransmissible aux héritiers de la victime; elle peut être intentée par un fils de famille offensé; elle est donnée comme noxale[13].

§ 4. — *Le furtum*[14].

Furtum est contrectatio rei (alienae) fraudulosa lucri faciendi gratia, vel ipsius rei vel etiam usus ejus possessionisve (Paul, *D.*, 47, 2, *fr.* 1, 3) *invito domino* (Gaius, 3, 195). C'est le fait de mettre la main sur la chose d'autrui frauduleusement avec une intention de lucre contre la volonté du propriétaire de la chose.

C'est le vol; mais c'est encore l'abus de confiance (par exemple le fait du dépositaire qui fait acte de maître sur la chose) et l'escroquerie (par exemple le fait de se pré-

---

11. *Inst.*, 4, 4, *h. t.*, 8.

12. *Inst.*, 4, 4, *h. t.*, 10.

13. L'action d'injures est annale : *C.*, 9, 35, *De inj.*, 5; — s'éteint par simple pacte : *D.*, 2, 14, *De pact.*, 17, 1; — est intransmissible : Gaius, 4, 112; — est noxale : Gaius, 4, 76.

14. *Inst.*, 4, 1, *De obligat. quae ex delicto nascuntur; D.*, 47, 2, *De furtis.*

senter comme créancier pour recevoir le paiement d'une somme due à autrui).

Il peut y avoir d'ailleurs *furtum*, non seulement *rei*, d'une chose; mais encore de l'usage d'une chose (*furtum usus*[15] : par exemple le fait du dépositaire qui se sert de la chose à lui confiée); mais encore de la possession d'une chose (*furtum possessionis*[16] : par exemple le fait du débiteur qui enlève la chose donnée en gage à son créancier). Est donc considéré comme volé non seulement le propriétaire de la chose volée, mais tout possesseur ou détenteur qui avait intérêt à ce qu'il n'y eût pas *furtum*.

Le droit classique ne connaît que le vol de meubles.

Les peines du furtum. — *a*) La loi des XII Tables punissait le vol flagrant, *furtum manifestum*, d'une peine corporelle. Le volé peut tuer le voleur surpris la nuit ou celui qui de jour se sert d'une arme pour se défendre[17]. Dans les autres cas, le voleur était battu de verges et *addictus*, attribué par le magistrat à la victime qui après 60 jours pouvait le tuer ou le vendre comme esclave au delà du Tibre. Si le voleur était un esclave, il était battu de verges et précipité de la roche Tarpéienne[18].

Au vol non flagrant est assimilé et puni des mêmes peines le cas où l'objet du vol est saisi chez le voleur au cours d'une perquisition *lance licioque*[19] (connue d'ailleurs d'autres peuples indo-européens) : le volé entre chez le

---

15. Gaius, 3, 196.
16. Gaius, 3, 200.
17. XII Tables, 8, 12-13 (Girard, *Textes*, p. 19).
18. XII Tables, 8, 14, selon Aulu-Gelle; Gaius, 3, 189.
19. Gaius, 3, 192.

voleur tout nu, vêtu seulement d'un caleçon, *licius*, et tenant un plat, *lanx*, prouvant ainsi que, s'il trouve l'objet du vol, il est certain que cet objet n'a pas été apporté par lui.

Sans doute, la victime du furtum flagrant pouvait toujours composer avec le voleur (*de furto pacisci*)[20], convenir avec lui d'une rançon : mais ce n'était là qu'une composition volontaire.

La loi des XII Tables punissait, en second lieu, le vol non flagrant, *furtum nec manifestum*, d'une *poena* égale au double du préjudice causé (composition légale)[21], que le volé pouvait réclamer par la *legis actio sacramenti in personam*.

Enfin, troisièmement, la loi des XII Tables punissait un cas particulier de vol non flagrant, de la peine du triple : c'est le cas où, sans perquisition *lance licioque*, l'objet du vol a été cependant saisi (*furtum conceptum*) en présence de témoins chez une personne qui ne l'avait pas rendu spontanément. Celui chez qui la chose volée est ainsi trouvée est puni par l'action *furti concepti* de la peine du triple (composition légale). Mais, si ce tiers avait reçu la chose de bonne foi, il pouvait agir à son tour en recours contre le voleur par l'action *furti oblati* (*furtum oblatum* = objet du vol remis à un tiers par le voleur) pour se faire restituer le triple qu'il a été obligé de payer[22].

---

20. Ulpien, *D.*, 2, 14, *De pact.*, 7, 14.
21. XII Tables, 8, 16.
22. XII Tables, 8, 15.

b) L'édit du préteur généralise le système des compositions légales[23]. Il donne trois actions au quadruple : l'*actio furti manifesti* au cas de vol flagrant; l'*actio furti non exhibiti* au cas où la chose volée est trouvée au cours d'une perquisition *lance licioque;* l'action *furti prohibiti* contre celui qui s'oppose à cette perquisition. Il laisse subsister : les actions *furti concepti* et *furti oblati*, au triple du préjudice causé; l'action *furti nec manifesti*, au double du préjudice causé.

c) Le droit impérial devait encore modifier les peines du furtum : 1° il abolit les perquisitions, solennelles ou non, et par voie de conséquence fait disparaître les actions *furti concepti, oblati, non exhibiti, prohibiti;* il ne laisse plus subsister que les actions *furti manifesti* au quadruple et *furti nec manifesti* au double, données à la fois contre les voleurs, leurs complices et les recéleurs[24]; 2° il donne au volé le choix entre ces actions *furti* et une poursuite criminelle qui aboutissait à un châtiment physique du voleur[25].

Caractères particuliers de l'action furti. Elle est perpétuelle; elle est infamante; elle peut s'éteindre par un simple pacte de pardon; en droit classique, elle passe aux héritiers de la victime; elle s'éteint par la mort du

23. Edit du préteur, 23, *De furtis*, n°ˢ 128-138 (Girard, *Textes*, p. 154); Gaius, 3, 186-192.

24. *Inst.*, 4, 1, *h. t.*, 4-5.

25. Ulpien, *D.*, 47, 2, *h. t.*, 93 (92).

voleur et non pas par sa *capitis deminutio;* elle est donnée comme noxale[26].

Les actions en revendication ou en réclamation de la chose volée. — Si l'action *furti* fait allusion à la réparation du préjudice causé par le vol[27], c'est qu'il avait été nécessaire de prendre appui sur le montant du préjudice causé pour déterminer l'évaluation de la condamnation, de la *poena* infligée au voleur. Mais cette action *furti* n'existe qu'à raison de cette *poena*, de cette rançon que doit fournir au volé le voleur sur lequel ne s'exerce plus le châtiment corporel infligé par la victime du vol. L'action *furti* est une action pénale.

Cette action pénale ne peut donc pas faire obstacle aux autres diverses actions qui peuvent appartenir au volé : en tant que propriétaire de la chose (action en revendication, action *ad exhibendum*); en tant que possesseur (interdit *utrubi*); en tant que contractant, déposant, commodant, débiteur ayant fourni un gage (actions de dépôt, de commodat, de gage, etc., contre le dépositaire, le commodataire, le créancier gagiste, etc., qui n'a pas exécuté ses obligations contractuelles en commettant un *furtum*).

L'action pénale ne peut donc pas faire obstacle aux diverses actions qui ont pour but de poursuivre, de recouvrer la chose ou sa valeur, et qui sont dénommées

---

26. L'action *furti* est infamante : Gaius, 4, 182; — s'éteint par simple pacte, D., 2, 14, *De pact.*, 17, 1; — s'éteint par la mort du voleur : D., 47, 1, *De del. priv.*, 1, *pr.;* — est noxale : Gaius, 4, 76.

27. C'est ce qu'indiquent les termes de sa formule *damnum pro fure decidere,* selon D., 13, 1, *De condictione furtiva,* 7, *pr.*

pour cette raison actions réipersécutoires. On dira que l'action *furti* se donne en concours avec les actions réipersécutoires; qu'elle se cumule avec elles[28].

Normalement, à côté de l'action *furti*, il doit exister au profit du volé une action réipersécutoire. En particulier, le propriétaire volé doit pouvoir exercer contre le voleur et l'action pénale *furti* et l'action en revendication. Et cependant, comme la revendication ne peut être intentée que contre celui qui possède ou qui a cessé par dol de posséder, il se peut que le propriétaire ne puisse plus intenter contre le voleur l'action en revendication : par exemple, si l'objet volé a péri. En pareil cas[29], on admit que le propriétaire de la chose volée aurait, pour réclamer cette chose, à la place de l'action en revendication, une action personnelle en répétition de la chose volée : la *condictio furtiva*.

La *condictio furtiva* est une anomalie juridique : les jurisconsultes ne s'y sont pas trompés. Il y a là, à la charge du voleur, une obligation non contractuelle née *re*. Mais il n'y a pas eu de transfert; le vol n'est pas une juste cause d'acquisition; et il est anormal qu'on dise du voleur, dans la formule de la *condictio*, qu'il doive *dare*. Mais cette anomalie s'explique, dit Gaius, 4, 4, parce que cette *condictio* fut accordée en haine des

---

28. *D.*, 13, 1, *h. t.*, 7, 1.

29. De ce que le débiteur d'un corps certain n'est libéré de son obligation par la perte de la chose que s'il n'est pas en demeure, on dira que le voleur, du fait du vol, est considéré comme étant toujours en demeure (*D.*, 13, 1, *h. t.*, 8, 1 : *semper enim moram fur facere videtur*) et en conséquence comme n'étant jamais libéré par la perte de la chose (p. 174).

voleurs, *odio furum*, pour accroître le nombre des actions par lesquelles on peut atteindre les voleurs.

La *condictio furtiva* appartient donc aux seuls propriétaires volés[30]. Mais il va de soi que, s'ils l'intentent, ils ne pourront plus exercer l'action en revendication[31]. Si l'action pénale se cumule naturellement avec une action réipersécutoire, une action réipersécutoire ne se cumule pas avec d'autres actions réipersécutoires[32].

§ 5. — *Le damnum injuria datum*[33].

Il s'agit de certains dommages causés à autrui dans ses biens. La détermination des dommages et des sanctions fut l'œuvre lente, progressive, fractionnée de la loi, du préteur et de la doctrine.

a) La loi des XII Tables et des lois postérieures, antérieures à la loi Aquiliá[34], punissaient déjà certains dommages causés à autrui dans ses biens, en dehors de tout cas de *furtum* ;

b) La loi Aquilia, antérieure au VIIe siècle de Rome, rassembla, en les réprimant par une même action, principalement trois sortes de faits préjudiciables à autrui.

Ces faits visés par les trois principaux chapitres de la loi,

---

30. *D.*, 13, 1, *h. t.*, 1.

31. *C.*, 6, 2, *De furtis*, 12, 1.

32. Comme la *condictio furtiva* n'est pas une action pénale, elle n'emprunte pas les effets des actions pénales : c'est ainsi qu'elle n'est pas donnée comme noxale, qu'elle s'éteint par la *capitis diminutio* du voleur, qu'elle ne s'éteint pas par sa mort.

33. *Inst.*, 4, 3, *De lege Aquilia; D.*, 9, 2, *Ad legem Aquiliam.*

34. *D.*, 9, 2, *h. t.*, 1, *pr.*

sont : 1° le fait de tuer un esclave ou quelque tête de bétail[35] :
la peine est une amende égale à la plus grande valeur que l'esclave ou l'animal a eue au cours de l'année qui a précédé le
délit; — 2° le fait, si dissemblable, de l'*adstipulator* qui, en
fraude des droits du créancier principal, libère le débiteur par
une *acceptilatio*[36] (p. 162); — 3° la blessure faite à un esclave
ou à quelque pièce de bétail, et la détérioration ou destruction
des choses corporelles appartenant à autrui[37] : la peine est
égale à la plus haute valeur que la chose a atteinte au cours
du mois qui a précédé le délit.

La loi Aquilia donne, pour réprimer ces faits, une
action qui devait être sous les Actions de la loi une *manus injectio* sanctionnant la *damnatio* que la loi édictait
contre celui qui y contreviendrait, et qui était sous la
procédure formulaire une action croissant au double *ad-
versus infitiantem*, au cas de dénégation reconnue fausse
de l'auteur du délit[38].

Etant pénale, cette action est noxale; elle se donne contre
chacun des auteurs du délit; elle ne passe pas contre les héritiers de l'auteur du délit, sauf, depuis l'Empire, jusqu'à concurrence de leur enrichissement. Mais, comme le double, qu'elle
fait obtenir, comprend non seulement l'amende mais aussi la
réparation du préjudice, elle présente une certaine apparence
d'action réipersécutoire, qui explique qu'elle ne se cumule pas
avec d'autres actions réipersécutoires[39].

---

35. *Inst.*, 4, 3, *h. t.*, 9.
36. Gaius, 3, 215.
37. *Inst.*, 4, 3, *h. t.*, 13-15.
38. *D.*, 9, 2, *h. t.*, 2, 1.
39. Elle est noxale : Gaius, 4, 76; — se donne contre chacun des
auteurs du délit : *D.*, 9, 2, *h. t.*, 11, 2; — ne passe contre les héritiers
que dans la mesure de leur enrichissement : *D.*, 9, 2, *h. t.*, 23, 8.

L'action de la loi Aquilia n'appartenait d'ailleurs qu'au propriétaire romain de la chose[40], dans les cas faisant l'objet des premier et dernier chefs précités. Elle punissait seulement le *damnum corpore corpori datum*, c'est-à-dire le dommage résultant d'un acte matériel de l'auteur du délit et ayant atteint directement la chose[41]. Aussi le préteur et la doctrine travaillèrent-ils à en assurer l'extension.

c) Le préteur étendit l'action de la loi Aquilia au cas où le dommage avait été causé à un pérégrin ou par un pérégrin, à l'aide de la fiction de la qualité de citoyen[42]. De même, au moyen soit d'une fiction soit d'une action *in factum*, le préteur protégea ceux qui n'étaient pas propriétaires, mais qui pourtant étaient titulaires de droits réels sur la chose endommagée ou qui en étaient possesseurs et parfois même simplement détenteurs[43]. Bien plus, le préteur donna une action *in factum* même dans des cas de *damnum corpori datum*, où le dommage n'avait pas été causé *corpore*, c'est-à-dire dans des cas où le dommage n'avait pas été causé par un acte matériel de l'auteur du dommage, par exemple au cas où un poison avait été mis par lui à la disposition d'un esclave sans qu'il eût administré lui-même le poison. — Il est, par contre, plus douteux de savoir quelle action fut enfin donnée dans des cas où le dommage n'avait même pas été causé *corpori*,

---

40. *D.*, 9, 2. *h. t.*, 11, 6.
41. *Inst.*, 4, 3, *h. t.*, 16.
42. Gaius, 4, 37.
43. *D.*, 9, 2, *h. t.*, 11, 8, 10; 17; 27, 14.

ce qui serait par exemple le cas où quelqu'un aurait délié un esclave pour lui permettre de s'enfuir. On discute sur le point de savoir si l'action, qui fut alors accordée, fut l'action de la loi Aquilia donnée comme utile ou une action *in factum* particulière[44].

Ce n'est donc que par des mesures particulières, par l'œuvre lente et progressive de la loi, du préteur et de la doctrine que fut envisagée à Rome, et seulement pour certains cas, la question de la réparation du dommage causé à autrui. Il appartiendra aux législations postérieures de dégager définitivement le principe que tout fait quelconque de l'homme, qui cause à autrui un dommage, oblige celui par la faute duquel il est arrivé à le réparer (C. civ., art. 1382).

§ 6. — *Le vol commis avec violence et les dommages causés en bande ou en armes*[45].

C'est le préteur qui réprima ces délits. Un édit rendu en 678 par le préteur pérégrin Lucullus, sans doute à raison de bandes qui pillaient alors l'Italie, donna à la victime de ces délits une action *in factum* au quadruple du préjudice causé, pendant une année utile : d'une part, au cas de vol commis avec violence, dénommé *rapina* (l'ac-

---

44. *Inst.*, 4, 3, *h. t.*, 16.

45. *Inst.*, 4, 2, *Vi bonorum raptorum;* *D.*, 47, 8, *Vi bonorum raptorum et de turba.*

tion est dite *actio vi bonorum raptorum*)[46]; d'autre part,
au cas de dommages causés en bande ou en armes[47].

C'est là une création prétorienne. Mais elle n'est que le développement et le renforcement des actions civiles déjà existantes
de vol et de la loi Aquilia.

§ 7. — *Autres délits réprimés par la loi.*

On peut encore citer : l'action *auctoritatis* et l'action *de
modo egri* (p. 106, 109); l'*actio de arboribus succisis* en
paiement d'une amende de 25 as par arbre coupé[48]; l'action *rationibus distrahendis* au cas de détournements du
tuteur[49]; l'action de dépôt donnée au double contre le
dépositaire infidèle[50]; etc.

CHAPITRE III

Des délits privés réprimés uniquement par l'édit du préteur.

§ 1. — *Des principaux de ces délits privés.*

On peut citer : la *metus;* le dol; la *fraus creditorum;*
la corruption de l'esclave d'autrui sanctionnée par l'*actio*

---

46. *Inst.*, 4, 2, *h. t.*
47. V. à ce sujet le *Pro Tullio* de Cicéron.
48. Gaius, 4, 11.
49. *D.*, 26, 7, *De administrat. et peric. tutorum*, 55, 1.
50. *Mosaicarum et romanarum legum collatio*, 10, 7, 11.

in factum servi corrupti au double[51]; les actions *in factum Fabiana* et *Calvisiana* données pour réprimer les fraudes commises par les affranchis à l'encontre des droits successoraux de leur patron[52]; le fait de ne pas vouloir exécuter certaines obligations, qui résultent d'un certain nombre de *negotia* non sanctionnés par le droit civil et dont le préteur punit l'inexécution par le confert d'une action *in factum* à l'individu lésé (p. 57); etc.

§ 2. — *La metus*[53].

Le délit de violence consiste dans des menaces adressées à une personne pour lui faire éprouver une crainte (*metus*) telle qu'elle sera amenée à faire un acte matériel ou juridique qu'elle ne voulait pas faire.

Cette crainte devra être provoquée par les menaces d'un mal présent, sérieux, concernant la vie de cette personne, ou son corps ou sa liberté ou ses proches[54].

Avant la fin du VIIe siècle de Rome, le préteur Octavius donna à la victime de la *metus* contre l'auteur des menaces une action *in factum*, l'action *metus*, au quadruple du

---

51. Parfois, la doctrine a provoqué l'extension de ces actions, comme le cas où l'action *corrupti* est donnée comme utile à celui dont le fils ou la fille ont été corrompus : *sed utilis competit officio judicis aestimanda, quia interest nostra animos liberorum non corrumpi* (D., 11, 3, *De servo corrupto*, 14, 1).

52. D., 38, 5, *Si quid in fraudem patroni factum sit; Fragment dit de formula Fabiana* (Girard, *Textes*, p. 457-459).

53. D., 4, 2, *Quod metus causa gestum erit*.

54. D., 4, 2, *h. t.*, 3, 1; 4; 5; 6; 9, *pr.* Compar. C. civil, art. 1112-1113.

préjudice causé[55]. Elle fut ensuite donnée au quadruple de l'enrichissement contre tout tiers qui en avait profité.

L'action *metus* était arbitraire[56] : le juge ne passait donc à la condamnation au quadruple que si l'auteur des menaces n'avait pas satisfait à son *arbitratus*.

Caractères particuliers de l'action « metus ». — Etant pénale, elle est noxale; elle n'est donnée que pendant une année utile, après laquelle elle est remplacée par une action *in factum* au simple[57]; elle ne passe pas contre les héritiers de l'auteur des menaces, sauf, depuis le début de l'Empire, jusqu'à concurrence de leur enrichissement[58]. Mais, comme le quadruple, qu'elle fait obtenir, comprend non seulement une amende, mais aussi l'indemnité du préjudice causé, elle présente en quelque sorte un certain caractère d'action réipersécutoire, qui explique qu'elle ne se cumule plus, tout au moins sous Justinien, avec d'autres actions réipersécutoires.

A côté de l'action *metus*, existent encore : l'exception *metus*[59], qui permettra à la victime de la *metus* de repousser les actions personnelles ou réelles qui seraient intentées contre elle à raison des actes faits sous l'empire de la *metus;* et une *in integrum restitutio*[60], qui lui permettra de faire réputer non avenu l'acte entaché de vice. ·

---

55. *D.*, 4, 2, *h. t.*, 9, 7-8; 14, 1.

56. *Inst.*, 4, 6, *De act.*, 31.

57. L'action *metus* est noxale : *D.*, 4, 2, *h. t.*, 16, 1; — annale : *C*, 2, 19 (20), *De his quae vi*, 4.

58. *D.*, 4, 2, *h. t.*, 16, 2; 20.

59. *D.*, 4, 2, *h. t.*, 14, 9; Edit du préteur, 44, *De except.*, n° 277 b.

60. *D.*, 4, 2, *h. t.*, 1; 9, 5.

§ 3. — *Le dolus malus*[61].

Le dol est l'ensemble de manœuvres frauduleuses destinées à déterminer une personne à accomplir un acte[62].

La notion du *dolus malus* a quelque peu varié avant d'être fixée au début de l'Empire. A la fin du viie siècle, Aquilius Gallus le définit *simulatio atque dissimulatio*[63]. La notion est large : si elle comprend les manœuvres frauduleuses, elle vise avant tout la violation de la bonne foi, sous toutes ses formes. C'est encore le sens de *dolus malus* dans la formule de l'action *in factum* de dépôt et de commodat (p. 57). Avec Labéon[64], la notion paraît se restreindre aux manœuvres frauduleuses destinées à amener quelqu'un à faire un acte.

On fait d'ordinaire remarquer que le dol, à plus forte raison le délit de *metus*, ne fut pas réprimé avant le viie siècle : à raison du petit nombre d'actes nécessaires aux chefs de familles de la cité primitive, dont les besoins trouvaient d'ordinaire satisfaction au sein de la *domus;* à raison du formalisme des actes importants et de la présence fréquente ou parfois nécessaire des témoins, qui rendaient les manœuvres frauduleuses plus improbables; à raison du caractère du marché romain restreint avant les conquêtes de Rome. Cependant, à partir de l'époque de ces conquêtes, des lois particulières, ne serait-ce que la loi Plaetoria[65], en punissant des faits de dol dans des cas particuliers, avaient préparé, comme l'indique Cicéron[66], l'œuvre du préteur.

---

61. *D.*, 4, 3, *De dolo malo.*
62. *D.*, 4, 3, *h. t.*, 1, 2. V. Code civil, art. 1116
63. Cicéron, *De officiis*, 3, 14, 60; 3, 15, 61.
64. *D.*, 4, 3, *h. t.*, 1, 2.
65. Plaute, *Rudens*, 5, 3, 24-26.
66. Cicéron, *De officiis*, 3, 15, 61.

Le dol a été réprimé, probablement en 688, par le préteur Aquilius Gallus, qui créa l'action *in factum*, dite action *de dolo*[67].

Cette action est donnée seulement contre l'auteur du dol[68], en vue d'obtenir le montant du préjudice causé, et non pas un multiple de ce préjudice. Elle est infamante[69]. Elle est subsidiaire, c'est-à-dire qu'elle n'est accordée par le magistrat *cognita causa* que s'il n'existe pas d'autre voie de droit permettant de réparer le préjudice[70]. Elle n'est donnée que pendant une année[71]; après ce délai, elle est remplacée par une simple *actio in factum* permettant alors de réclamer à l'auteur du dol seulement le montant de son enrichissement.

Caractères particuliers de l'action de dol. — Etant pénale, elle est noxale[72]; elle ne passe pas contre les héritiers de l'auteur du dol, sauf, depuis l'Empire, jusqu'à concurrence de leur enrichissement[73]. Mais, tendant à obtenir l'indemnité du préjudice causé, elle présente un certain caractère d'action réipersécutoire, qui explique qu'elle ne se cumule pas avec d'autres réipersécutoires.

A côté de l'action de dol, ont apparu successivement : 1° peu après cette action, l'exception de dol[74], qui permet-

---

67. Edit du préteur, 10, n° 40 (Girard, *Textes*, p. 144).

68. Même règle pour l'exception : *D.*, 44, 4, *De d. m. et m. except.*, 4, 33.

69. *Lex Julia* dite *Julia municipalis*, ligne 111.

70. *D.*, 4, 3, *h. t.*, 1, 4.

71. Edit du préteur, 10, n° 40, *loc. cit.*

72. *D.*, 4, 3, *h. t.*, 9, 4 a.

73. *D.*, 4, 3, *h. t.*, 26; 28.

74. Edit du préteur, 44, *De exceptionibus*, n° 277 (Girard, *Textes*, p. 169).

tra à la victime du dol de repousser les actions personnelles ou réelles qui seraient intentées contre elle à raison des actes faits par suite de dol.

Cette exception de dol, comme l'*exceptio metus*, dont l'insertion est nécessaire dans les contrats de droit strict, est sous-entendue dans les contrats de bonne foi.

2° et, plus tardivement, mais déjà au temps d'Hadrien, une *in integrum restitutio*[75], que le magistrat pourra donner tout au moins dans le cas où des dols auraient été commis au cours d'un procès.

§ 4. — *La « fraus creditorum »*[76].

La *fraus creditorum*, fraude commise au préjudice des créanciers, est le délit que commet un débiteur qui sciemment conclut des actes dont l'effet est de créer ou d'augmenter son insolvabilité.

Cette *fraus* était moins à craindre au temps où la seule voie d'exécution était l'exécution sur la personne. Elle devenait un danger à l'époque où l'exécution sur la personne était principalement remplacée par l'exécution sur les biens. Il était à craindre que, se sentant sur le point d'être en état de cessation de paiement ou se trouvant déjà en cet état, le débiteur ne voulût faire échapper certains éléments de son patrimoine à l'emprise de ses créanciers. Par exemple, le débiteur sciemment

---

75. Le *dolus malus* est en effet signalé dans l'édit du préteur au titre *De in integrum restitutionibus*, 10, n° 40, *loc. cit.*

76. D., 42, 8, *Quae in fraudem creditorum facta sunt ut restituantur.* — Compar. C. civil, art. 1167.

vendait, donnait, affranchissait ses esclaves, remettait des dettes, etc., se mettait ainsi en état de cesser ses paiements. Il y avait de sa part *fraus creditorum*.

La *fraus creditorum* a été réprimée par une série de mesures, apparues à différentes époques:

1° l'interdit fraudatoire[77], qui fut sans doute la mesure la première en date contre la *fraus* et que Justinien devait fusionner avec l'action paulienne;

2° l'action personnelle *in factum*, arbitraire, appelée tout au moins au Bas-Empire action paulienne[78]. Elle paraît exister au temps de Cicéron[79]. Elle est donnée aux créanciers aux conditions suivantes : que le débiteur soit en état de cessation de paiement attesté par une *missio in possessionem*[80]; que le débiteur ait su qu'il créait ou aggravait son insolvabilité, qu'il y ait de sa part *consilium fraudis*[81]; que les actes du débiteur aient causé un préjudice aux créanciers (*eventus damni*), ce qui se comprend des actes par lesquels le débiteur crée ou augmente son insolvabilité et non pas des actes par lesquels il aurait seulement négligé d'augmenter son patrimoine[82]. — Les créanciers sont représentés normalement, puisqu'il y a

---

77. Edit du préteur, 43, *De interdictis*, n° 268 (Girard, *Textes*, p. 168).

78. D., 22, 1, *De usur.*, 38, 4.

79. Cicéron, *Ad Att.*, 1, 1, 3.

80. En ce sens, la mention du *curator bonorum* dans D., 42, 8, *h. t.*, 1, *pr*.

81. D., 42, 8, *h. t.*, 17, 1.

82. D., 42, 8, *h. t.*, 6, *pr*. C'est ainsi que les créanciers n'auront pas l'action paulienne quand le débiteur répudie une hérédité ou un legs : en sens contraire, C. civ., art. 788, où les règles d'acquisition des successions et des legs sont différentes.

missio in possessionem, par le *curator bonorum* que nomme le préteur.

L'action est donnée aux créanciers :

a) théoriquement, contre le débiteur *fraudator*, contre lequel elle n'a guère d'efficacité ; — *b*) pratiquement, contre les tiers qui ont traité avec ce débiteur, pour leur enlever le bénéfice des actes conclus avec eux en fraude des créanciers. Mais une distinction est à faire entre ces divers actes passés par le débiteur avec les tiers. Si l'acte attaqué est à titre gratuit, si c'est par exemple une donation, les créanciers pourront toujours poursuivre le tiers donataire, même s'il est de bonne foi[83] : car, luttant pour faire un gain, *certans de lucro captando*, ce tiers a paru moins intéressant que les créanciers qui luttent pour éviter une perte, *qui certant de damno vitando*. Au contraire, si l'acte attaqué est un acte à titre onéreux, le tiers qui a contracté avec le débiteur *fraudator*, par exemple qui a acheté un de ses biens, ne peut être poursuivi par les créanciers que s'il a été complice de la fraude, *conscius fraudis*[84]. Les mêmes distinctions sont à maintenir, au cas où les créanciers poursuivent des sous-acquéreurs.

L'action paulienne est annale[85] ; elle ne passe pas contre les héritiers, sauf, depuis le début de l'Empire, jusqu'à concurrence de leur enrichissement. — Mais, à certains points de vue, elle joue le rôle d'une action réipersécutoire : étant au simple

---

83. Cette solution pour les actes à titre gratuit paraît être l'œuvre de la doctrine, postérieurement à l'édit : *D.*, 42, 8, *h. t.*, 6, 11.

84. *D.*, 42, 8, *h. t.*, 1, *pr.*

85. *D.*, 42, 8, *h. t.*, 6, 14.

du préjudice causé; n'étant pas noxale[86]; n'admettant pas le cumul des poursuites au cas de pluralité d'auteurs du délit.

3° l'exception, indiquée par quelques textes;

4° la loi Aelia Sentia (4 ap. J.-C.) déclare nuls les affranchissements des esclaves faits en fraude des créanciers[87];

5° une *in integrum restitutio*, qui est venue compléter l'action personnelle[88]. Donnée par le magistrat en connaissance de cause, elle permet de faire réputer non avenu l'acte entaché de fraude. Elle est particulièrement efficace lorsque l'acte incriminé est une aliénation. Elle est efficace également dans le cas où, par suite de l'insolvabilité du tiers défendeur, l'action personnelle ne ferait obtenir qu'une partie plus ou moins faible du montant du préjudice causé.

APPENDICE. — *La division des actions, exercées à la suite d'un délit commis, en actions pénales, réipersécutoires et mixtes.*

Cette division est donnée, pour toutes les actions, délictuelles ou non, et avec certaines dissemblances, notamment par Gaius, 4, 6-9, et par Justinien, *Instit.*, 4, 6, §§ 16-19.

Ils réservent la dénomination d'actions pénales aux actions qui font obtenir une *poena*, qui est tout profit pour la victime : par exemple l'action d'injures; l'action *furti*. Les actions réipersécutoires sont celles qui poursuivent le montant du préjudice

---

86. *D.*, 42, 8, *h. t.*, 6, 12.
87. *Inst.*, 1, 6, *Qui manum. non poss., pr.;* 3.
88. *Inst.*, 4, 6, *De act.*, 6.

causé, ainsi les actions qui sanctionnent les contrats, ou bien, dit Justinien, les actions qui poursuivent la chose, ainsi toutes les actions réelles. Les actions mixtes sont celles qui poursuivent à la fois la *res* et la *poena*, c'est-à-dire qui font obtenir au demandeur, notamment au cas de délit, à la fois une amende et l'indemnité du préjudice causé : par exemple l'action de la loi Aquilia, l'action *vi bonorum raptorum*, l'action *metus* sous Justinien, etc.

Or, l'on peut dire, dans un essai de systématisation, que, sous Justinien : 1° les actions pénales peuvent se cumuler entre elles et avec les actions réipersécutoires et mixtes; par exemple, le volé peut intenter à la fois l'action *furti* et l'action en revendication, l'action *furti* et l'action *depositi* au double des XII Tables, l'action *furti* et la *condictio furtiva;* — 2° les actions réipersécutoires ne se cumulent ni entre elles, ni avec les actions mixtes; par exemple, le volé ne peut pas intenter à la fois l'action en revendication et la *condictio furtiva;* — 3° les actions mixtes peuvent être intentées après les actions réipersécutoires pour l'excédent qu'elles produisent; par exemple, après avoir intenté la *condictio furtiva*, la victime d'un vol avec violence pourra encore intenter l'action *vi bonorum raptorum* pour obtenir ce que lui permet d'obtenir cette dernière action au quadruple, soit un excédent du triple sur la *condictio furtiva*.

TITRE II.

LES CONTRATS

CHAPITRE PREMIER

Les éléments constitutifs du contrat.

L'étude des éléments constitutifs du contrat comprend l'étude: 1° de ceux qui font l'acte juridique dit contrat; 2° de l'objet du contrat; 3° du but ou cause du contrat; 4° de l'accomplissement du contrat ou des moyens techniques qui doivent être mis en œuvre pour atteindre le but du contrat[1].

I. — DE CEUX QUI FONT L'ACTE JURIDIQUE DIT CONTRAT.

§ 1. — *Du pouvoir de contracter ou de la capacité des parties contractantes.*

La capacité est l'aptitude d'une personne à figurer en son nom propre dans un acte juridique. Elle est exigée pour le contrat comme pour tout acte juridique[2].

---

1. L'étude synthétique des éléments constitutifs du contrat, notamment celle de la cause et des formes techniques de réalisation du contrat, trouve ses développements naturels et ses exemples, présentés selon l'ordre chronologique, dans les chapitres suivants, consacrés aux diverses catégories de contrats.
2. Compar. C. civil, art. 1123.

Les incapacités de droit pèsent d'une manière plus ou moins complète, selon les époques, sur ceux qui n'ont pas les trois *status, status libertatis, status civitatis* et *status familiae*.

Sont incapables de droit : 1° l'esclave, qui a pu cependant rendre toujours son maître créancier, qui a pu le rendre débiteur dès la fin de la République (p. 167) et qui, en droit récent, est obligé lui-même *jure naturali* (p. 183); — 2° le fils de famille, qui cependant a pu toujours devenir créancier, qui a pu rendre toujours son *paterfamilias* créancier, qui a pu le rendre débiteur vers la fin de la République (p. 167), qui est alors obligé *jure civili* par les contrats qui obligent son père *jure praetorio* (p. 169), qui est frappé d'une incapacité particulière au cas de prêt d'argent par le sc. Macédonien (p. 81), qui a pleine capacité quand il s'agit de pécule *castrense* ou au Bas-Empire de pécule *quasi-castrense* et de biens adventices; — 3° le pérégrin, qui, à moins d'avoir reçu la concession du *commercium*, ne pouvait pas figurer comme créancier ou comme débiteur dans les contrats du *jus civile*, tels que le *nexum*, le contrat verbal dans sa forme de *sponsio*, sans doute aussi le contrat littéral; mais qui cependant put figurer dans la stipulation formée avec d'autres verbes que le verbe *spondere* (p. 64) et dans tous les autres contrats qui tous sont du *jus gentium* (notamment p. 54).

Les incapacités de fait se rattachent à l'âge, au sexe, à l'altération des facultés mentales et à la prodigalité.

Sont incapables de fait : 1° les aliénés et les *infantes*; 2° les impubères *pubertati proximi*, qui, en tutelle, peuvent cependant devenir créanciers avec l'*auctoritas tutoris* du tuteur; 3° les mineurs de vingt-cinq ans, qui ne peuvent s'obliger en droit récent qu'avec le *consensus* du curateur s'ils en ont un; 4° les prodigues, qui peuvent devenir créanciers, mais non débiteurs; 5° les femmes pubères *alieni juris* et *sui juris*, qui peuvent devenir créancières, mais qui n'ont pu, en principe, devenir débitrices[3] qu'après la disparition de la tutelle des femmes après Dioclétien; les femmes *sui juris*, jusqu'à la disparition de la tutelle, ne peuvent pas devenir débitrices sans l'*auctoritas tutoris*, et elles sont frappées dès le début de l'Empire par l'incapacité d'intercéder résultant du sc. Velléien et des édits qui le précédèrent.

§ 2. — *De la volonté sérieuse et non viciée de faire l'acte juridique.*

Il faut que la volonté soit sérieuse : l'acte de droit n'existerait pas, par exemple si l'acte était fait par manière de plaisanterie, *jocandi causa*[4].

> Le formalisme ancien devait précisément témoigner toujours d'une volonté sérieuse. Mais l'inexistence du contrat *jocandi causa* est signalée à la fin de la République. Par contre, l'acte simulé, qui possède les conditions requises pour l'acte vrai, vaut[5].

Il faut que la volonté ne soit pas viciée. Elle est viciée, en droit classique, au cas d'erreur, de crainte et de dol.

1° *au cas d'erreur*. — L'erreur, *error*, *ignorantia*, est la croyance à une chose fausse.

L'erreur, qui empêche le contrat de se former faute de consentement, a lieu dans trois cas principaux: a) au cas

---

3. Gaius, 1, 192; Ulpien, *Reg.*, 11, 27.
4. Varron, *De ling. lat.*, 6, 72.
5. C., 4, 22, *Plus valere quod agitur quam quod simulate concipitur.*

d'erreur, *in negotio*, sur la nature de l'affaire; une personne a voulu faire un *mutuum* et l'autre un dépôt[6]; *b*) au cas d'erreur, *in persona*, sur l'identité de la personne avec laquelle l'on traite[7] et non pas d'ailleurs sur les qualités de cette personne; *c*) au cas d'erreur, *in corpore*, sur l'identité de la chose qui fait l'objet du contrat[8], et non pas d'ailleurs en principe sur la qualité de la chose.

Cependant on a fini par admettre, après controverse, que les contrats de bonne foi, en particulier la vente, ne se formeraient pas au cas d'erreur, *in substantia*, sur la substance, qui est l'erreur sur la matière de la chose[9] et non pas l'erreur sur la qualité qui détermine la partie à acheter[10].

Il n'y a d'ailleurs pas, dans ces cas, nullité relative, invocable seulement par la partie qui s'est trompée, comme l'admet le Code civil, article 1117, mais une nullité absolue existant à l'encontre des deux parties contractantes[11].

2° *au cas de crainte (metus).* — La crainte détermine la volonté sans la supprimer : *quamvis si liberum esset noluissem, tamen volui*[12]. Elle devint, avant la fin du viie siècle de Rome, un délit réprimé par une action *in factum*, *l'actio metus*. Celui qui s'est engagé sous l'empire de la menace ou bien intentera l'action *metus* contre

---

6. *D.*, 12, 1, *De reb. cr.*, 18, 1.

7. *D.*, 12, 1, *De reb. cr.*, 32.

8. *Inst.*, 3, 19, *De inut. stip.*, 23.

9. Exemples, *D.*, 18, 1, *De contrah. empt.*, 9, 2; 11, 1; 41, 1.

10. L'erreur sur la qualité déterminante est au contraire admise par les interprètes de l'article 1110 du Code civil, suivant en cela la doctrine de notre ancien droit.

11. *D.*, 18, 1, *De cont. empt.*, 41, 1.

12. *D.*, 4, 2, *Q. m. c.*, 21, 5.

le créancier, ou bien demandera une *in integrum restitutio*, ou bien repoussera l'action du créancier par une *exceptio metus*, d'ailleurs sous-entendue dans les contrats de bonne foi (p. 24 s.).

3° *au cas de dol (dolus malus)*. — Le dol ne peut être invoqué que contre son auteur. Il fut réprimé, dès 688, par l'action *in factum de dolo*. Le créancier trompé a l'action de dol. Le débiteur trompé a, pour ne pas exécuter, l'exception de dol, d'ailleurs sous-entendue dans les contrats de bonne foi (p. 26 s.).

§ 3. — *Du consentement nécessaire et de la rencontre des volontés dans les contrats.*

Tout contrat est un pacte élevé à ce rang de contrat ou par l'observance d'un formalisme coutumier ou par sa reconnaissance par la coutume. Il suppose donc un accord d'au moins deux volontés : *pactum est duorum consensus atque conventio*[13].

Cet accord de volontés existera : qu'il s'agisse d'un pacte ou contrat où une seule partie s'oblige (contrat dit unilatéral comme le *mutuum*, pacte unilatéral comme le constitut); ou qu'il s'agisse d'un contrat où les deux parties s'obligent (contrat dit synallagmatique comme la vente, le louage, etc.).

Certaines difficultés peuvent se présenter sur le point de savoir à quel moment les deux volontés se sont accordées d'une manière définitive et irrévocable.

---

13. *D.*, 50, 12, *De pollic.*, 3, *pr.*

§ 4. — *Du principe qu'un contrat est nul, quand il ne doit produire des obligations qu'à la charge ou qu'au profit de personnes autres que les parties contractantes*[14].

L'obligation est un lien entre deux personnes : elle doit donc produire effet entre ces personnes et, en principe, seulement entre ces personnes.

Ce principe exclut :

1° *la représentation.*

Elle fut primitivement impossible. Cependant des tempéraments furent apportés de plus en plus nombreux à la prohibition primitive, et par le préteur et par la coutume (v.. notamment le *paterfamilias* créancier, p. 156 s., et débiteur, p. 169, à raison des contrats passés par l'intermédiaire des personnes en puissance et par l'intermédiaire des tiers).

2° *les stipulations pour autrui.* — *Alteri stipulari nemo potest*[15]. Une personne ne peut pas par exemple stipuler que son cocontractant paiera cent à un tiers, qu'il paiera un prix de vente à un tiers, etc. Le contrat pour autrui ne fait pas naître, en principe, d'action au profit du tiers; sauf dans des cas exceptionnels progressivement admis (v. ci-après, p. 158). Mais il ne fait pas naître non plus, en principe, de créance pour le stipulant[16].

---

14. Paul, D., 44, 7, fr. 11 : *Quaecumque gerimus, cum ex nostro contractu originem trahunt, nisi ex nostra persona obligationis initium sumant, inanem actum nostrum efficiunt : et ideo neque stipulari neque emere vendere contrahere, ut alter suo nomine recte agat, possumus.*

15. *Inst.*, 3, 19, *De inutil. stip.*, 19.

16. *Inst.*, 3, 19, *De inut. stip.*, 4.

Et cependant le stipulant peut avoir un réel intérêt à la
formation et à l'exécution du contrat. Aussi la pratique
et la jurisprudence trouvèrent-elles le moyen de lui donner, progressivement et sous certaines conditions, une
action pour demander l'exécution d'un pareil contrat.

1° Le stipulant peut toujours faire, à côté du contrat pour
autrui, un contrat par lequel il se fera promettre à lui-même
une certaine somme pour le cas où le contrat pour autrui ne
serait pas exécuté : il adjoindra au contrat pour autrui une
clause pénale, une *stipulatio poenae*[17]. Une pareille clause ne
rend pas valable le contrat au profit du tiers; mais elle amè-
nera peut-être le promettant à l'exécuter. — 2° Le droit classique donna enfin une action au stipulant qui a un intérêt personnel à l'accomplissement du contrat pour autrui, par exemple au contractant qui stipule qu'on remettra de l'argent à
son mandataire[18].

3° *les promesses pour autrui*. — Ces promesses sont,
en principe, nulles. En principe, elles n'obligent pas le
tiers pour lequel on a promis, à moins que, dans le droit
de Justinien, ce tiers ne soit l'héritier (p. 172). Mais
elles n'obligent pas, non plus, le promettant[19].

Cependant, les promesses pour autrui, qui résultent
d'un contrat verbal, pourront obliger le promettant :
a) d'une part, s'il joint à la promesse pour autrui une
stipulatio poenae[20]; b) d'autre part, si, au lieu de promettre le fait d'autrui, il s'est *porté fort*, c'est-à-dire s'il a

---

17. *Inst.*, 3, 19, *De inut. stip.*, 19.
18. *Inst.*, 3, 19, *De inut. stip.*, 20.
19. *Inst.*, 3, 19, *De i. s.*, 3.
20. *Inst.*, 3, 19, *De i. s.*, 21.

promis de faire en sorte que le tiers exécutera l'obligation prévue[21].

Bien plus, si la promesse pour autrui résulte d'un contrat de bonne foi, le juge, qui a un large pouvoir d'appréciation et qui doit assurer le respect de la bonne foi,
devra sans doute[22] supposer que le promettant a voulu
faire un acte valable, engager sa parole, se porter fort.

II. — DE L'OBJET DU CONTRAT.

§ 1. — *Du sens du mot « objet ».*

Il faudrait tout d'abord s'entendre sur le sens du mot
objet : l'objet (*id quod debetur*) est la matière sur laquelle
s'exerce l'action des parties contractantes au moment de
l'accomplissement de l'acte juridique.

Sans doute, on dit souvent que l'objet de l'obligation consiste dans une translation de propriété ou une constitution de
droit réel, dans un fait ou dans une prestation; ou bien encore,
selon une formule moderne, dans un acte positif ou négatif,
dans un fait ou dans une abstention du débiteur. Mais, dans
ce sens, l'objet de l'acte se confondra tantôt avec le but ou
cause, tantôt avec les moyens techniques de réalisation de
l'acte. Au contraire, si l'on considère l'objet comme étant la
matière sur laquelle l'action des parties contractantes s'exerce,
nous dirons, en employant une terminologie à la fois antique et
moderne, que l'objet de l'acte juridique consiste dans des biens.

---

21. *Inst.*, 3, 19, *De inut. stip.*, 3 : *quod si effecturum se ut Titius daret
spoponderit, obligabitur.*
22. V. Girard, *Manuel*, 7ᵉ éd., p. 476.

§ 2. — *Des divers biens qui peuvent faire l'objet d'un contrat.*

Ces biens peuvent être ou des biens matériels ou, ce qui fut admis par la suite, des *res incorporales* ou des actes.

Ils peuvent être : 1° des biens matériels, des *corpora*, c'est-à-dire les biens qui sont fournis aux hommes par la nature pour le tout unique ou pour les divers éléments, qu'il vienne s'adjoindre ou non le travail de l'homme; ceux qu'on divise en meubles et immeubles[23]; 2° les choses incorporelles, *res incorporales*, celles *quae jure consistunt, sicut hereditas, usus fructus, obligationes quoquo modo contractae* (v. p. 99); 3° les actes des êtres, particulièrement les manifestations de l'activité humaine, ses actes extérieurs, en particulier son industrie, son travail, ses *operae*, d'une manière plus générale, pour employer une terminologie moderne, les biens immatériels.

L'objet doit :

1° *être possible*. — Il n'y a pas de contrat, si l'objet est impossible de par la nature des choses ou de droit. Il n'y a pas de contrat, par exemple si on promet un hippocentaure (*non in rerum natura*) ou une chose qui n'est pas dans le commerce comme un homme libre, une *res sacra*, une *res religiosa*[24];

Dans ces cas, le créancier, qui subira un préjudice du fait que l'objet qu'il croyait possible ne peut pas faire l'objet d'un contrat, n'aura-t-il pas un recours en indemnité contre le

---

23. *Inst.*, 3, 19, *De i. s.*, *pr.* La plus ancienne division des choses est toutefois celle des *res* en *res mancipi* et *res nec mancipi*.

24. *Inst.*, 3, 19, *De i. s.*, 1; 2.

débiteur ? Aucun, primitivement. Mais, au cas de contrats de bonne foi, le préteur finit par donner une action *in factum* au créancier de bonne foi; et même au cas de vente, l'action *empti* finit par être accordée à l'acheteur de bonne foi[25]. Au cas de contrats de droit strict, le créancier ne pourra au contraire agir contre le débiteur qu'en vertu d'une stipulation de dol préalable ou, s'il n'y a pas eu de pareille stipulation, par l'action de dol.

2° *être licite*, n'être pas *contra bonos mores*. — Cette condition de l'objet concerne particulièrement l'objet qui consiste dans des manifestations de l'activité humaine[26];

3° *être déterminé*. — Ce peut être soit un genre, *genus*, comme cent mesures de blé, soit un corps certain comme le fonds Tusculanus. Ce peut être également un *incertum*, un fait, tel qu'il consiste dans les obligations de faire, de ne pas faire, alternatives, etc.[27]. Mais, dans tous les cas, il faut que l'objet soit suffisamment déterminé pour permettre, au cas de conflit, au juge de l'évaluer en argent;

4° *présenter un intérêt pour le créancier*. — C'est pour cela que l'on ne peut pas stipuler la chose dont on est déjà propriétaire[28].

---

25. Action *in factum* : D., 21, 2, *De evict.*, 39; action *empti* : D., 18, 1, *De contr. empt.*, 4.

26. C., 8, 38 (39), *De inut. stip.*, 4. Le contrat sur succession future n'est permis sous Justininien, C., 2, 3, *De pactis*, 30, que quand il est fait du consentement du *de cujus* (en sens contraire, C. civ., art. 1130) : car, en principe, les conventions sur succession future ne valent pas comme immorales.

27. C. civ., art. 1129.

28. *Inst.*, 3, 19, *De i. s.*, 2. Mais on peut stipuler sa propre chose pour le cas où l'on cesserait d'en être propriétaire : D., 18, 1, *De c. e.*, 61.

On a enseigné d'ailleurs que l'objet ne présentait d'intérêt pour le créancier que s'il présentait pour lui un intérêt pécuniaire. Ceci est sans doute la règle générale, à Rome[29]. Cependant Rome n'a pas totalement ignoré ces objets d'engagements qui peuvent consister en des biens immatériels difficilement appréciables en argent (actés de dévouement, *operae officiales*, etc.) La sanction du droit à ces biens n'en a pas moins été difficile à assurer avec une procédure où les condamnations sont pécuniaires. Cependant les Romains arrivèrent à en tenir compte soit en recourant à la voie d'exécution sur la personne, comme au cas de *votum*, soit plus généralement en sanctionnant le droit à ces biens par des actions délictuelles enjoignant au juge de déterminer le préjudice moral causé[30].

III. — Du but ou cause du contrat.

§ 1. — *Terminologie. Ce qu'il faut entendre par but ou cause de l'acte juridique.*

Le but ou cause est l'opération ou le fait d'ordre économique, intellectuel ou moral qui, reconnu par la coutume, motive et justifie l'acquisition (éventuelle, au cas de contrat) d'un bien.

Certains auteurs déclarent que la notion de cause se confond avec la notion de l'objet : c'est là une erreur. Le but de l'acte juridique consiste dans la satisfaction d'un besoin de l'homme

---

29. *D.*, 40, 7, *de statul.*, 9, 2 : *ea in obligatione consistere possunt, quae pecunia lui praestarique possunt.*

30. *D.*, 11, 3, *de servo corr.*, 14, 1. De même, dans notre ancien droit, l'inexécution de la *fidelitas* promise ne comporte pas en principe de condamnation pécuniaire, mais des peines.

ou de groupements humains. C'est la cause finale de l'acte. Déterminer ce but, cette cause, c'est déterminer le besoin auquel l'acte juridique tend à donner satisfaction. Les Romains ont attaché une importance très grande à la reconnaissance progressive des causes qui leur paraissaient conformes au bien et à l'équité (p. 60).

§ 2. — *Distinction, à raison de la cause, des contrats formels et des contrats non formels.*

Trois situations sont à envisager :

1° Dans l'ancien droit romain, le contrat formel, tout au moins la stipulation, est, pour sa validité, indépendant de sa cause[31]. Il n'est pas besoin, pour que la stipulation soit valable, que sa cause soit énoncée : il n'est pas nécessaire que l'on sache que les parties ont voulu réaliser une vente, un prêt, un louage, etc. La stipulation vaut par la seule prononciation de ses *verba* (p. 71).

2° Au contraire, les contrats non formels n'existent précisément que parce que leur cause a été reconnue. Ils n'ont pas, pour valoir, de *verba solemnia*. Mais ils seront sanctionnés parce que l'opération qu'ils tendent à réaliser a été précisément reconnue par la coutume comme constituant une cause digne de sanction. Tels sont le *mutuum* (p. 81), la vente, le louage, le commodat, etc. d'une manière générale toutes les conventions non formalistes élevées au rang de contrats (p. 60). On ne peut donc pas concevoir une de ces conventions, un de ces con-

---

31. Gaius, 4, 116 a

trats non formels, qui puisse être valable sans cause, avec une fausse cause ou avec une cause illicite.

3° La notion de cause dégagée, précisée, devait même exercer une influence profonde sur le contrat formel de stipulation, qui paraissait primitivement ne jamais devoir la connaître.

Puisque le débiteur a promis au stipulant, et que la promesse est séparée de sa cause, le débiteur doit payer, sans qu'en principe aucune discussion ne puisse s'élever sur la promesse elle-même ni sur son montant. Et cependant des tempéraments furent apportés à ce principe : au cas d'absence, où le débiteur pourra suivant les cas utiliser l'exception de dol ou intenter une *condictio;* au cas de cause illicite, où il pourra encore se défendre par l'exception de dol ou, sous certaines conditions, demander sa libération par une *condictio* (v. p. 73 s.).

IV. — Des formes techniques de réalisation du contrat.

§ 1. — *La nature du pacte, de la convention.*

Le but une fois déterminé, l'homme doit nécessairement recourir à des formes, pour le réaliser. Ces formes pourraient sans doute être toujours ramenées, comme l'indiquent les jurisconsultes, à une seule : à l'acte lui-même, au *facere*[32]. Mais, en matière de convention, la

---

32. D'ailleurs *facere* comprend : *dare, solvere, numerare* (*D.*, 50, 16, de verborum significatione, 218), *reddere* (*h. t.*, 175), *non facere, curare ne fiat* (*h. t.*, 189), etc.

question de ses formes peut faire l'objet d'une précision
plus grande. Il faut, pour qu'une convention existe, la
combinaison de deux ou plusieurs déclarations, qui ma-
térialisent l'accord de deux ou plusieurs volontés[33].

§ 2. — *La déclaration : son rôle dans le domaine contractuel.*

1° La convention, le pacte suppose la combinaison des
déclarations du créancier et du débiteur.

Là où il n'existe qu'une déclaration unilatérale, engageant
le débiteur, il n'y a pas à proprement parler de contrat. C'est
le cas : 1° de la déclaration unilatérale du créancier, engageant le débiteur, telle qu'est la *damnatio* du *nexum* (p. 49);
2° de la déclaration unilatérale du débiteur, telle qu'est la
pollicitatio adressée à la cité (p. 138).

Toutefois ces déclarations combinées peuvent se présenter à Rome, selon les époques, de différentes façons :
1° sous forme de *leges*, c'est-à-dire de clauses que l'un
des contractants, généralement le plus puissant au point
de vue économique, dicte à l'autre qui les accepte, s'il
veut s'engager. Telles sont les *leges venditionis* ou *locationis*. Mais, à Rome, ces *leges* ne valent pas en principe
par elles-mêmes[34]; elles ne valent en principe que si elles

---

33. La déclaration peut au surplus être : formaliste ou non formaliste;
orale ou écrite. Dans certains cas exceptionnels, certains actes valent
déclaration.

34. La *lex rei suae dicta* vaut parfois comme mode de transfert (testament); d'autres fois, elle est utilisée pour faire naître des obligations,

sont enchâssées dans la forme d'une stipulation; — 2° sous forme de stipulation, avec l'interrogation du créancier et la réponse du débiteur; — 3° sous forme de *pactum*, de convention : le *convenit inter eos ut* (entre les parties il est convenu ce qui suit) suppose une certaine égalité entre les parties et un débat possible,

2° la convention, ou pacte, qui suppose une combinaison des déclarations du créancier et du débiteur, se rencontrera, pour faire naître des obligations : tantôt existant seule, comme au cas de contrat consensuel ou de pacte consensuel; tantôt combinée avec un transfert, comme au cas de contrat réel et plus généralement dans tous les cas où sont employées les formes *do ut des, do ut facias;* tantôt combinée avec un fait, comme dans les cas où sont employées les formes *facio ut facias* et *facio ut des*[35].

CHAPITRE II

Aperçu historique de la formation des contrats. — De la règle « du pacte nu ne naît pas d'action » (ex nudo pacto actio non nascitur) et de la multiplicité des exceptions apportées progressivement à cette règle.

I. — Des formes contractuelles et des contrats antérieurs au VIIe siècle de Rome.

Comment le lien de droit contractuel a-t-il apparu à Rome dès les temps les plus anciens; de quelle manière a-t-il pu être imposé au débiteur ?

---

comme au cas de legs *per damnationem*. Mais nous nous trouvons là en dehors du domaine contractuel.

35. V. ci-après, p. 127.

§ 1. — *Forme obligatoire et forme contractuelle, dont l'existence est attestée avant le* VIe *siècle de Rome.*

Ces formes sont : la *damnatio;* et la forme verbale, *verbis.*

A. — LA DAMNATIO ET SES EFFETS JURIDIQUES AU CAS DE NEXUM. — L'opération du *nexum* (de *nectere*, lier) constitue un prêt d'argent[36]. Un *paterfamilias*, désireux de se procurer une chose nécessaire à la subsistance de la famille, ne peut pas l'acquérir, parce que le lingot de métal, c'est-à-dire la marchandise qui lui permettrait d'en acquérir d'autres d'usage courant, lui fait défaut. Il emprunte : il demande à un autre *paterfamilias* de lui donner, pour un temps plus ou moins long, la possibilité de se servir de ses moyens d'acquisition.

Le transfert du lingot de métal est nécessaire. Il s'opère de la même façon que dans la mancipation. Sont présents : les parties, les témoins documentaires au nombre d'au moins 5, le *libripens*, la balance. L'acte est nécessairement un acte *per aes et libram*[37]. Le lingot de métal est remis par le prêteur à l'emprunteur; et la pesée, d'abord réelle, devint fictive, peut-être même un certain temps après l'apparition de la monnaie frappée par l'Etat.

Mais la naissance de l'obligation tient à l'autre opération suivante : en même temps que le prêteur remet le lingot à l'emprunteur, le prêteur indique la conduite

---

36. Festus, *v° Nexum aes.*
37. Varron, *De lingua latina,* 7, 105.

qu'il suivra dans l'avenir vis-à-vis de son débiteur; il proclame vis-à-vis du débiteur sa volonté de se venger du non-remboursement du lingot de métal, sans doute à peu près en ces termes : « si X... débiteur ne me fait dation de ladite somme au jour dit, *damnas esto*, qu'il soit *damnas* »[38]. La *damnatio* est une déclaration formaliste. — Cependant elle est une déclaration unilatérale du créancier[39]. Comment peut-elle lier le débiteur ? Pour certains auteurs, elle serait un anathème, puisant sa force exécutoire dans des traditions religieuses; pour imposer le lien de droit au débiteur, le prêteur obtiendrait ici le concours de la coutume religieuse. En tout cas, par la *damnatio*, il est reconnu au prêteur une puissance latente sur la personne du débiteur.

Si l'emprunteur par *nexum* n'a pas remboursé au jour fixé, le prêteur le saisira, fera *manus injectio*, le conduira dans sa prison domestique[40], et, si au bout de 60 jours le débiteur n'a pas payé ou s'il n'est pas intervenu d'arrangement amiable, le prêteur pourra tuer le *nexus* ou le vendre *trans Tiberim*. Cette exécution rigoureuse, qui pouvait atteindre tout débiteur se trouvant à la merci d'un créancier inexorable, était une menace continuelle qui provoqua des soulèvements populaires[41]. Aussi, sous la pression populaire, probablement en 428, une loi Poetelia Papiria transforma la

---

38. D'après Gaius, 3, 174; 4, 21. *Damnas* ou *damnatus* = obligé à faire dation.

39. XII Tables, 6, 1 (Girard, *Textes*, p. 15) : *cum nexum faciet mancipiumque, uti lingua nuncupassit, ita jus esto.*

40. Tite-Live, 2, 23; Denys d'Halicarnasse, 6, 83.

41. Tite-Live, 2, 23; Denys, 6, 23; 26; 6, 83.

coutume existante[42] : elle adoucit le système général de l'exécution; elle enleva au *nexum* la force exécutoire, en décidant que le fait d'utiliser la *damnatio* ne dispenserait plus de prendre jugement contre le débiteur. Cela amena la désuétude pratique du *nexum;* pour obtenir le même résultat, il était désormais plus simple d'utiliser la stipulation.

> REMARQUE. — La *damnatio* remplit sa fonction de forme obligatoire dans d'autres cas encore, tels que le legs *per damnationem* ou la loi Aquilia[43]. — Dans nos législations, on concevrait difficilement qu'un débiteur soit lié par la seule déclaration unilatérale du créancier, à moins qu'il ne s'agisse de cas où le créancier est précisément l'autorité sociale supérieure, l'Etat (par exemple, certains cas de réquisitions).

B. — LA FORME CONTRACTUELLE VERBALE, VERBIS[44]; EN PARTICULIER, DE LA STIPULATION. — Le mode de contracter verbal[45], d'application la plus étendue, est la stipulation. Celle-ci est une forme contractuelle : elle sert à rendre obligatoires les conventions les plus diverses par un cérémonial très simple. Il suffit d'une interrogation du créancier et d'une réponse du débiteur.

Interrogation et réponse sont faites en termes solennels, exigeant l'emploi, pour les citoyens romains, du mot *spondere* pour désigner le fait de promettre, de s'engager. Gaius, 3, 92. Pour qu'une personne s'engage à payer 10, le créancier lui demandera : Me promets-tu 10 ? *spondesne decem ?* Le débiteur répondra : *spondeo decem,* je promets 10; ou bien il répondra *spondeo* tout court.

---

42. Varron, 7, 105; Tite-Live, 8, 28; Denys, 16, 5.
43. *D.;* 9, 2, *Ad l. A.*, 2, *pr.*
44. *D.*, 45, 1, *De verborum obligationibus; Inst.*, 3, 15, *De verborum obligatione.*
45. Gaius, 3, 89 : *aut... contrahitur obligatio... verbis.*

Ici, créancier et débiteur parlent tous deux. Il y a une entente, deux déclarations combinées. Elles sont formalistes. La question ne se pose pas moins de savoir comment on a pu leur reconnaître la possibilité de faire naître des obligations entre créancier et débiteur. Pour imposer le lien de droit au débiteur, le créancier paraît, dans ce cas, avoir recours à l'autorité et à la coutume religieuses. La stipulation paraît être le succédané d'un ancien serment, que les XII Tables présentent, d'après Cicéron, comme ayant été un mode de contracter[46]; le terme *sponsio* exprime l'idée d'un serment religieux[47]. Lorsque la formule du serment aura fait place à une formule d'interrogation et de réponse, les parties, pour affirmer l'existence du lien de droit, recourront encore au matérialisme du formalisme oral.

Ce formalisme, qui consiste uniquement dans l'énoncé de ces interrogation et réponse où le verbe *spondere* est nécessairement employé, apparaît d'ailleurs très réduit. Aussi a-t-on pu recourir à la stipulation pour rendre valables tous les engagements, même les plus différents; pour rendre obligatoire, par exemple, des promesses d'achat et de vente, de louage, une promesse d'échange, la promesse de restituer la monnaie ou les denrées prêtées, la promesse de rendre la chose déposée, la promesse d'accomplir un travail, etc. La stipulation rendra obligatoires toutes les conventions enchâssées dans ses formes.

---

46. Cicéron, *De off.*, 3, 31 (Girard, *Textes*, p. 23).
47. Festus, v° *spondere*.

Dès qu'une promesse est vêtue de la forme de la stipulation, la promesse vaut, sans qu'il soit d'ailleurs nécessaire
de mentionner la cause de l'engagement, à savoir l'opération d'ordre économique ou moral que les parties entendent réaliser; c'est-à-dire sans qu'il soit nécessaire
de mentionner si les 10 promis le sont en vue de réaliser
par exemple un achat ou un prêt ou une dot ou une
donation.

Mais ce formalisme est nécessaire. Si le pacte nu (terme
que les jurisconsultes emploient pour désigner la simple
convention) n'est pas vêtu de la forme de la stipulation,
il ne sera pas élevé au rang de contrat; il ne sera pas
obligatoire; il n'engendrera pas d'obligation; il ne sera
pas sanctionné par une action : *ex nudo pacto actio non
nascitur* (Paul, *Sentences*, liv. 2, tit. 14, § 1). Tel est le
principe auquel, au cours des siècles, seront apportées
des exceptions de plus en plus nombreuses.

§ 2. — *Forme obligatoire, forme contractuelle et contrat,
dont l'existence est attestée au VIe siècle de Rome.*

Ce sont : 1° la *damnatio* du *nexum*, sans doute déjà
en désuétude; 2° la stipulation, forme de contracter *verbis* qui donne à toute promesse une force obligatoire;
3° le contrat de prêt de consommation, dit *mutuum*.

Le *mutuum* est la première exception à la règle que
le pacte nu ne peut pas engendrer d'obligation. Il désigne
l'opération d'ordre économique, dont la réalisation suppose deux éléments : un transfert de propriété de certai-

nes choses prêtées, par le prêteur à l'emprunteur; et la convention entre prêteur et emprunteur que l'emprunteur rendra au bout d'un certain délai des choses de mêmes quantité et qualité (voir ci-après, p. 80). Le *mutuum*, acte juridique qui, pour exister, nécessite la combinaison de ces deux éléments soudés l'un à l'autre à raison du but économique à atteindre, n'est donc pas, comme la stipulation, une forme contractuelle, un mode de contracter : c'est un contrat nommé[48]. Désormais, quand il s'agira de réaliser *un prêt de consommation*, une simple convention non formaliste de rendre, combinée avec un transfert de propriété, suffira pour obliger.

L'époque d'apparition du *mutuum* est incertaine. Le *mutuum* est signalé à plusieurs reprises dans le théâtre de Plaute, au vi° siècle. Il est vraisemblable que cette opération d'ordre économique ait été sanctionnée, comme contrat du *jus gentium*, du droit des gens, à cette époque des conquêtes de Rome. Le marché romain n'est plus restreint à Rome et au pays latin; il devient marché méditerranéen. Le commerce, maritime ou terrestre, est né. Aux alentours du forum romain sont réunis des gens de toutes les nations : ils tendent naturellement à dégager leurs pratiques commerciales des formes particulières à leurs droits nationaux et par là même à unifier leurs diverses pratiques; il se constituera, à l'encontre et à côté du droit national, du *jus civile*, un droit commun à tous ces peuples, un droit des gens, un *jus gentium*. Ainsi, dans un contrat, ce sera l'élément essentiel ou les éléments essentiels qui, dégagés de tout élément superflu, seuls

-----

48. Gaius, 3, 90 : *re contrahitur obligatio velut mutui datione.* Le *mutuum* est un contrat qui utilise le mode de contracter *re*.

subsisteront en vue de réaliser le but d'ordre économique projeté. De ce fait, la simple remise de la chose, la simple convention vont prendre de la valeur. Au cas de *mutuum*, la combinaison d'une simple tradition et d'une simple convention de rendre en vue de la réalisation de l'opération économique qu'est le prêt de consommation, suffira pour obliger. Les éléments essentiels seuls sont retenus pour la réalisation de cette opération. Mais aussi quelle destinée pour ces contrats nommés! Le prêt de consommation est ainsi désormais caractérisé pour toujours : sa définition, ses éléments constitutifs et ses effets, tels qu'ils sont exposés par les jurisconsultes romains, se retrouveront les mêmes, sans changement, consignés dans tous nos Codes. C'est Rome qui fit le travail d'analyse : pour toutes les opérations, elle ne le fit que progressivement. Le *mutuum* n'est qu'une première manifestation, dans le domaine contractuel, de ce droit des gens. Ce droit ne se constituera pleinement, ne produira ses pleins effets dans le domaine des contrats qu'aux époques qu'illustrèrent la jurisprudence prétorienne et les jurisconsultes classiques.

II. — Des formes contractuelles et des contrats en vigueur du VIIe siècle de Rome jusqu'a l'achèvement du « Corpus juris civilis ».

Il est apporté des exceptions toujours plus nombreuses à la règle que du pacte nu ne naît pas d'action. Trois périodes peuvent être distinguées :

§ 1. — *Des formes contractuelles et des contrats au* VIIe *siècle et au début du* VIIIe *siècle de Rome, aux temps les plus remarquables de l'activité prétorienne.*

Ce sont : 1° le *nexum*, en désuétude; 2° la stipulation, de droit strict; 3° le mode de contracter par écrit, *litteris*,

de droit strict (V. p. 67 s.); 4° le *mutuum*, de droit strict;
5° toute une série de contrats de bonne foi, dont l'exécution est assurée par une action *in jus* de bonne foi, donnée
par la coutume; 6° toute une série de conventions, dont
la violation est réprimée par une action *in factum* donnée
par le préteur.

A côté du contrat déjà existant de *mutuum*, les nouveaux contrats de bonne foi et les simples conventions
désormais sanctionnées par une action *in factum* sont autant d'exceptions à la règle *ex nudo pacto actio non nascitur*.

Les simples conventions, désormais sanctionnées
comme contrats de bonne foi, sont alors, selon une énumération due à Q. Mucius Scaevola (consul en 659), et
rapportée par Cicéron, *De officiis*, 3, 17, 70 : la vente
emptio venditio, le louage, le mandat, le contrat de société, et aussi la forme contractuelle dite fiducie.

Les simples conventions, sanctionnées *alors* par une
action *in factum*, sont : le pacte de fiducie[49] et vraisemblablement le mandat, avant d'être sanctionnés par une action *in jus* de bonne foi; aussi le dépôt, le commodat et le
gage[50]; encore le pacte de serment[51], le pacte de constitut[52] et certaines variétés de *receptum*[53].

---

49. Cicéron, *Top.*, 17, 66; *D.*, 15, 1, *De pec.*, 36.
50. Dépôt et commodat : Gaius, 4, 47; gage : Lenel, *Edictum perpetuum*, § 99.
51. Edit du préteur, 14, *Quibus in causis praesc.*, n° 54 (Girard, *Textes*,
p. 146).
52. Edit du préteur, 17, *De reb. cr.*, n° 97 (Girard, *Textes*, p. 150).
53. Edit du préteur, 11, *De receptis*, n°ˢ 48-50 (Girard, *Textes*, p. 145).

Or, en vertu de quel principe admit-on la reconnaissance de toutes ces simples conventions non formalistes ?

Sans doute, avec le développement des transactions, le formalisme apparaît parfois comme une gêne; il favorise au surplus la mauvaise foi: pour la moindre irrégularité de forme, le débiteur refusera de tenir sa promesse. On comprend donc qu'on ait senti le besoin d'une sanction des simples conventions. Mais en vertu de quel principe admit-on leur reconnaissance ? Les Romains de cette époque ont fait de la nécessité d'exécuter certaines conventions non formalistes, l'une des applications concrètes, dans la pratique des affaires, d'une notion de l'ordre moral. Cette notion, c'est· celle de la *bona fides*, de la bonne foi, fondement de la justice, dit Cicéron, qui la définit : « la constance et la vérité des choses dites et convenues » : *fides est dictorum conventorumque constantia et veritas*[54]. La bonne foi, c'est donc, en premier lieu, le respect de la parole donnée. Ce pourra être encore autre chose (car c'est précisément la mission la plus haute des organes du droit de s'efforcer de dégager, d'une notion morale dont le droit s'empare, toutes les applications concrètes) : progressivement, agir de bonne foi, ce sera encore ne pas user de manœuvres dolosives ou de menaces pour déterminer une personne à contracter; etc. Mais, avant tout, c'est le respect de la parole donnée. Ce devint une notion coutumière. La coutume donnera aux contractants, pour assurer le respect des simples conventions de vente, de louage, de société, de mandat, de fiducie, une action dite action de bonne foi, *actio bonae fidei*. Au cas de conflit, la formule de ces actions dira au juge de condamner le défendeur à tout ce que ce défendeur doit *dare* et faire *ex fide*

---

54. Cicéron, *De officiis*, 1, 7.

bona, en vertu de la bonne foi (*quidquid dare facere oportet ex fide bona*[55]).

Mais ces simples conventions, sanctionnées comme contrats de bonne foi, sont encore bien peu nombreuses au temps de Cicéron. Or l'œuvre de la coutume paraît lente au préteur. Il intervient. Il envisage certaines situations de fait, telles que celle du déposant à qui le dépositaire ne veut pas rendre la chose déposée, celle du prêteur à usage à qui l'emprunteur ne veut pas restituer la chose prêtée à usage, etc. Le préteur va au secours de celui qui est lésé, parce qu'il n'a été fait qu'une simple convention et non une stipulation formelle de rendre. Il justifie son intervention sur le fait que, dans tous ces cas, en n'exécutant pas la convention, le débiteur a commis un délit privé : il a violé la parole donnée. Parfois le préteur le dit même expressément : ainsi, envisageant la situation de fait, *in factum*, il déclare que le dépositaire ou l'emprunteur à usage, qui n'ont pas rendu la chose déposée ou prêtée, ont commis un *dolus malus*[56]. Or, ce *dolus malus*, c'est précisément l'envers de la bonne foi; c'est feindre et dissimuler, selon la définition du préteur Aquilius Gallus, le contemporain de Cicéron : *dolus malus simulatione et dissimulatione continetur*[57]. Ce sera encore user de manœuvres dolosives pour déterminer une personne à faire un acte juridique[58]; avant tout, c'est violer la parole donnée.

Ainsi, envisageant un rapport de droit entre deux personnes à l'occasion d'une vente, d'un louage, d'un mandat, etc., la coutume assurait le respect de la parole donnée; envisageant

---

55. Gaius, 4, 47.

56. Gaius, 4, 47 : *si paret A. Agerium apud N. Negidium mensam argenteam deposuisse eamque dolo malo N. Negidii A. Agerio redditam non esse,...*

57. Cicéron, *De officiis*, 3, 15, 61.

58. Cf. *supra*, p. 26.

certaines situations de fait, le préteur, en donnant l'action *in factum*, punissait la violation de la parole donnée. Parlant à la fois de l'œuvre de la coutume et de celle du préteur, Cicéron dira que du domaine des contrats, on doit expulser tout mensonge : *tollendum est ex rebus contrahendis omne mendacium*[59] : car c'est mentir que de ne pas reconnaître la convention passée.

§ 2. — *Des formes contractuelles et des contrats au temps de l'Empire jusqu'à Justinien.*

La transformation du droit des actes juridiques, telle qu'elle apparaît dans les deux derniers siècles de la République, se poursuit dans le même sens sous l'Empire.

Les formes contractuelles et contrats alors existant sont : 1° le *nexum*, désuet, disparu sans doute peu après Gaius; 2° le mode de contracter *litteris*, par écrit, existant encore au temps de Gaius et désuet longtemps avant Justinien[60]; 3° le mode de contracter *verbis;* la stipulation voit ses formes s'assouplir dès le temps des Sévères[61]; 4° les exceptions de plus en plus nombreuses à la règle *ex nudo pacto actio non nascitur.*

Au *mutuum* de droit strict, aux anciens contrats de bonne foi de l'époque précédente (vente, louage, société, mandat, fiducie), aux pactes déjà sanctionnés à la fin de la République par une action *in factum* (pactes de serment, de constitut, certaines variétés de *receptum*), on peut progressivement ajouter : d'une part, les nou-

---

59. Cicéron, *De officiis*, 3, 15, 61.
60. Pseudo-Asconius, *In Verr.*, 2, 1, 23, 60; *Inst.*, 3, 21, *De litt. obl., pr.*
61. Ci-après, p. 64.

veaux contrats de bonne foi de dépôt, de commodat et
de gage, désormais sanctionnés par une action *in jus*
de bonne foi[62], tandis que les mêmes conventions n'étaient
jusque-là sanctionnées que par une action *in factum;* d'autre part, de nouvelles conventions sanctionnées désormais par une action *in factum*, telles que le contrat
estimatoire, l'échange, quelques autres conventions encore rentrant dans la catégorie des conventions dites par
les interprètes contrats innommés[63].

§ 3. — *Des formes contractuelles et des contrats au temps de Justinien.*

Au Bas-Empire et sous Justinien, les exceptions à la
règle que du pacte nu ne naît pas d'action, se multiplient
encore.

Ainsi, à toutes les simples conventions que nous avons
indiquées comme étant déjà reconnues comme contrats
et sanctionnées, nous ajouterons : 1° les simples conventions munies d'actions par le droit du Bas-Empire et
qu'on appelle pactes légitimes (la convention de constitution de dot déclarée obligatoire par Théodore II[64]; la convention de donation et le compromis ou convention d'arbitrage, rendues obligatoires par Justinien[65]); — 2° toute
la série de ces conventions synallagmatiques, sanction-

---

62. Gaius, 4, 47 pour le dépôt et le commodat.
63. D., 19, 5, *De praesc. verbis et in factum actionibus*, 1, pr.
64. C. Th., 3, 13, *De dotibus*, 4, 1.
65. *Inst.*, 2, 7, *De donat*, 2; C., 2, 55, *De rec.*, 4-5.

nées désormais sous Justinien par l'action *in jus* de bonne foi, dite action *praescriptis verbis*[66] : ce sont celles que les interprètes appellent contrats innommés et dont quelques-unes étaient déjà sanctionnées avant Justinien par une action *in factum* (par exemple, le contrat estimatoire, l'échange, le partage, la convention de restitution de dot, la donation *sub modo*, la transaction, la convention de précaire, etc.).

1° Puisqu'on multipliait sans cesse les exceptions à la règle que du pacte nu ne naît pas d'action, pourquoi les Romains n'ont-ils pas posé franchement le principe de la reconnaissance de toutes les simples conventions ?

Tout naturellement les Romains firent une discrimination entre toutes ces simples conventions qui apparaissaient dans la pratique des affaires. Ils tinrent compte du but, de la cause que les parties voulaient atteindre en faisant telle ou telle convention; et ils sanctionnèrent les conventions dont le but leur parut utile et bon. La reconnaissance de telles ou telles conventions dépendit donc de la reconnaissance, comme justes et utiles, des buts d'ordre économique ou moral (opérations de vente, de louage, de dépôt, de dot, etc.) que les parties entendaient poursuivre. L'examen et la reconnaissance de ces buts ne purent d'ailleurs se faire que lentement et progressivement, au fur et à mesure que des besoins nouveaux demandaient satisfaction. Aussi les simples conventions ne furent-elles jamais reconnues qu'en nombre limité.

Dès lors, tous les autres engagements dont le but ou cause n'a pas encore été reconnu, pour valoir, n'auront qu'à conti-

---

66. *D.*, 19, 5, *De praescriptis verbis et in factum actionibus*, 5.

nuer à être vêtus des formes de la stipulation. Car toute promesse, vêtue de la forme de la stipulation, vaut *verbis*, sans qu'on ait à connaître du but poursuivi. Seulement, si ce but est mauvais soit au point de vue économique, soit au point de vue moral, l'emploi de la stipulation va-t-il donc permettre de le réaliser ? Oui : il en fut longtemps ainsi. Mais, pour assurer le triomphe de la justice et de l'équité, le préteur et la coutume finirent par faire pénétrer dans une certaine mesure la notion de cause dans ce domaine de la stipulation, qui semblait par principe même devoir l'exclure (V. p. 73 s.).

2° *Vu la multiplicité des exceptions à la règle que du pacte nu ne naît pas d'action, ce principe romain n'était-il pas en fait sous le Bas-Empire, en complète désuétude ?*

Non. D'abord, il reste de simples conventions qui n'ont pas encore été munies d'action et qui ont besoin, pour être obligatoires, d'être vêtues des formes de la stipulation : par exemple, la convention d'ouverture de crédit, la promesse unilatérale de vendre, la promesse unilatérale d'acheter, les promesses d'échange[67], etc.

Bien plus, ce qui peut paraître surprenant, malgré la reconnaissance progressive de simples conventions toujours plus nombreuses, la stipulation a pris au Bas-Empire une place prépondérante comme mode de formation des contrats. Ceci tient à une raison de forme et surtout à des raisons de fond. En premier lieu, les formes de la stipulation se sont encore simplifiées[68]. En second lieu, sous le Bas-Empire, la stipulation devient le plus souvent une clause des écrits : nous le savons notamment par les actes concrets qui sont parvenus[69]. Après avoir rédigé les clauses de leur accord sans se préoccuper de savoir

---

67. *C.*, 4, 64, *De rer. permut.*, 3.
68. Ci-après, p. 65.
69. Girard, *Textes*, p. 829, 863.

dans quelle catégorie de contrat ou de pacte cet accord pourrait rentrer, les parties terminent la rédaction de l'écrit par une stipulation qui les englobe toutes (*stipulatio adjecta* ou *interposita;* par exemple : *qua de re et omnibus suprascriptis stipulatione et sponsione solemniter interposita*, au sujet des clauses précitées une stipulation est intervenue). Et l'ensemble de l'acte vaut comme stipulation. Le créancier y trouve cet avantage que les clauses de la stipulation, contrat de droit strict, ne seront pas, en principe, discutées au point de vue de la bonne foi; le juge, peu ou moins instruit, y trouve cet avantage apparent que sa tâche est facilitée, puisqu'il n'a qu'à s'en tenir en principe aux clauses de la stipulation et à les faire exécuter.

III. — Des destinées de la règle que du pacte nu ne nait pas d'action dans notre ancien droit et des origines de l'article 1134 du code civil.

Le droit de l'époque franque exige, pour qu'une convention fasse naître des obligations, l'intervention d'un acte qui mette hors de doute le consentement. Cet acte consiste soit dans la remise d'une chose, d'une *res* (prêt de consommation ou à usage, concession de terre à précaire, etc.), soit dans l'emploi d'une forme déterminée (*fides facta* ou bien écrit dit *carta*). — Le droit de l'époque féodale reconnaît comme obligatoires les conventions ou qui constituent des contrats se formant *re* (prêt, dépôt, etc.), ou qui sont vêtues de formes déterminées (*fides facta* ou fiance, contrat par écrit dit obligation par lettres), ou qui sont renforcées par l'existence d'une garantie (arrhes, denier à Dieu, paumée, etc.). Chez les Glossateurs, pour justifier cette pratique, on rappelle le principe *ex nudo pacto actio non nascitur.*

Au xiiie siècle, les canonistes tendent à ruiner ce principe : ils proclament l'effet obligatoire des pactes : *pacta custodian-*

tur. Les romanistes pourront demeurer partisans de l'inefficacité des pactes nus et n'admettre que des exceptions à la règle *ex nudo pacto :* leurs résistances seront peu à peu vaincues. Dès le xiiie siècle, la pratique française s'oriente peu à peu vers la reconnaissance des simples conventions. Beaumanoir déclare : « Toutes convenances sont à tenir, et por ce dit-on « Convenance vaint loi exceptées les convenances qui sont « fetes par malveses causes[70] ». Cependant, ce n'est que vers le xve siècle que le principe de la reconnaissance des simples conventions triompha. Au xviie siècle, Loisel recueillera l'adage: « Convenances vainquent loi; on lie les bœufs par les cornes « et les hommes par les paroles, et autant vaut une simple « promesse ou convenance que les stipulations du droit ro- «. main. » Au xviie siècle, l'efficacité des simples conventions est un chapitre important de l'école du droit naturel de Grotius et de Pufendorf, que Pothier, au xviiie siècle, citera à ce sujet. L'aboutissant historique de cette évolution est l'article 1134 du Code civil : « les conventions légalement formées tiennent lieu de loi à ceux qui les ont faites ». Il n'en faut pas moins arriver à exclure, à repousser, selon les termes si expressifs de Beaumanoir, « les convenances qui sont fetes per malveses causes ».

CHAPITRE III

Des contrats formels.

Les auteurs ont pris l'habitude de ranger sous le nom de contrats formels : le *nexum*, le contrat verbal, le contrat littéral.

---

70. Le droit romain déclarait seules obligatoires, en dehors de la stipulation, les conventions dont il avait reconnu et sanctionné les buts, les causes projetées; Beaumanoir reconnaît comme obligatoires toutes les conventions, mais il s'empresse d'exclure toutes celles qui sont faites pour mauvaises causes.

Sur le *nexum*, voir *supra*, p. 48. Sur la stipulation, voir les notions déjà données *supra*, p. 50.

I. — LA FORME DE CONTRACTER VERBIS, PAR L'EMPLOI DE MOTS DÉTERMINÉS[71].

Elle présente trois variétés d'importance très inégale : la stipulation, la *dotis dictio* et le *jusjurandum liberti*.

§ 1. — *La stipulation.*

La forme de la stipulation *spondesne? spondeo* était réservée aux citoyens romains. De bonne heure, on put employer d'autres formules accessibles aux pérégrins *dabis ? dabo; promittis ? promitto*[72]. L'interrogation et la réponse furent d'abord verbales, ce qui rendait la stipulation impossible entre absents[73].

Ces formes, déjà très simples, se simplifièrent encore sous l'Empire.

Dès le temps des Sévères, la stipulation peut se faire dans une langue étrangère; les parties peuvent faire l'interrogation et la réponse dans des langues différentes[74]; si les parties ont indiqué, l'une dans l'interrogation, l'autre dans la réponse, des sommes différentes, la stipulation est valable pour la plus fai-

---

71. *D.*, 45, 1, *De verborum obligationibus; Inst.*, 3, 15, *De verborum obligatione*.

72. Gaius, 3, 92. 93. 102.

73. *Inst.*, 3, 19, *De inut. stip.*, 12. Elle ne peut être utilisée par les sourds ni par les muets : *Inst.*, 3, 19, *h. t.*, 7.

74. *D.*, 45, 1, *h. t.*, 1, 6.

ble[75]; elle peut enfin résulter uniquement d'un écrit dressé entre présents[76]. Sous Justinien, les parties peuvent conclure une stipulation par écrit, même sans avoir besoin de se déranger, à condition d'être présentes dans une même ville au jour de la stipulation[77].

Sanction de la stipulation. — Sous les Actions de la loi, elle est sanctionnée par la *legis actio sacramenti in personam*, qui est l'action de la loi de droit commun pour les créances qui ne sont pas, par elles-mêmes, exécutoires[78]. Ce *sacramentum*, par mesure de simplification, fut remplacé avec les lois Silia et Calpurnia par une *condictio*, au cas de réclamation d'une somme d'argent (*condictio certae pecuniae*) ou d'une chose certaine autre que de l'argent (*condictio certae rei*).

Sous la procédure formulaire, la stipulation est sanctionnée, selon son objet : par une *condictio certae pecuniae;* ou par une condictio *certae rei;* ou, si elle a pour objet un *incertum*, une valeur indéterminée, un fait ou une abstention, par l'*actio ex stipulatu*, qui est de droit strict comme les *condictiones* et qui n'est cependant pas une *condictio*.

Formules. — *Condictio certae pecuniae*[79] : *si paret Numerium Negidium Aulo Agerio decem* dare *oportere* (intentio certa), *judex, N. Negidium A. Agerio decem condemna* (con-

---

75. *D*, 45, 1, *h. t.*, 1, 4.
76. Paul, *Sentent.*, 5, 7, 2.
77. *Inst.*, 3, 19, *De inut. stip.*, 12.
78. En ce sens, vraisemblablement Gaius, 1, 95.
79. Gaius, 4, 41, 50.

demnatio certa). *Si non paret, absolve*. S'il apparaît que N. Negidius doit faire dation à A. Agerius de 10, juge, condamne N. Negidius envers A. Agerius à 10; si cela n'apparaît pas, absous. — *Condictio certae rei : Si paret N. Negidium A. Agerio tritici Africi optimi modios centum* DARE *oporterc* (intentio certa), *quanti ea res est, tantam pecuniam N. Negidium A. Agerio condemna* (condemnatio incerta). *Si non paret, absolve*. S'il apparaît que N. Negidius doit faire dation à A. Agerius de 100 mesures du meilleur blé d'Afrique, à autant d'argent que vaut cette chose, juge, condamne N. Negidius envers A. Agerius... — Action *ex stipulatu*[80] : *quod A. Agerius de N. Negidio incertum stipulatus est, qua de re agitur* (demonstratio), *quidquid ob eam rem N. Negidium A. Agerio* DARE FACERE *oportet* (intentio incerta), *ejus, judex, N. Negidium A. Agerio condemna* (condemnatio incerta). *Si non paret, absolve*. Attendu qu'A. Agerius a stipulé un *incertum* (à indiquer) de N. Negidius, à tout ce qu'à ce titre N. Negidius doit faire dation à A. Agerius et faire pour lui, à cela, juge, condamne N. Negidius envers A. Agerius...

Au cas de *condictio certae pecuniae* seulement, les parties doivent faire une *sponsio* et une *restipulatio tertiae partis*, une promesse réciproque par stipulation que celle qui perdra le procès paiera à l'autre le tiers du montant du litige : il s'agit là d'une peine portée d'avance contre le plaideur téméraire[81].

Sur les origines et la fonction de la stipulation, v. *supra*, p. 51.

§ 2. — *La dictio dotis*.

C'est une promesse de dot émanant de la femme qui se marie, de son ascendant paternel ou de son débiteur[82].

---

80. Gaius, 4, 136-137.
81. Gaius, 4, 13; 171.
82. Ulpien, *Regul.*, 6, 2.

Seul, le promettant parle[83]. La *dictio dotis* tombe en désuétude, quand la convention de dot devient un pacte légitime[34].

§ 3. — *Le jusjurandum liberti*[85].

Ce serment de l'affranchi sert exclusivement à faire naître au profit du patron contre l'affranchi une action (*judicium operarum*). Le patron se faisait promettre *ver bis*, du futur affranchi, pour recevoir exécution après l'affranchissement[86], des services ayant un caractère industriel et pécuniaire, et même des présents.

II. — LA FORME DE CONTRACTER LITTERIS, PAR ÉCRIT[87].

Elle suppose l'usage de l'écriture. Elle comporte une inscription faite par le créancier, du consentement du débiteur[88], sur un registre, que les Romains nomment *codex* (ou *tabulae*) *accepti et expensi*.

Nature du codex. — C'est, à notre sens, le livre de comptes élémentaire[89], dit livre de raison dans notre ancien droit, dit de nos jours livre-journal (C. co., art. 8).

---

83. Gaius, 3, 96. La *dictio dotis* se présente sous la forme d'une *lex dicta*.

84. C., 5, 11, *De dot. promiss.*, 6.

85. D., 38, 1, *De operis libertorum*.

86. V. les différentes indications données et par Ulpien, *D.*, 38, 1, *h. t.*, 7, 2 et par Veneleius, D., 40, 12, *De liberali causa* 44, pr.

87. Gaius, 3, 128-134; Cicéron, *Pro Roscio comoedo*, *passim;* Pseudo-Asconius, *In Verr.*, 2, 1, 60.

88. Même en l'absence du débiteur : Gaius, 3, 138.

89. Ce ne peut être, d'après les textes, ni un livre de compte courant, ni, comme on l'enseigne communément, un livre de caisse.

Ce registre présente, jour par jour, les créances et les dettes d'une personne, généralement tout ce qu'elle reçoit et paie à quelque titre que ce soit.

A Rome, il devait être régulièrement tenu, selon un usage obligatoire, par tous les citoyens. Il était mis à jour, d'ordinaire tous les mois, par la copie des mentions portées d'abord sur un livre brouillard appelé *adversaria*[90]. Le *paterfamilias* portait sur le *codex* toute somme reçue avec la mention *acceptum* (reçu) : *af*[91] *Titio ex donato centum acceptum*, de Titius reçu 100 à titre de don : c'est l'*acceptilatio, d'acceptum latum*, porté comme reçu. Il inscrivait tout somme versée avec la mention *expensum* (payé) : *Titio ex donato centum expensum*, à Titius payé 100 à titre de don : c'est l'*expensilatio*.

Mentions sur le codex, qui seules peuvent faire naître des obligations. — Seules les mentions dites *nomina transscripticia* constituent le mode de contracter par écrit. Ces *nomina* existent dans deux cas, limitativement énumérés par Gaius[92] : au cas de *transscriptio a persona in personam;* et au cas de *transscriptio a re in personam*.

a) *Transscriptio a persona in personam.* — Elle a lieu « si, étant créancier de Titius pour une certaine somme, j'inscris cette somme sur mon *codex* comme vous l'ayant payée; en d'autres termes, si vous m'êtes délégué par Titius ». Gaius, 3, § 130.

---

90. Cicéron, *Pro Roscio com.*, 3, 8.
91. Velius Longus, éd. Keil, p. 60.
92. Gaius, 3, 128.

L'opération est dite délégation : Titius étant mon débiteur pour 100 et étant en même temps le créancier de Maevius pour 100, délègue Maevius son débiteur à moi son créancier; Titius est dit délégant, Maevius délégué, moi délégataire. Dans ce cas, il y a changement de débiteur : un ancien débiteur qui se libère et un nouveau débiteur qui s'oblige; le créancier portera sur son *codex* la somme due comme reçue de l'ancien débiteur et comme versée au débiteur nouveau.

Ce mécanisme, qui se réduit à quelques écritures et n'exige pas la présence des parties, pouvait servir tour à tour à transférer et à faire circuler les créances, à ouvrir des crédits de place à place, à acquitter les dettes sans numéraire en les soldant les unes par les autres. Ces *transscriptiones* sont rudimentaires, si on les compare aux lettres de change, aux lettres de crédit, aux opérations des clearing-houses; dans une mesure plus bornée, elles rendaient les mêmes services; elles remplaçaient les transports ou les versements de numéraire par de simples écritures.

b) Transscriptio a re in personam. — Elle a lieu « si, par exemple, étant votre créancier pour une certaine somme en vertu d'un achat, d'une société ou d'un louage, j'inscris cette somme sur mon livre comme vous l'ayant versée ». Gaius, 3, § 129.

Ainsi, le vendeur-créancier du prix inscrira sur son *codex* la somme due comme ayant été reçue de l'acheteur à titre d'achat et comme ayant été payée, versée (*expensum*) à l'acheteur-débiteur à titre de prêt.

Peut-être cette *transscriptio* permit-elle d'abord de transformer les stipulations en contrats *litteris*, avant qu'on ait eu l'habitude de dresser un acte écrit pour constater le contrat verbal. En tout cas, la substitution de la forme littérale aux contrats de bonne foi de vente, de louage, etc., donnait au créancier les avantages qui résultent toujours à son profit d'un contrat de droit strict[93].

REMARQUE. — On ne peut pas créer par écrit, *litteris*, l'obligation de rendre qui résulte d'un prêt; car elle résulte forcément non d'un écrit, mais d'une *numeratio pecuniae*, d'un versement préalable de deniers[94]. Le *codex* peut, il est vrai, porter la mention de toutes les créances (dites *nomina arcaria*) qui ne tirent pas leur origine des *transscriptiones* sus-indiquées.

Sanction de la forme litteris. — Ayant pour objet une créance de somme d'argent non exécutoire par elle-même, elle est sanctionnée par la *condictio certae pecuniae* (V. p. 65).

Désuétude et transformation du contrat littéral; les chirographa et les syngraphae. — Sous l'empire, se perd, pour les particuliers, l'usage de tenir régulièrement un *codex accepti et expensi* : c'est qu'alors se généralise l'emploi et de la stipulation écrite[95], et des *chirographa* : le *codex* ne demeure plus usuel que pour les banquiers.

Les *chirographa* et les *syngraphae* avaient appartenu tout d'abord au droit national des pérégrins de langue grecque[96]. Ils différaient par leur aspect extérieur. Ce sont des reconnaissances de dette, écrites de la main du débiteur qui reçoit une somme. On discute sur le point de

---

93. Compar. p. 62.

94. Gaius, 3, 132.

95. Cicéron, *Top.*, 25-26, range déjà les stipulations parmi les *res quae in scripto aguntur*. Exemples dans Girard, *Textes*, p. 845 s.

96. Gaius, 3, 134; Pseudo-Asconius, *In Verrem*, 2, 1, 36, 91.

savoir si ce sont de simples titres probatoires constatant des conventions déjà obligatoires par elles-mêmes ou si ce sont de véritables formes contractuelles obligatoires[97].

III. — L'ENGAGEMENT ABSTRAIT ET SES DESTINÉES DANS LES LÉGISLATIONS MODERNES.

La stipulation est l'acte abstrait par excellence; il n'est pas nécessaire que la cause de la promesse, de l'engagement y soit énoncée[98].

A. — SES AVANTAGES POUR LE CRÉANCIER. — Ce qui a déterminé les Romains à adopter la forme abstraite de la stipulation, ce n'est pas, comme dans certaines législations contemporaines, le souci de développer les opérations commerciales; ils l'ont adoptée à raison des avantages que comporte tout formalisme (certitude de la promesse lors de la conclusion du contrat, facilité pour la preuve, facilité d'une interprétation rigoureuse par le juge au cas de conflit ou d'inexécution).

Mais, si deux particuliers, qui peuvent conclure à partir d'une certaine époque un contrat nommé de prêt, de vente, de louage, etc., préfèrent recourir à la forme abstraite de la stipulation, c'est que l'emploi de la stipulation

---

97. Les Institutes de Justinien, 3, 21, *De litterarum obligatione*, signalent l'existence d'une obligation littérale. Mais on discute sur le point de savoir si ce *chirographum*, qui constate un prêt et qui ne peut plus être contesté après l'expiration du délai de la *querela non numeratae pecuniae* (p. 77) est un véritable contrat littéral, ou s'il continue à constituer seulement un titre probatoire.

98. Gaius, 1, 116 *a*.

leur procurera souvent les mêmes avantages que ceux qui provoquent, dans les législations modernes, l'emploi de l'engagement abstrait, de la promesse abstraite de payer.

Ces avantages sont de deux sortes :

1° Surtout, le droit de créance qui résulte d'une stipulation a plus de solidité et de certitude qu'un droit de créance ordinaire. Celui qui se prétend créancier en vertu d'un contrat déterminé, tel qu'un prêt, une vente, un mandat, doit prouver l'existence de ce contrat; s'il s'agit d'une vente, d'un louage ou d'une société, son adversaire peut lui opposer l'inexécution de sa propre obligation; s'il s'agit d'un contrat de bonne foi, le juge possède un large pouvoir d'appréciation dans la détermination des dommages-intérêts dus au créancier à raison de l'inexécution des obligations du débiteur. Au contraire, le droit du créancier par stipulation est un droit indépendant de l'opération économique que cette stipulation réalise; le stipulant n'a plus à craindre des réductions de créance ou des décomptes; il n'a plus besoin de justifier l'origine de son droit. Qu'avant la stipulation, il y ait eu vente, société, mandat, peu importe; une fois stipulée, la somme due n'est plus un prix de vente, un reliquat de compte; ce n'est plus une valeur incertaine à fixer par le juge au cas de conflit; ce qui est dû, c'est 100, 1.000, une quantité abstraite, invariable à partir de sa fixation par les parties.

2° D'autres fois, en recourant à la stipulation, les parties auront pour dessein de laisser secrète la cause de l'obligation : par exemple, quand une somme est promise à une personne pour qu'elle commette un délit ou pour l'empêcher de commettre un délit. Au surplus, nos temps actuels voient augmenter le nombre de ces engagements abstraits, qui ont pour but de laisser dans l'ombre la cause de l'obligation.

B. — Ses inconvénients pour le débiteur; remèdes apportés a ces inconvénients. — Puisque le débiteur, dans sa réponse au stipulant, a promis et que la promesse est séparée de sa cause, le débiteur doit payer le montant de la promesse, sans qu'en principe aucune discussion ne puisse s'élever sur la promesse elle-même ni sur son montant.

Cependant les Romains ont apporté des tempéraments à ce principe :

1° *Tempérament résultant de l'exercice de l'exception de dol et des condictiones.* — Deux cas sont à envisager :

a) Au cas d'absence de cause, c'est-à-dire pratiquement au cas où le débiteur s'est engagé en croyant à l'existence d'une cause qui n'existait pas, ce débiteur est protégé à l'époque classique et par le préteur et par le droit civil. Le préteur lui donne une exception de dol pour refuser l'exécution de l'engagement qu'il a pris sans cause[99]. S'il a exécuté cet engagement par erreur, il pourra demander la restitution de ce qu'il a versé, par une *condictio indebiti,* que lui donne le droit civil[100]. Engagé sans cause, le débiteur peut même, sans attendre l'échéance de la dette, obtenir immédiatement sa libération, s'il la demande par une *condictio sine causa* donnée par le droit civil[101], la *condictio* ayant toujours

---

99. Gaius, 4, 116 a.
100. Gaius, 3, 91 (p. 148).
101. *D.,* 12, 7, *De cond. sine causa,* 3.

pour but d'empêcher un enrichissement injuste aux dépens d'autrui.

b) **Au cas de cause illicite,** celui qui s'est engagé pour une cause illicite, par exemple pour que le créancier commette un délit ou s'abstienne d'en commettre un, a également une exception de dol pour ne pas exécuter le contrat[102]. Aura-t-il encore une *condictio* pour répéter s'il a exécuté ou pour demander sa libération avant toute échéance de la dette ? Non, si la cause est illicite des deux côtés **(par exemple, au cas** de somme promise à **une personne pour qu'elle commette un délit)**[103]; oui, si la cause est illicite seulement **du côté du créancier** (par exemple, au cas de **somme** promise à une personne pour l'empêcher de commettre **un délit)**[104].

Cependant, au cas d'absence de cause comme au cas de cause illicite, la stipulation n'en conserve pas moins son avantage d'acte abstrait pour le créancier. Il faut que ce soit le débiteur lui-même qui prouve l'absence de cause ou le caractère illicite de sa promesse, tandis que d'ordinaire dans les contrats, c'est celui qui se prétend créancier qui doit établir le fait générateur de sa créance.

2° *La portée de la querela non numeratae pecuniae.* — **Les inconvénients,** qui pouvaient résulter pour le débiteur d'un engagement par stipulation, disparurent même entièrement, à une certaine époque de l'Empire, au cas de prêt d'argent.

---

102. *D.*, 12, 5, *De condict. ob turpem vel injust. causam*, 8.
103. *D.*, 12, 5, *h. t.*, 8.
104. *D.*, 12, 5, *h. t.*, 2.

Souvent, à Rome, l'opération du prêt d'argent était réalisée non pas par le *mutuum*, mais séparément, par deux actes indépendants l'un de l'autre, par une *numeratio pecuniae* et par une stipulation : le plus souvent, la stipulation comportait une promesse de payer une somme représentant le capital et les intérêts de la somme prêtée[105]. Comme *numeratio* et stipulation sont alors deux actes indépendants, il pouvait arriver que l'emprunteur s'obligeât par stipulation avant que les deniers ne lui fussent versés. La même chose pouvait arriver lorsque l'emprunteur avait souscrit un billet constatant le prêt, selon l'usage, emprunté au Grecs, introduit dans l'Empire dès le Ier siècle et fréquent à partir du IIIe siècle[106], qui consistait à rédiger des écrits pour constater les conventions : il pouvait se faire que les fonds n'eussent pas été versés au souscripteur du billet ou bien encore que le prêteur eût inscrit dans l'acte une somme supérieure à celle qu'il versait, retenant ainsi sur le capital des intérêts usuraires.

Sans doute, dans ces cas, l'emprunteur était en droit, invoquant l'absence de cause (p. 73), de contester la dette et d'exiger sa libération par une *condictio*, ou d'opposer l'exception de dol pour ne pas payer. Mais, de toute façon, c'était

---

105. Exemples concrets (triptyques de Transylvanie), dans Girard, *Textes*, p. 845-846.

106. Exemples concrets : au Ier siècle, les quittances de Pompéi (Girard, *Textes*, p. 865 s.); au IIe s., louage de services (Girard, *Textes*, p. 860), contrat de prêt en grec (Girard, *Textes*, p. 863). A partir du IIIe s., *D.*, 12, 1, *De reb. cred.*, 40; *D.*, 22, 1, *De usur.*, 41, 2.

à lui à prouver qu'il n'y avait pas eu numération des deniers: preuve difficile à faire en présence de l'écrit.

Aussi, en présence de cet abus de la preuve par écrit, des constitutions impériales, qui remontent au début du IIIe siècle[107], n'hésitèrent pas à déplacer le fardeau de la preuve. Elles ordonnent au juge de ne plus tenir compte de l'écrit qui constate un prêt, et cela pendant un certain délai (délai d'un an à dater de la rédaction de l'acte, porté à cinq ans sous Dioclétien)[108]. Durant ce délai, si l'emprunteur le veut, l'écrit ne sert plus au créancier; le débiteur a le droit de formuler une plainte pour non-numération de l'argent (*querela non numeratae pecuniae*)[109] : c'est-à-dire qu'il protestera contre la dette (*contestatio*)[110] ou qu'il exercera une *condictio*[111] dès avant toute poursuite pour réclamer le billet, ou qu'il opposera au créancier, demandeur en justice, une exception *non numeratae pecuniae*[112] pour ne pas payer. Dans tous ces cas, la négation de la dette impose au prêteur la charge de prouver, par d'autres moyens que l'écrit, la numération des deniers. Mais, le délai une fois expiré, le débiteur ne peut plus contester l'écrit; toute preuve contraire est exclue.

---

107. *C.*, 4, 30, *De non numerata pecunia*, 3, de l'an 215.
108. *C. Hermog.*, *De caut. et non numer. pec.* (Krueger, *Coll. libr*, 3, p. 234).
109. *C.*, 4, 30, *De non numerata pecunia*, 4, 9; 10; 14, *pr.*
110. *C.*, 4, 9, *De condictio ex lege*, 4.
111. *C.*, 4, 30, *h. t.*, 7.
112. *C.*, 4, 30, *h. t.*, 3.

Cependant, avec ce système de *querela*, ce n'est pas seulement la stipulation qui se trouve dépouillée de son efficacité; c'est aussi l'écrit qui perd sa valeur probatoire, alors même qu'il mentionne expressément la réception des deniers. Ce résultat un peu choquant provoqua, au Bas-Empire, de nouvelles décisions.

L'empereur Justin décida que la *querela* ne serait plus accordée au débiteur, lorsque le billet souscrit par lui constatait qu'il était fait à raison d'une cause déjà passée (billet causé dit *cautio discreta*)[113] : le débiteur demeurait alors chargé de la preuve. Ce n'est plus que si la stipulation écrite ou le billet n'indique pas l'opération qui en a motivé la rédaction (billet non causé dit *cautio indiscreta*), que le débiteur peut imposer au créancier la charge de la preuve : il peut alors invoquer la *querela*, sous Justinien pendant deux années, non seulement au cas de prêt d'argent, mais encore au cas de prêt de denrées ou de constitution de dot[114], c'est-à-dire dans des cas où les hommes, par désir de se procurer de l'argent malgré une retenue usuraire ou par désir d'épouser, reconnaissent d'ordinaire le plus facilement qu'ils ont reçu ce qui ne leur a pas été payé. Mais, passé le délai de deux ans, la *querela* ne peut plus être formulée.

---

113. *C.*, 4, 30, *h. t.*, 13, controversé.

114. *C.*, 4, 30, *h. t.*, 14, *pr.; C.*, 5, 15, *De dote cauta non numerata*, 3. — Celui qui aura invoqué à tort la *querela* sera puni de la peine du double : *Nov.* 18, *c.* 8.

C. — L'engagement abstrait dans le droit français et les origines de l'article 1132 du Code civil

Au xiiie siècle, Beaumanoir traduit le sentiment des canonistes et jurisconsultes de son temps, quand il dit : « La let-« tre qui dit que je dois deniers et ne fet pas mention de quoi « je les dois est souspechonneuse chose de malice, et quand « tele lettre vient en cort, si doit savoir le juge la chose dont « tele dette vient, avant qu'il la face païer. » Cette opinion, que les billets non causés n'ont aucune vertu obligatoire, est unanime dans la doctrine jusqu'à la fin du xviie siècle. Elle l'a emporté dans l'ordonnance de mars 1673, qui exige qu'on indique dans la lettre de change si la valeur en a été reçue en deniers, marchandises ou autres effets : la nécessité de cette indication est maintenue par les articles 110 et 118 du Code de commerce et n'a disparu que, par la loi du 8 février 1922. Par contre, la jurisprudence des Parlements qui, dès la fin du xvie siècle, admettait la validité des billets non causés fut suivie par les rédacteurs du Code civil qui proclamèrent la validité de l'obligation abstraite dans l'article 1132 : « La convention n'est pas moins valable, quoique la cause n'en soit pas exprimée. » En cas de contestation, c'est au débiteur d'établir que le billet souscrit par lui est sans cause ou qu'il cache une cause illicite (c'est la solution romaine avant l'introduction de la *querela*).

CHAPITRE IV

Du contrat réel[115].

Gaius déclare qu'une obligation peut être contractée *re* et cite comme exemple le *mutuum*[116]. Les Institutes de

---

115. *Inst.*, 3, 14, *Quibus modis re contrahitur obligatio.*
116. Gaius, 3, 90.

Justinien citent comme autres exemples : le dépôt, le commodat et le gage[117]. Certains auteurs modernes joignent à cette énumération la fiducie.

Le trait commun aux contrats dits contrats réels, se formant *re*, est que l'opération (prêt, dépôt, commodat, gage) ne peut pas, pour sa réalisation, se contenter d'une simple convention : un transfert, la remise d'une chose corporelle, une *res* est indispensable. Sans doute, une convention existera; mais elle viendra s'adjoindre à un transfert nécessaire. Dans les exemples donnés par Gaius et Justinien, c'est toujours une convention de rendre, qui s'adjoint à un transfert de propriété ou à un transfert de possession d'une chose corporelle.

I. — LE TRANSFERT DE PROPRIÉTÉ D'UNE CHOSE CORPORELLE PAR TRADITION AVEC CONVENTION DE RENDRE.

Le cas le plus important est le *mutuum*, la *mutui datio*. On pourrait citer encore : la dation d'arrhes et le dépôt irrégulier.

§ 1. — *Le prêt de consommation ou mutuum*[118].

Sur les origines, l'époque d'apparition, la nature du *mutuum* : v. *supra*, p. 53.

But de l'opération. — Une personne, dite prêteur, transfère à une autre, dite emprunteur, la propriété d'une certaine quantité de choses, pièces de monnaie,

---

117. *Inst.*, 3, 14, *h. t.*, 2; 3; 4.
118. *D.*, 12, 1, *De rebus creditis, si certum petetur et de condictione.*

denrées, en convenant que cette autre personne lui rendra, au bout d'un certain délai, une même quantité de choses de même qualité[119].

Nature des choses objet du mutuum — Tandis que toutes les choses possibles peuvent faire l'objet d'un prêt à usage quand elles sont considérées *in specie*, le *mutuum* ne peut porter que sur les choses qui se pèsent, se comptent ou se mesurent, *quae pondere numero mensurave constant*, c'est-à-dire sur les choses regardées comme telles par les usages commerciaux[120].

Conséquences, au cas de mutuum, de l'assouplissement des formes de la tradition. — Pour réaliser le transfert des choses prêtées, à la remise matérielle de la chose furent progressivement assimilés les procédés suivants de tradition symbolique ou feinte qui entraînent remise de possession, à savoir : autorisation donnée par le prêteur à l'emprunteur de prendre l'argent contenu dans une caisse dont on lui remet les clés; autorisation donnée par le prêteur au dépositaire qui détient les deniers d'en user à titre de prêt[121]; autorisation donnée par le prêteur à l'emprunteur d'aller toucher chez son débiteur les deniers que celui-ci doit au prêteur et de les conserver à titre de prêt[122]; autorisation de vendre certains objets remis et d'en conserver le prix à titre de prêt[123], etc.

---

119. Gaius, *D.*, 44, 7, *De obl. et act.*, 1, 2; *Inst.*, 3, 14, *h. t.*, *pr.* V. C. civil, art. 1892, 1893, 1902.

120. Gaius, 3, 90. V. C. civil, art. 1894 s.

121. *D.*, 12, 1, *h. t.*, 9, 9.

122. *D.*, 12, 1, *h. t.*, 15.

123. Ulpien, *D.*, 12, 1, *h. t.*, 11, *pr.* (citant Nerva); en sens contraire, Africain, citant Julien, *D.*, 17, 1, *Mandat.*, 34, *pr.* — Compar. notamment Cass., 15 mars 1886, *D.*, 87.1.28.

Pourquoi la tradition, entraînant remise de la possession, emporte-t-elle, au cas de *mutuum*, translation de propriété des choses prêtées ? Parce que l'opération économique dite *mutuum* a été reconnue par la coutume comme *justa causa*, comme justifiant et légitimant l'acquisition des choses prêtées. — Mais il s'agira pour l'emprunteur de rendre une même quantité de choses de même qualité. En conséquence, l'obligation née *re* ne peut pas avoir une étendue supérieure à celle de la prestation qui en est la source : ainsi, celui qui est devenu créancier par la prestation de dix pièces de monnaie ne peut jamais en réclamer onze[124].

Incapacité spéciale d'emprunter de l'argent, résultant du sc. Macédonien[125]. — Ce sénatusconsulte, sous Vespasien (69-79 ap. J.-C.), défendit de prêter de l'argent aux fils de famille[126]. Il intervint à la suite d'un parricide commis par un fils endetté, qui sans doute lui donna sa dénomination. La sanction n'est pas la nullité de l'engagement[127] : le fils est tenu *jure civili* et le père est tenu *jure praetorio* sur le pécule; mais le père poursuivi *de peculio* et le fils actionné opposeront, pour ne pas payer, aux actions intentées contre eux, l'exception du sc. Macédonien, que le préteur leur donne sur l'invitation du sénat[128].

---

124. *D.*, 12, 1, *h. t.*, 11, 1; *D.*, 2, 14, *De pactis*, 17, *pr.* Compar. C. civ., art. 1895-1897.

125. *D.*, 14, 6, *De senatus consulto Macedoniano*.

126. *D.*, 14, 6, *h. t.*, 1, *pr.;* Suétone, *Vespas.*, 11.

127. Peut-être parce que le sénat n'avait pas, à cette époque, le pouvoir de faire du droit civil.

128. *D.*, 14, 6, *h. t.*, 1, *pr.*

Père et fils poursuivis ne pourront cependant pas se défendre par l'exception dans certains cas, notamment
au cas d'erreur inévitable, lorsque tout le monde croyait
le fils *sui juris*, ou quand le père a consenti à l'emprunt,
ou quand il en a tiré profit[129].

Sanction du mutuum. — On intente la *condictio certae
pecuniae*, quand on réclame de la monnaie et la *condictio
certae rei*, quand on réclame d'autres choses.

> On dit, avec assez de vraisemblance, que la *condictio* fut tout
> d'abord donnée ici non pas tant à raison du contrat conclu que
> comme action en répétition, en vue de répéter les choses prê-
> tées dont l'emprunteur s'enrichirait injustement s'il les conser-
> vait par devers lui après l'expiration du délai fixé pour les ren-
> dre.

§ 2. — *Autres exemples : la dation d'arrhes;*
le dépôt irrégulier.

La dation d'arrhes. — Son but est d'affecter à la garantie d'une dette[130] une *res nec mancipi*, notamment un
anneau ou de la monnaie. Selon les textes, l'obligation
préexistante résultera d'un prêt, d'une vente, d'un louage.
Lors de l'extinction de la dette garantie, les arrhes devront
être rendues, du moins lorsqu'elles sont constituées par
un objet, telle qu'un anneau (quand elles sont constituées
par de la monnaie, elles apparaîtront comme un acompte
sur le prix)[131] : elles seront réclamées par une *condictio*.

---

129. *D.*, 14, 6, *h. t.*, 19; 12.

130. Plaute, *Mostellaria*, v. 648, 978, 1014; Aulu-Gelle, 17, 2, 21; Apulée,
Metam., 1, 22. Sur les origines grecques, Varron, *De lingua latina*, 5, 175.

131. Varron, *De l. l.*, 5, 175.

Cependant l'opération, qui ne paraît pas avoir été reconnue comme contrat réel nommé, rentre du moins dans les contrats innommés *do ut facias*. — Sur les arrhes dans la vente, v. p. 111.

Le dépôt régulier. — V. ci-après p. 92, à propos du dépôt, dont il emprunte à tort la dénomination et certaines règles.

II. — Le transfert de propriété d'une chose corporelle par mancipation ou in jure cessio avec convention de rendre.

§ 1. — *La forme contractuelle dite fiducia :* *ses éléments constitutifs.*

La convention de rendre, qui est adjointe à un transfert de propriété par mancipation ou *in jure cessio*, se nomme pacte de fiducie, *pactum fiduciae*. L'opération entière est dite *fiducia*[132].

Cette forme contractuelle suppose : d'une part, une aliénation par mancipation fictive, *numno uno*[133] (pour les *res mancipi*) ou par *in jure cessio* (pour les *res mancipi* et *nec mancipi*); d'autre part, un engagement de la part de l'acquéreur de retransférer la propriété à l'aliénateur.

C'est une forme contractuelle. Par elle-même, la *fiducia* n'indique pas l'opération d'ordre économique que les

---

132. Gaius, 2, 60.
133. *nummo uno* = pour un sesterce.

parties ont désiré réaliser. Mais elle rend obligatoires les conventions de rendre qui accompagnent une telle translation de propriété : et ceci en vue des buts les plus divers (dépôt, prêt à usage, sûreté réelle, etc.)[134].

§ 2. — *La reconnaissance de la fiducia par le préteur, puis par la coutume.*

La fiducie demeura longtemps sans sanction. Cependant, dès avant la jurisprudence prétorienne, il était toujours possible d'accompagner le transfert d'une stipulation de *dare*. Même, au cas où il n'y avait pas eu de stipulation ou qu'elle était défectueuse ou qu'il n'avait été fait qu'une simple convention, par l'*usureceptio* (recouvrement par l'usage) *fiduciae*[135], l'aliénateur entre les mains duquel la chose était revenue pouvait, par un an, sans juste titre ni bonne foi, en redevenir propriétaire, sans qu'il fût nécessaire de recourir à une remancipation ou à une nouvelle *in jure cessio*.

Mais on ne s'en tint pas là. L'édit du préteur sanctionna le pacte de fiducie en donnant à l'aliénateur, pour assurer l'exécution de la convention de rendre, une formule *in factum*, infamante[136], où le juge était invité à condamner le défendeur à agir comme on le doit entre honnêtes gens

---

134. Boèce, sur Cicéron, *Top.*, 10, 41 : *Fiduciam accepit cuicumque res aliqua mancipatur, ut eam mancipanti remancipet.*
135. Gaius, 2, 59; 60.
136. Gaius, 4, 182.

et sans fraude, *ut inter bonos bene agier oportet et sine fraudatione*[137].

Bien plus, étant donné la fréquence d'emploi de cette forme et son caractère synallagmatique, bien qu'imparfaitement synallagmatique (V. p. 126), la coutume s'empara de cette opération dont la théorie s'était faite à propos de l'action *in factum*. Dès le temps de Q. Mucius Scaevola, la coutume l'avait sanctionnée par des actions *in jus* de bonne foi[138], en donnant : à l'aliénateur, l'*actio fiduciae directa*, en reddition de compte[139]; à l'acquéreur, l'*actio fiduciae contraria*, en indemnité du préjudice causé par l'exécution de la convention, par exemple à raison de ses déboursés faits pour conserver la chose[140]. Le juge eut à tenir la balance égale entre les prétentions des deux parties; il eut à décider ce que l'une et l'autre d'entre elles devait *dare facere ex fide bona*.

§ 3. — *Exemples de divers buts réalisés au moyen de la fiducie.*

« La fiducie est contractée, dit Gaius, 2, 60, soit avec un ami (*fiducia cum amico*) chez lequel nos choses seront en plus grande sécurité, soit avec un créancier (*fiducia cum creditore*) à titre de sûreté réelle, de *pignus*. »

La *fiducia cum amico* paraît avoir apparu la première

---

137. Cicéron, *De officiis*, 3, 15. 61; 17, 70.
138. Cicéron, *De officiis*, 3, 17, 70.
139. Gaius, 4, 62.
140. Paul, *Sentent.*, 2, 13, 7.

en date. Elle sert à remettre une chose en garde à une personne de confiance qui, étant propriétaire, a pour la défendre contre toutes usurpations les diverses sanctions du *dominium*. Ainsi, craignant un danger quelconque, le mancipant aliénera avec convention que la chose lui sera remancipée, une fois le danger passé[141]. Seront ainsi réalisés : un dépôt, une donation à cause de mort[142].

La *fiducia cum creditore* sert à réaliser une sûreté réelle : le débiteur transférera à titre de sûreté, *pignoris jure*, la propriété d'une chose à son créancier qui devra la rendre lorsqu'il aura été désintéressé[143].

Bien plus. La fiducie eut une tendance de plus en plus générale à réaliser tous les buts, reconnus par la coutume et dont la réalisation comportait un transfert de propriété par mancipation ou *in jure cessio* avec convention de rendre. C'est ainsi qu'elle servit à réaliser : un prêt à usage ; une dation de dot avec convention de restitution[144] ; une donation par personnes interposées par le transfert de la propriété à une personne qui s'engage à la retransférer non pas à l'aliénateur, mais à un tiers[145] ; etc.

§ 4. — *Les destinées de la fiducia : la transformation de la fiducia en contrat innommé do ut facias.*

La convention de fiducie est demeurée pratique même

---

141. Boèce, sur Cicéron, *Top.*, 10, 41.
142. Gaius, 2, 60 ; *D.*, 39, 6, *De m. c. donat.*, 42, *pr.*, interpolé ; 18, *pr.*
143. Gaius, 2, 60 ; Paul, *Sentent.*, 2, 13 ; Isidore de Séville, *Orig.*, 5, 23.
144. *D.*, 24, 3, *Sol. matr.*, 29, 1.
145. *D.*, 24, 1, *De donat. inter vir. et ux.*, 49.

après la période des jurisconsultes classiques. Cependant la *fiducia*, qui comportait un transfert de propriété par mancipation ou par *in jure cessio*, disparut en même temps que disparurent l'*in jure cessio* et la mancipation. Ou plutôt le nom disparut[146]. Car l'opération demeura, transformée en un transfert de propriété par tradition avec convention de rendre, c'est-à-dire en un contrat innommé *do ut reddas, do ut facias*. Si dans la pratique on ne fait plus depuis longtemps déjà de dépôt ou de prêt à usage en employant le transfert de propriété (car le transfert de possession suffit pour réaliser ces *negotia*), on continue à utiliser la forme *do ut reddas* pour réaliser notamment : une dation de dot avec convention de restitution au cas de dissolution du mariage[147], une donation à cause de mort au moyen d'une tradition avec convention que l'*accipiens* rendra la chose si le donateur échappe au danger qui le menace[148], etc. Le donateur ou la personne qui a consti-titué la dot aura, à tout moment pour recouvrer la chose, une *condictio* dite *propter poenitentiam* ou, pour faire

---

146. On la représente comme indiquée la dernière fois dans un papyrus de Ravenne d'environ 453, Marini, *Papiri diplomat.*, p. 73. Par suite de la disparition de la mancipation et de l'*in jure cessio*, la *fiducia* n'est pas mentionnée dans les compilations de Justinien; mais des textes la concernant ont été retrouvés, interpolés au Digeste, au milieu d'un ensemble de textes, traitant tous du contrat de gage à deux endroits séparés des commentaires de l'édit; la vérité était qu'un groupe de ces textes traitait en effet primitivement du gage; mais l'autre traitait primitivement de la fiducie, et la mention du gage y a remplacé celle de la fiducie seulement à raison de la disparition de cette dernière (Lenel, *Edictum perpetuum*, § 107).

147. *C.*, 5, 12, *De jure dot.*, 6.

148. *D.*, 39, 6, *De m. c. donat.*, 42, *pr.*; 37, 1; 39.

exécuter la convention de rendre, l'action *praescriptis verbis* des contrats innommés (V. p. 130-131).

§ 5. — *L'aliénation fiduciaire dans nos législations actuelles.*

On a pu voir, à des époques troublées, et dans la crainte d'une confiscation imminente, des personnes, dont la fortune était menacée, transférer leurs biens à une personne de confiance en convenant avec celle-ci par un pacte secret qu'elle les restituera dans des temps meilleurs. — L'aliénation fiduciaire a été encore utilisée pour réaliser le nantissement des navires avant les lois des 10 décembre 1874 et 5 juillet 1917, qui ont admis l'hypothèque des navires. Elle est encore utilisée, pour réaliser une sûreté réelle, notamment dans certaines sociétés d'habitations à bon marché où le locataire, futur acquéreur d'une petite maison, commence par transférer à la Société la propriété de son terrain à titre de garantie réelle et ne redevient propriétaire du terrain et de la maison édifiée sur le terrain qu'après le paiement intégral des loyers et amortissement.

III. — LE TRANSFERT DE POSSESSION D'UNE CHOSE CORPORELLE AVEC CONVENTION DE RENDRE.

§ 1. — *En quoi la fiducie était souvent excessive et dangereuse; et de la reconnaissance du transfert de possession avec convention de rendre.*

Les principaux inconvénients de la fiducie, en tant qu'elle réalisait un dépôt, un prêt à usage ou un nantissement, étaient les suivants : l'aliénateur avec fiducie cesse d'être propriétaire; il n'a plus d'action en revendication pour reprendre sa chose dans les mains de tout tiers acquéreur auquel l'acquéreur avec fiducie aura pu l'aliéner;

l'aliénateur, n'étant plus que créancier, ne peut soustraire la chose aliénée de la masse des biens de son débiteur et vient en concurrence avec tous autres créanciers de l'acquéreur fiduciaire, lorsque celui-ci est devenu débiteur insolvable[149].

Aussi a-t-on fini par préférer, normalement, dans les cas susvisés, l'emploi du transfert de possession avec convention de rendre au transfert de propriété avec la même convention. D'une part, le fait pour celui qui tradait la chose (*tradens*) d'en demeurer propriétaire lui procurait les avantages suivants : il avait l'action réelle en revendication pour recouvrer sa chose dans les mains de tout possesseur ou détenteur; il avait l'*actio furti*, si celui qui avait reçu la chose, l'*accipiens*, avait voulu s'approprier la chose; il avait l'action de la loi Aquilia, si l'*accipiens* l'avait détériorée. D'autre part, le fait de sanctionner la convention de rendre, en donnant au *tradens* une action personnelle, procurait à ce *tradens*-créancier les avantages suivants : de pouvoir réclamer de l'*accipiens* une indemnité dans le cas où il ne posséderait plus la chose; et de pouvoir intenter l'action contre les héritiers de l'*accipiens*, au lieu de n'avoir que les actions délictuelles de vol et de la loi Aquilia intransmissibles contre les héritiers.

C'est pourquoi le préteur, au plus tard au temps d'Au-

---

149. En outre, si la fiducie réalise une sûreté réelle, le débiteur, qui est aliénateur fiduciaire, en transférant la propriété de sa chose, épuise d'un seul coup tout le crédit qu'il pourrait retirer de sa chose V p. 221.

guste[150], sanctionna la simple convention de rendre en donnant à l'auteur du dépôt, du prêt à usage ou du gage une action *in factum* pour recouvrer la chose remise : il punit ainsi le *dolus malus*[151], la violation de la parole donnée par celui qui ne voulait pas rendre. — La coutume devait, par la suite, s'emparer de ces opérations et les sanctionner, au plus tard au temps de Gaius[152], par des action *in jus* de bonne foi directe et contraire.

§ 2. — Le dépôt (depositum)[153].

But de l'opération. — Remettre une chose à une personne pour qu'elle la garde gratuitement et la rende à toute époque, sur la demande du déposant[154].

La forme, consistant dans un transfert de possession[155] avec convention expresse ou tacite de rendre, est désormais seule envisagée, quand on parle de dépôt. — La convention de rendre est tacite en particulier dans le contrat de bonne foi de dépôt, pour lequel le terme « dépôt », indiquant l'opération économique reconnue et sanctionnée par la coutume, suffit[156].

---

150. D., 34, 2, *De auro argento mund.*, 39, pr. et 1; D., 2, 13, *De edendo.* 6, 3

151. Gaius, 4, 47 pour le dépôt et le commodat.

152. Edit du préteur, 19, *De bonae fidei judiciis*, n° 106, pour le dépôt; Gaius, 4, 47 pour le dépôt et le commodat; D., 13, 7, *De pignerat. act.*, 13, pr. pour le gage.

153. D., 16, 3, *Depositi vel contra*; Inst., 3, 14, *Quibus modis re contrah.*, 3.

154. D., 16, 3, *h. t.*, pr.; D., 4, 9, *Naut.*, 3, 1. V. C. civ., art. 1915, 1917, 1944.

155. C. civ., art. 1919.

156. C. civ., art. 1915.

Objet du dépôt. — Il doit être un meuble[157].

Obligations et responsabilité du dépositaire. — Sa possession n'est pas protégée; il n'a pas les interdits possessoires[158]; il n'a, dit-on, que la détention. Il n'a aucun droit de se servir de la chose; sinon, il commettrait un *furtum usus*[159]. Il n'est responsable que de son dol et de sa faute lourde, parce qu'il rend un service gratuit[160]. Il peut être poursuivi par le déposant au moyen de l'action infamante de dépôt directe[161], de l'action en revendication s'il possède encore la chose, d'une action pénale au double donnée par les XII Tables[162], dans certains cas de l'action de vol ou de celle de la loi Aquilia.

Obligations du déposant. — Il doit indemniser le dépositaire de ses dépenses faites pour la conservation de la chose et du préjudice que les vices de la chose remise lui auraient causé[163]. Il est alors tenu de l'action de dépôt contraire.

Hypothèses spéciales de dépôt. — On cite trois cas particuliers : 1° le dépôt « nécessaire », fait en cas de force majeure[164]. A Rome, l'édit du préteur donne une action au double contre le dépositaire infidèle, qu'on n'a pas été à même de choisir; — 2° le dépôt séquestre : c'est

---

157. C. civ., art. 1918.
158. Gaius, 4, 153.
159. D., 16, 3, *h. t.*, 29, *pr.* Compar. C. civ., art. 1930.
160. *Collatio leg. mosaic. et roman.*, 10, 2, 1. Compar. C. civ., art. 1927, 1929.
161. Gaius, 4, 47. 182.
162. *Coll. leg. m. et r.*, 10, 7, 11.
163. *Coll.*, 10, 2, 5; D., 47, 2, *De furtis*, 62 (61), 5. V. C. civ., art. 1947.
164. D., 16, 3, *h. t.*, 1, 1. V. C. civ., art. 1949.

le dépôt, fait par plusieurs personnes, d'une chose en général litigieuse, meuble ou immeuble, pour qu'elle soit restituée à celui qui gagnera le procès[165]. Le séquestre voit sa possession protégée; il a les interdits possessoires nécessaires pour pouvoir dans certains cas remplir sa mission[166]; — 3° le dépôt irrégulier : c'est un dépôt de fonds fait par un particulier chez un capitaliste. L'opération porte sur une somme versée ou comptée, dont le dépositaire devient propriétaire à charge de restituer une somme égale[167] : elle se réalise par un transfert de propriété par tradition avec convention de rendre. Pourquoi a-t-elle pris le nom de dépôt? La pratique ne s'y était pas trompée : elle avait donné à cette opération économique un nom particulier, *commendatio;* elle parlait de *denarii commendati*[168]. Mais Papinien, désireux de sanctionner cette opération par une action de bonne foi, donne l'action de dépôt à l'aliénateur pour recouvrer le montant de la somme versée : pour ce faire, il n'hésite pas à déclarer que *commendare* n'est pas autre chose que *deponere*[169]; l'opération portera dès lors, à tort, la dénomination de dépôt irrégulier, employée encore fâcheusement par la doctrine et la pratique modernes pour désigner les « dépôts de fonds » faits principalement dans les banques.

---

165. *D.*, 16, 3, *h. t.*, 6. V. C. civ., art. 1955, 1963.
166. *D.*, 16, 3, *h. t.*, 17, 1.
167. *D.* 19, **2**, *Locat.*, 31.
168. Triptyque de l'an 167 ap. J.-C. (Girard, *Textes*, p. 863).
169. *D.*, 16, 3, *h. t.*, 24.

§ 3. — *Le commodat (commodatum) ou prêt à usage*[170].

But de l'opération. — Remettre gratuitement une chose à une personne pour qu'elle en retire un certain usage, en convenant que cette personne la rendra au terme fixé[171].

Objet du commodat. — Ce sera en général un meuble; il pourra être au besoin un immeuble[172]; ce peuvent même être des choses qui se comptent, se pèsent ou se mesurent, mais à condition qu'elles soient considérées *in specie* (par exemple des pièces de monnaie prêtées à un changeur pour orner son étalage)[173].

Obligations et responsabilité du commodataire. — Sa possession n'est pas protégée; il n'a pas les interdits possessoires[174]; il n'a, dit-on, que la détention. Il ne doit se servir de la chose que de la manière et dans la mesure où le contrat le lui permet. Il est responsable de sa faute *in abstracto*[175]. Il est obligé de rendre à l'échéance sauf au cas de perte par cas fortuit. Sinon, il est tenu de l'*actio commodati directa*, de l'action en revendication s'il possède encore la chose, parfois de l'*actio furti* ou de l'action de la loi Aquilia.

Obligations du commodant. — Il doit indemniser le commodataire de ses dépenses faites pour la conserva-

---

170. *D.*, 13, 6, *Commodati vel contra; Inst.*, 3, 14, *Quibus modis re contrah.*, 2.

171. *D.*, 13, 6, *h. t.*, 5, *pr.;* 17, 3. V. C. civ., art. 1875, 1876, 1888. .

172 *D.*, 13, 6, *h. t.*, 1, 1.

173. *D.*, 13, 6, *h. t.*, 3, 6.

174. Gaius, 4, 153.

175 *Inst.*, 3, 14, *h. t.*, 2; ci-après, p 199. V. C civ., art. 1880 s.

tion de la chose[176] et du préjudice que, par suite de son
dol ou de sa faute grossière, les vices de la chose remise
auraient causé à ce commodataire[177] : il est alors tenu de
l'action de commodat contraire.

§ 4. — *Le gage* (*pignus*)[178].

Pignus au sens large sert à désigner toute sûreté
réelle[179]. Au sens étroit, il désigne le gage, sûreté réelle
consistant dans le transfert de possession d'une chose remise par le débiteur à son créancier jusqu'à ce que la
dette garantie soit éteinte.

Il peut porter sur des meubles et des immeubles[180].

Le créancier, qui a reçu l'objet du gage, est dit créancier gagiste. Sa possession est protégée; il a les interdits
possessoires[181], en son nom propre, pour maintenir sa possession et contre les tiers et contre le constituant lui-
même; dans le même but, depuis la création de l'hypothèque, il a une action réelle, l'action hypothécaire[182]. Contre le constituant, pour se plaindre de ses manquements
au contrat et pour se faire rembourser ses dépenses faites
pour la conservation de la chose, il a l'action *pigneraticia
contraria*[183].

---

176. *D.*, 13, 6, *h. t.*, 18, 2. V. C. civ., art. 1890.
177. *D.*, 13, 6, *h. t.*, 18, 3. V. C. civ., art. 1891.
178. *D.*, 13, 7, *De pigneraticia actione vel contra; Inst.*, 3, 14, *h t.*, 4
179. Cf. ci-après, p. 221.
180. C., 4, 24, *De actione pigneraticia*, 7; 9. Compar. C. civ., art 2072.
qui distingue le gage de l'antichrèse.
181. *D.*, 41, 3, *De usurp.*, 16.
182. Cf. ci-après, p. 227.
183. *D.*, 13, 7, *h. t.*, 9, *pr.* V C. civ., art. 2080.

Le débiteur, qui a tradé l'objet du gage, en demeure propriétaire. Une fois l'extinction de la dette garantie, il a contre le créancier gagiste : l'action *pigneraticia directa* pour exiger de lui l'exécution de la convention de rendre et pour lui demander compte de sa faute *in abstracto*[184]; l'action en revendication, si le créancier gagiste possède encore la chose; parfois l'*actio furti*.

Quand la chose constituée en gage est une chose frugifère, le créancier gagiste est tenu de percevoir les fruits, de les imputer sur les intérêts puis sur le capital[185], à moins d'une convention préalable d'antichrèse qui aurait décidé que les fruits et intérêts se compenseraient[186].

CHAPITRE V

Du contrat consensuel[187].

Les contrats consensuels sont, selon l'énumération donnée par Gaius, 3, 135, et reproduite aux Institutes de Justinien : l'*emptio venditio* (achat-vente), la *locatio conductio* (louage), la *societas* (société) et le *mandatum* (mandat).

Ils sont dits consensuels, se former *consensu* (*contrahi consensu*), ajoute Gaius, 3, 136, parce qu'il n'est besoin ni de termes déterminés (*verba*), ni d'écrit (*scriptura*) pour les former; il suffit d'un accord de volontés; il suffit que

---

184. D., 13, 7, *h t.*, 14; ci-après, p. 199.
185. C., 4, 24, *h. t.*, 1.
186. D., 20, 1, *De pignoribus et hyp.*, 11, 1. Compar. C. civ , art. 2085 s.
187. *Inst.*, 3, 22, *De consensu obligatione.*

ceux qui procèdent à l'opération aient consenti[188]. Ils sont tous de bonne foi : les actions qui en naissent poseront toutes au juge la question de savoir ce qui est dû d'après la bonne foi (*quidquid dare facere oportet ex fide bona*)[189].

Leur existence est attestée non seulement pour le temps de Cicéron, mais déjà pour celui de Q. Mucius Scaevola[190].

I. — LE CONTRAT CONSENSUEL DE VENTE (EMPTIO VENDITIO)[191].

§ 1. — *But de la vente et les diverses formes susceptibles de le réaliser.*

But de l'opération. — C'est la cession définitive d'un bien, d'une chose par une personne (vendeur) contre la cession par une autre (acheteur) d'un autre bien particulier, monnaie, dit prix[192].

Formes à utiliser pour atteindre ce but. — Ces formes sont multiples. Il y a lieu de distinguer : celles qui réalisent l'opération de la vente au comptant, consistant dans un transfert immédiat de la chose et du prix et qui ne sont pas en principe, par elles-mêmes[193], génératrices

---

188. Ils peuvent donc se former entre absents : Gaius, 3, 136.

189. Cette *intentio* incertaine est précédée d'une *demonstratio* indiquant le contrat : Gaius, 4, 59, donnant comme exemple *Quod ego de te hominem emi.*

190. Cicéron, *De officiis*, 3, 17, 70.

191. *Inst.*, 8, 23, *De emptione et venditione; D.*, 18, 1, *De contrahenda emptione; D.*, 19, 1, *De actionibus empti et venditi.*

192. *D.*, 18, 1, *h. t.*, 1, *pr.*

193. Les actions *auctoritatis* et *de modo agri* (p. 23) ne sont données qu'en vertu d'une idée de délit.

d'obligations (mancipation, *in jure cessio*, tradition); et celles qui tendent à réaliser l'opération de la vente dans un avenir plus ou moins lointain, à savoir, soit les promesses et conventions de transférer la chose et le prix, soit le transfert immédiat de la chose avec promesse de transférer le prix, soit enfin le transfert immédiat du prix avec promesse de transférer la chose.

§ 2. — *Les précédents du contrat consensuel de vente :
les leges venditionis et les promesses d'achat et de
vente résultant de stipulations indépendantes.*

A une époque où le contrat de vente, consensuel, de bonne foi, n'existe pas encore, vendeur et acheteur pouvaient certes se lier par des stipulations[194]. Les clauses de la vente, les *leges venditionis*, pourront être terminées par une stipulation; et le vendeur promettra également de transférer la chose, peut-être de garantir contre l'éviction. Mais, à partir du milieu du VIIe siècle de Rome, le contrat consensuel d'*emptio venditio* existe[195]. Les *leges venditionis* ont cessé de se traduire par les stipulations du vendeur; elles ne sont pas demeurées l'expression de la volonté dominante du vendeur propriétaire de produits recherchés sur un marché restreint; peu à peu, vendeur et acheteur se sont trouvés placés, par suite de l'état économique, sur un certain pied d'égalité; à la *lex* s'est substitué le *pactum* : il a été convenu entre les parties, acheteur et vendeur, que l'un ferait transfert de sa chose et l'autre transfert du prix.

---

194. Peut-être vient de là l'usage de conclure plus tard la vente consensuelle par des interrogations : Varron, *De re rust.*, 2, 3, 5; 4, 5.
195. Cicéron, *De officiis*, 3, 17, 70; 3, 16, 66.

§ 3. — *Le contrat consensuel de vente : ses éléments constitutifs.*

Il est convenu qu'une « *emptio venditio* » aura lieu : Acheteur et vendeur sont dès lors liés; pour que les parties soient dans l'obligation de faire aboutir cette *emptio venditio*, il suffit que les parties se soient accordées sur la chose et sur le prix : car la convention d'*emptio venditio* est désormais reconnue obligatoire par la coutume.

Les éléments constitutifs du contrat de vente sont donc au nombre de 4 : 1° un accord ou consentement ou mieux une convention; 2° portant sur une chose; 3° et un prix; 4° en vue d'une juste cause, à savoir en vue de la réalisation de l'opération économique dite achat-vente. Ces éléments une fois réunis, la vente est formée (*perfecta*)[196].

En ce qui concerne le consentement, les parties au contrat, à partir d'une certaine époque, subordonnèrent parfois la perfection du contrat à la rédaction d'un écrit. Justinien décida même que, dans toutes les ventes où il était convenu qu'on dresserait un écrit, les parties pourraient se dédire tant qu'il ne serait pas dressé : ne se forment plus alors par le seul consentement que les ventes dont on ne doit pas dresser d'écrit (*venditiones sine scriptura*)[197].

En ce qui concerne la chose, elle doit être possible physiquement, légalement, présenter un intérêt pour le créancier : ce peut être une chose future ou présente[198], une chose corpo-

---

196. *D.*, 18, 1, *h. t.*, 9, *pr.;* Gaius, 3, 139; *D.*, 18, 1, *h. t.*, 2, 1.

197. *Inst.*, 3, 23, *h. t.*, *pr.*

198. *D.*, 18, 1, *h. t.*, 8, *pr.* Au sujet du contrat sur succession future, *supra*, p. 42; en sens contraire, C. civ., art. 1600.

relle ou incorporelle; c'est un point controversé de savoir si la vente peut avoir pour objet un genre[199].

En ce qui concerne le prix, il doit : 1° être déterminé ou tout au moins déterminable, *certum*[200]; 2° être réel (*verum*), ni simulé, ni dérisoire[201]; 3° consister en argent; sinon, il y a échange : ce fut là l'opinion des Proculiens qui l'emporta définitivement sur les Sabiniens qui eussent désiré pouvoir rendre la convention d'échange obligatoire par le seul consentement[202]; 4° dans le droit byzantin, être *justum*, du moins au cas de vente d'immeubles, que le vendeur peut attaquer pour cause de lésion de plus de moitié (*laesio enormis*)[203]. Le fait que la lésion ne peut être invoquée que par le vendeur, est expliqué plus ou moins bien en disant que si l'on est parfois forcé de vendre, on ne l'est jamais d'acheter.

§ 4. — *Le contrat consensuel de vente : ses effets.*

Toute la matière est dominée par cette idée : que, si vendeur et acheteur ne peuvent procéder à un transfert immédiat de la chose et du prix, si l'acquisition est différée, reportée dans l'avenir, l'opération de l'achat-vente ne doit produire ses pleins effets ordinaires que lorsque les transferts et de la chose et du prix auront eu lieu effectivement. La translation de propriété de la chose demeurera subordonnée à la translation, au paiement du prix.

---

199. *D.*, 18, 1, *h. t.*, 35, 5. Compar. C. civ., art. 1598.

200. Gaius, 3, 140. Le prix peut être laissé à l'arbitrage d'un tiers, si ce tiers consent à le fixer : *Inst.*, 3, 23, *h. t.*, 1. V. C. civ., art. 1591, 1592.

201. *D*, 18, 1, *h. t.*, 36.

202. Gaius, 3, 141; *D.*, 18, 1, *h. t.*, 1, 1.

203. *C.*, 4, 44, *De rescindenda venditione*, 2. Le vendeur lésé peut, en restituant le prix, demander la restitution de la chose, à moins que l'acheteur ne paie le supplément du prix. Comp. C. civ., art. 1674-1685.

A. — Situation respective des vendeur et acheteur en cours de réalisation de l'opération. — Par le contrat consensuel de vente, le vendeur s'engage à transférer la propriété de la chose[204] et l'acheteur à transférer le prix[205] : on ne pourrait pas convenir que la propriété de la chose ne passerait pas à l'acheteur.

Supposons l'opération en voie de réalisation. Le vendeur fait remise de sa chose par tradition à l'acheteur. Est-ce que cette remise opérera translation de propriété au profit de l'acheteur ? Non, du moins pas avant que le prix n'ait été payé[206]. Jusqu'au paiement du prix, il y a seulement transfert de possession. C'est que la *justa causa*, reconnue par la coutume comme justifiant et légitimant l'acquisition de propriété, est l'*emptio venditio*, l'achat-vente (c'est-à-dire l'opération entière qui constitue la vente), et non pas séparément l'*emptio* ou la *venditio*. Par le paiement du prix, l'*emptio venditio* se trouvant réalisée et la *justa causa* existant[207], dès lors la tradition, de translative de possession, se convertira automatiquement en translative de propriété.

Du moins, faut-il que cette possession transférée soit d'une nature telle qu'au moment du paiement du prix, elle puisse amener une translation immédiate de propriété. Il faut qu'elle soit *vacua*, exempte de vices : c'est ce qui fait dire aux jurisconsultes que le vendeur est tenu à *vacuam possessionem tradere*[208] : l'acheteur doit

---

204. *D.*, 18, 1, *h. t.*, 80, 3.
205. *D.*, 18, 1, *h. t.*, 2, 1.
206. *Inst.*, 2, 1, *De rerum div.*, 41.
207. *D.*, 41, 1, *De adquir. rerum dominio*, 31, *pr.*
208. *D.*, 19, 4, *De rer. permut.*, 1, *pr.; D.*, 19, 1, *h. t.*, 11, 13; 2, 1.

avoir une possession dont il ne puisse pas être dépouillé par un interdit. Par l'action *empti*, il a le droit d'agir même contre un vendeur de bonne foi, s'il apprend qu'un tiers a contre lui un interdit[209].

Le vendeur peut-il trader la chose d'autrui ? — Deux cas sont à distinguer : 1° Cas où la tradition de la chose d'autrui est faite par un vendeur de mauvaise foi à un acheteur de bonne foi. Dans ce cas, l'acheteur de bonne foi pourra, à raison du dol du vendeur, agir immédiatement, avant même qu'il y ait éviction, par l'*actio empti*, en indemnité du préjudice que lui cause le défaut d'acquisition[210]. A plus forte raison, peut-il refuser de recevoir la chose d'autrui : car le vendeur, auquel l'acheteur fait remarquer qu'il trade la chose d'autrui, cesse par là même d'être de bonne foi. — 2° Cas où la tradition de la chose d'autrui est faite par un vendeur de bonne foi à un acheteur de bonne foi. L'un et l'autre ont ignoré que la chose tradée est la chose d'autrui : que peuvent alors faire vendeur et acheteur ? Trois hypothèses sont à envisager : a) Le vendeur, qui s'aperçoit qu'il a tradé la chose d'autrui, peut-il la réclamer en intentant l'action publicienne ? il le peut; mais il sera repoussé par l'acheteur au moyen de l'*exceptio rei venditae et traditae;* b) Le vendeur, qui a tradé la chose d'autrui et en est devenu par la suite propriétaire, peut-il intenter l'action en revendication, en déclarant qu'il n'y a toujours eu que transfert de possession ? Il le peut; mais l'acheteur lui opposera encore l'*exceptio rei venditae et traditae*[211]; c) L'acheteur pourrait-il rendre la chose au vendeur de bonne foi et, au besoin, s'il a versé le prix, réclamer ce prix par l'*actio empti* avant toute évic-

---

209. *D.*, 19, 1, *h. t.*, 11, 13.
210. *D.*, 19, 1, *h. t.*, 30, 1.
211. *D.*, 21, 3, *De exceptione rei venditae et traditae*, 1.

tion ? Non, décide le droit romain, quand on se trouve en présence d'un vendeur de bonne foi, et pour les raisons suivantes : C'est que, dans ce cas, l'acheteur possède; il possède même à un titre qui lui permet d'usucaper; il a la chose *in bonis*[212], il a la propriété prétorienne comme ayant acquis la chose *a non domino* avec juste titre et bonne foi; il peut repousser par l'*exceptio rei venditae et traditae* le vendeur qui réclamerait la chose; il a l'action *in rem* publicienne pour recouvrer la chose dont tout tiers se serait emparé. Ainsi il est protégé dans sa possession contre toutes personnes, sauf une, qui est le véritable propriétaire. Sans doute, quand ce dernier agira contre l'acheteur, l'acheteur pourra recourir contre son vendeur, lié envers lui par l'obligation de garantie. Mais, jusqu'à l'intervention du véritable propriétaire, du fait que le vendeur était de bonne foi, l'acheteur n'aura pas de recours contre lui[213].

Remarque. — Nous n'avons envisagé que le cas où le vendeur réalise son engagement par une tradition de la chose vendue. Si la chose est une *res mancipi*, il devra y avoir normalement mancipation, tant que celle-ci a existé[214].

B. — Situation respective des vendeur et acheteur au cas ou l'un ou l'autre d'entre eux se refuse a réaliser l'opération de l'achat-vente. — Le contrat, consensuel et de bonne foi, d'*emptio venditio* engendre :

1° à la charge du vendeur, l'obligation de délivrance de la chose dans des conditions telles que l'acheteur devienne normalement propriétaire dès le paiement du prix,

---

212. *D.*, 19, 4, *De rer. permut.*, 1, *pr.*
213. *D.*, 19, 4, *De rer. permut.*, 1, *pr.; D.*, 19, 1. *h. t.*, 30, 1.
214. Paul, *Sent.*, 1, 13 *a*, 4.

obligation sanctionnée par l'action *empti* donnée contre le vendeur à l'acheteur.

Cependant ne semblerait-il pas équitable que le vendeur ne voulût livrer la chose que si l'acheteur est prêt à verser le prix. Ce tempérament fut admis sous l'Empire. Les commentateurs disent que, dans ce cas, est opposée l'*exceptio non adimpleti contractus* : l'une des parties ne pourra réclamer l'exécution de la prestation qui lui est due qu'à condition d'offrir l'exécution de sa propre prestation[215]. Ce ne paraît pas être une véritable exception, mais un des éléments de la demande de l'acheteur. — Ce tempérament d'équité a trouvé également son application au cas d'exécution des contrats synallagmatiques de louage et de société.

2° à la charge de l'acheteur, l'obligation de payer le prix, sanctionnée par l'action *venditi*, donnée au vendeur contre l'acheteur. Par cette action, le vendeur réclamera le prix, et les frais de garde de la chose s'il est en retard de prendre livraison, et les intérêts du prix courus à partir du moment de la livraison[216].

Demeuré propriétaire de la chose tradée jusqu'au paiement du prix, le vendeur peut encore intenter l'action en revendication. Mais il sera repoussé par l'*exceptio rei venditae et traditae*, opposée par l'acheteur qui offrira le prix ou auquel a été donné un terme pour le paiement du prix.

C. — CAS EXCEPTIONNELS DANS LESQUELS LA TRADITION DE LA CHOSE VENDUE OPÈRE TRANSFERT DE PROPRIÉTÉ A L'ACHETEUR, AVANT TOUT PAIEMENT DU PRIX. — Pendant long-

---

215. *D.*, 19, 1, *h. t.*, 13, 8. V. C. civ., art. 1612.
216. *D.*, 19, 4, *De rer. permut.*, 1, *pr.; D.*, 19, 1, *h. t.*, 38, 1. 13, 20.

temps, par souci de protéger le vendeur, le droit romain ne paraît pas avoir admis la .translation de propriété de la chose vendue avant le paiement du prix. Et il ne l'admit d'abord que dans les cas où une sûreté, personnelle ou réelle, aurait été au préalable accordée au vendeur par l'acheteur qui n'a pas encore payé le prix[217].

On raisonna de la manière suivante. La propriété gardée par le vendeur qui a tradé la chose est la meilleure des garanties (*quasi pignus*)[218]. Si donc une autre garantie, caution ou *pignus*, est donnée par l'acheteur au vendeur, il est à supposer que ce n'est pas pour être cumulée avec la garantie qui résulte, au profit du vendeur, de la propriété retenue; il est à supposer qu'on a voulu remplacer une sûreté par une autre; et, en conséquence, la propriété de la chose tradée est reconnue transférée.

Il en sera ainsi quand l'acheteur a fourni une caution ou un *pignus*. Ce *pignus*, ce peut être un gage; ce sont d'ordinaire des arrhes (V. p. 82) : comme cette dation d'arrhes suppose une créance garantie, ici la créance du prix, elle est une preuve que la vente est contractée[219].

Cependant, à l'époque de Justinien, même si le vendeur qui a tradé n'a pas reçu le prix ou quelque satisfaction, la tradition de la chose vendue entraîne le transfert de propriété de la chose, si le vendeur en a décidé ainsi, s'il a déclaré suivre la foi de l'acheteur[220].

---

217. *D.*, 18, 1, *h. t.*, 19; *D.*, 14, 4, *De tribut. act.*, 5, 18; *Inst.*, 2, 1, *De rerum div.*, 41.
218. *D.*, 19, 1, *h. t.*, 13, 8.
219. Gaius, 3, 139.
220. *Inst.*, 2, 1, *De rerum div.*, 41.

Remarque. — Dans le Code civil, la forme-type du contrat de vente consiste dans un transfert immédiat de propriété de la chose à l'acheteur qui s'oblige à payer le prix. Elle est adaptée à un état économique où, avec l'abondance des produits et surtout avec le développement du crédit, le producteur ou le commerçant pousse à la livraison des produits dans les mains de l'acheteur, à qui il fait un plus ou moins long crédit pour le paiement du prix. Mais elle donne moins de sécurité au vendeur que la forme de contrat de vente, où le transfert de propriété est subordonné au paiement du prix. La loi remédie à cet inconvénient en donnant d'anciennes ou de nouvelles garanties au vendeur non payé : pour tous vendeurs, un droit de rétention (art. 1612, 1613) et une action en résolution du contrat (art. 1184, 1654); pour les vendeurs d'immeubles, le privilège de l'article 2103, 1° et 2°; pour les vendeurs de meubles, le privilège de l'article 2102, 4°, et l'action dite en revendication de l'objet vendu (art. 2102-4°, 2e al.).

§ 5. — *Le contrat consensuel de vente : des principales stipulations et des principaux pactes qui lui sont adjoints.*

On dit communément que les obligations qui naissent du contrat de vente sont encore, pour le vendeur, l'obligation de garder la chose jusqu'à la délivrance, l'obligation de garantir l'acheteur contre l'éviction et l'obligation de le garantir contre la découverte des vices cachés. Cependant ces obligations ne sont pas de l'essence de la vente. Ainsi l'obligation de garder la chose pèse sur tous les débiteurs de corps certains (v. p. 190). L'obligation de garantie des vices apparaît aussi bien en matière d'échange qu'en matière de vente. Mais les obligations de garantie d'éviction et des vices ne s'en sont pas moins dégagées à propos de la vente : elles en sont les adjonctions les plus importantes.

A. — DE L'OBLIGATION DE GARANTIE D'ÉVICTION. — Le très ancien droit civil donnait l'*actio auctoritatis* à l'acquéreur par mancipation *contre l'aliénateur qui le laissait dépouiller par la revendication d'un tiers véritable propriétaire*[221], avant que lui, acquéreur, n'eût usucapé. C'est une action délictuelle, en restitution du double du prix, portant ainsi une peine contre l'aliénateur malhonnête par mancipation.

Mais l'action *auctoritatis* faisait défaut toutes les fois qu'il n'y avait pas de mancipation valable ou qu'il n'y avait pas de mancipation, les parties n'étant pas romaines, la chose n'étant pas romaine ou étant une *res nec mancipi*. Cependant, dans ce cas, les parties pouvaient obtenir des résultats analogues en usant de stipulations. En fait, par stipulation, l'acheteur faisait promettre au vendeur, pour le cas d'éviction : tantôt le double du prix par une stipulation *duplae*, quand il s'agissait de *res mancipi* ou de choses précieuses *nec mancipi*[222]; tantôt une indemnité mesurée sur le préjudice causé, par une stipulation *habere licere*, quand il s'agissait de choses moins importantes, par exemple de menu bétail[223]. Tel était le système de la garantie d'éviction avant la reconnaissance du contrat consensuel et de bonne foi de vente.

Même après sa reconnaissance, les parties purent encore, à leur volonté, procéder à des stipulations *duplae* et

---

221. Paul, *Sentent.*, 2, 17, 3.

222. Varron, *De re rust.*, 2, 10, 5; D., 21, 2, *De evictionibus et stipulatione duplae*, 37, 1.

223. Varron, *De re rust.*, 2, 2, 6; 3, 5; 4, 4.

habere licere. Cependant, prenant appui sur la bonne foi réclamée du vendeur, on admit progressivement : d'abord, qu'il était contraire à la bonne foi, de la part du vendeur, de ne pas faire la promesse de garantie d'éviction, et que l'acheteur pourrait réclamer cette promesse par l'action *empti* qui réclame du vendeur *quidquid dare facere oportet ex fide bona*[224]; ensuite, que la promesse, qui aurait dû être faite, serait toujours sous-entendue et que l'acheteur évincé pourrait agir par l'*actio empti* contre son veudeur[225]; enfin, que l'acheteur pourrait directement réclamer une indemnité par l'action *empti* dans tous les cas d'éviction au sens large[226]. Cette évolution était terminée avant la fin de la période classique.

L'action *auctoritatis* disparaîtra avec la mancipation dès avant Justinien. Sous Justinien, l'acheteur peut encore exiger de son vendeur une *stipulatio duplae*, sanctionnée par une *actio duplae*, qui est une *condictio certae pecuniae;* s'il n'a pas été fait de stipulation, il pourra agir contre son vendeur par l'action *empti*.

L'exercice des actions *duplae* et *empti* suppose l'existence d'un préjudice, résultant du défaut de droit du vendeur C'est ainsi qu'elles ne seraient pas recevables, si l'acheteur avait omis de dénoncer à son vendeur le procès en revendication intenté contre lui, acheteur, et auquel le vendeur eût pu défendre[227].

---

224. *D.*, 19, 4, *De rer. permutat.*, 1, *pr.*
225. *D.*, 21, 2, *De evictionibus et stipul. duplae*, 2.
226. *D.*, 19, 1, *De act. empti vend.*, 30, 1.
227. *C.*, 8, 44 (45), *De ev.*, 8. V. C. civ., art. 1640.

Mais action *duplae* et action *empti* diffèrent, surtout en ce que l'*actio duplae*, sanctionnant une stipulation certaine, est de droit strict et certaine, tandis que l'action *empti* est de bonne foi.

Conséquences : 1° l'*actio duplae* exige : une stipulation expresse ou sous-entendue du double du prix[228] ; et une éviction, c'est-à-dire un procès où l'acheteur soit battu[229] ; 2° par l'*actio empti* (comme par l'action *ex stipulatu* qui sanctionne la promesse *habere licere*), l'acheteur demande une indemnité du préjudice causé ; l'*actio empti* est donnée à l'acheteur par le seul fait de la vente, sans convention (V. C. civ., art. 1626), même si l'éviction a lieu sans procès. Avec l'action *duplae* de droit strict, l'acheteur a toute certitude dans sa créance ; avec l'action *empti*, sa demande est appréciée d'une manière plus souple et plus large.

Qu'il y ait lieu à l'exercice de l'action *duplae* ou à celui de l'action *empti*, il peut se faire que l'obligation de garantie soit atténuée par des conventions. Elle peut même être écartée par une convention excluant à la fois la promesse de garantie et l'obligation de dommages-intérêts (C. civ., art. 1627). Il est cependant une réserve : une convention expresse ne pourrait pas libérer le vendeur de la responsabilité de son dol ou de son fait (art. 1628). Et Julien soutenait que, même au cas de convention de non-garantie, le vendeur n'en devrait pas moins rendre le prix[230].

B. — De l'obligation de garantie des vices. — Cette obligation a été l'objet d'un développement historique, qui comporte trois périodes :

1° *Ancien droit civil.* — L'acquéreur par mancipation

---

228. Cf. actes concrets dans Girard, *Textes*, p. 849 s.
229. D., 21, 2, *De evict.*, 24.
230. D., 19, 1. *De act. empti vend.*, 11, 18. V. C. civ., art. 1629.

avait l'action *de modo agri* au double au cas de défaut de contenance déclarée d'un fonds de terre[231]; il avait l'action *auctoritatis* au cas de découverte de servitudes portant sur le fonds de terre que l'aliénateur avait déclaré libre de servitudes. Mais, pour les véritables vices des fonds de terre et des autres choses, esclaves ou animaux, il n'y avait pas d'action. Il est vrai que dans tous les cas, tout acquéreur, même par tradition, pouvait toujours lier le vendeur, en prévision de vices cachés, par des stipulations au double ou au simple[232]. Et, comme au cas de garantie d'éviction, ces stipulations, de facultatives, seraient sans doute devenues obligatoires, puis sous-entendues, si le développement historique n'avait été ici compliqué par l'édit des édiles curules.

2° *Edit des édiles*. — Les édiles curules, chargés de la police des marchés, s'occupèrent d'organiser la garantie des vices pour les ventes de leur compétence, c'est-à-dire pour les ventes d'esclaves et d'animaux faites au marché. Ils rédigèrent des règlements prescrivant aux vendeurs de faire connaître au public les vices des choses mises en vente; quand la déclaration des vices prescrite n'avait pas eu lieu, ils donnèrent aux acheteurs contre les vendeurs des actions pénales dans les deux cas suivants :

a) L'édit prescrit aux vendeurs *d'esclaves*[233] de promettre le double du prix de vente pour le cas de découverte de vices non déclarés et pour le cas d'éviction. Pour l'obliger à faire

---

231. Paul, *Sent.*, 2, 17, 4.

232. Varron, *De re rust.*, 2, 2, 6; 2, 2, 5; 2, 5, 2, etc. V. Girard, *Mélanges de droit romain*, 2, p. 88 s.

233. Edit des édiles curules, n° 293 (Girard, *Textes*, p. 171).

cette promesse, l'acheteur peut intenter contre son vendeur pendant deux mois une action en résolution de la vente, l'action rédhibitoire et, les deux mois écoulés, une action en réduction du prix, l'action *quanti minoris* pendant six autres mois. b) Même quand la stipulation du double n'a pas été faite et qu'un vice non déclaré se révèle, l'édit des édiles, cette fois dans *toutes les ventes* de leur compétence, donne à l'acheteur l'action rédhibitoire pendant six mois utiles et l'action *quanti minoris* pendant un an[234].

3° *Droit civil nouveau.* — Le système de l'édit des édiles ne protégeait que les acheteurs des marchés. Dégageant les conséquences du caractère de bonne foi du contrat de vente, la coutume décida que le vendeur, dans toutes ventes, devrait indemnité à l'acheteur, à raison des vices dont il aurait affirmé l'absence et de ceux qu'il aurait dissimulés sciemment[235]. L'acheteur pouvait ainsi intenter l'action *empti*, mais seulement dans le cas où le vendeur connaissait les vices. Or l'édit des édiles, qui admettait que le vendeur n'avait pas le droit de ne pas connaître sa chose et qui avait donné des actions à l'acheteur dès qu'un vice non déclaré se révélait, protégeait davantage l'acheteur. Aussi les règles de l'édit furent-elles appliquées progressivement à toutes les ventes, peut-être dès l'époque des jurisconsultes classiques, en tout cas certainement sous Justinien[236] (compar. C. civ., art. 1641, 1646 et 1648).

---

234. Edit des édiles curules, n° 294 (Girard, *Textes*, p. 171).
235. Cicéron, *De offic.*, 3, 16, 65.
236. D., 21. 1, *De aed. ed.*, 1, *pr.*

Remarque. — Ces obligations de garantie d'éviction et de garantie des vices, après avoir fait l'objet de stipulations ou avoir été assurées au moyen d'actions pénales, se sont incorporées progressivement au contrat de bonne foi de vente : elles sont devenues coutumières. Dans notre droit, ce sont des obligations légales.

C. — Autres pactes fréquemment adjoints au contrat consensuel de vente et qui empruntent sa sanction. —

Ce sont, entre autres exemples :

1° Conformément à la pratique grecque du dédit[237], le pacte ci-après souvent adjoint à la vente : « Entre les parties à la « vente, il est convenu que, si l'acheteur ne paie pas le prix « dans un certain délai, il perdra les arrhes et que la chose « ne sera pas achetée[238]; et que, si le vendeur ne livre pas la « chose dans un certain délai, la chose ne sera pas vendue et « qu'il rendra les arrhes au double. » Ce pacte adjoint était sanctionné par les actions du contrat de vente. Il devint bientôt clause de style, toutes les fois qu'il y avait dation d'arrhes. En tout cas, Justinien[239] déclara qu'à l'avenir la dation des arrhes emporterait désormais d'elle-même, tacitement, les effets de la clause exprimée jusque-là d'une manière expresse : ces effets sont transcrits dans le Code civil, article 1590.

2° Toute une série de pactes, qui ont pour but de permettre soit au vendeur soit à l'acheteur de se dégager dans certains cas des liens de la vente : *lex commissoria, addictio in diem,* etc. (v. p. 239).

---

237. Stobée, éd. Wachsmuth, 4, 2, 20, p. 129.
238. *C.*, 4, 54, *De pactis inter emptorem et venditorem compositis*, 1.
239. *C.*, 4, 21, *De fide instr.*, 17, 2; *Inst.*, 3, 23, *De empt. et vend.*, pr.

II. — Le contrat consensuel de louage (locatio conductio)[240].

C'est le contrat par lequel une des parties s'engage à fournir soit l'usage ou la jouissance d'une chose corporelle, soit une fraction de son industrie en retour d'une rémunération en espèces monnayées que l'autre partie s'engage à fournir.

§ 1. — *Précédents.*

Primitivement, les *leges locationis* ont dû être sanctionnées par des stipulations indépendantes du bailleur et du preneur. Le contrat consensuel et de bonne foi de louage est connu de Q. Mucius Scaevola[241]. Il a subi l'influence des règles des contrats de louage faits au nom de l'Etat par les magistrats, notamment par les censeurs[242].

§ 2. — *Eléments du louage.*

Il se forme par le consentement sur l'objet loué et sur la redevance (*merces*). 1° La *merces*. Elle doit être réelle, *vera* et *certa*, consister en argent monnayé[243] (exceptionnellement dans une portion des fruits que le fermier de-

---

240. *Inst.*, 3, 24, *De locatione et conductione; D.*, 19, 2, *Locati conducti.*
241. Cicéron, *De offic.*, 3, 17; 70.
242. V. Cuq, *Manuel des Institutions juridiques des Romains*, p. 478 s., sur le louage de maisons et le louage de terres.
243. Gaius, 3, 142-144; *Inst.*, 3, 24, *h. t., pr.* 1, 2.

vra au propriétaire : *colonia partiaria*)[244]. 2° La chose louée.

La chose louée peut être : 1° ou une chose corporelle : *locatio rei*. Celui qui s'engage à en fournir la jouissance s'appelle *locator;* celui qui promet en retour une redevance s'appelle *conductor*, plus spécialement *colonus* au cas de louage de bien rural; — 2° ou une fraction du travail de l'homme. On distingue : *a*) la *locatio operarum*, le louage de services, où l'ouvrier *locat operas suas* à celui qui l'emploie[245]; *b*) la *locatio operis faciendi*, le louage d'ouvrage[246]; dans ce cas, le résultat final du travail est seul considéré; c'est l'ouvrier qui fait le travail qui porte le nom de *conductor*, et la personne pour qui le travail est fait est nommée *locator*.

§ 3. — *Effets du louage.*

Le louage fait naître : 1° à la charge du *locator*, des obligations sanctionnées par l'action *conducti* donnée au *conductor* : obligation de fournir la jouissance de la chose, le travail (ou l'ouvrage convenu). Sinon, il devra des dommages-intérêts; — 2° à la charge du *conductor*, les obligations sanctionnées par l'action *locati* donnée au *locator* : il est tenu de prendre livraison de la prestation de l'autre partie, ainsi pour le louage des choses à entrer en jouissance. Quant à la créance des loyers, elle ne prend naissance qu'au fur et à mesure de la jouissance procurée; elle naît au jour le jour[247].

---

244. V. l'inscription d'Henchir M'ettich, a. 116-117 (Girard, *Textes*, p. 876 s.).

245. Girard, *Textes*, p. 860.

246. Girard, *Textes*, p. 861.

247. Sur la question des risques dans le louage, cf. ci-après, p. 191.

§ 4. — *Extinction du louage.*

Il s'éteint : 1° par la volonté des deux parties, notamment par la fixation d'un terme. A l'expiration du délai, au moins en matière de biens ruraux, il y a tacite reconduction aux mêmes conditions, sauf la réduction du délai à un an et l'extinction des sûretés réelles données par des tiers[248]; — 2° par la volonté unilatérale du preneur : quand il veut, s'il n'y a pas de terme; même avant le terme, s'il ne peut obtenir la chose louée[249]; — 3° par la volonté unilatérale du bailleur : même avant le terme, au cas d'abus de jouissance, de non-paiement de la *merces* pendant deux ans, de besoin urgent de la chose[250]. Il ne s'éteint ni par la mort des parties, ni par la vente de la chose.

III. — Le contrat consensuel de société (societas)[251].

C'est le contrat par lequel deux ou plusieurs personnes s'engagent à mettre quelque chose en commun dans un but licite pour en retirer un avantage (V. C. civ., art. 1832-1833).

§ 1. — *Principales espèces de sociétés.*

Ce sont : 1° la société universelle de tous biens présents et à venir (*societas omnium bonorum*). Elle a sans doute pour origine cette communauté, dite *consortium*, qui existait fréquemment à l'époque ancienne entre enfants du même père

---

248. *D.*, 19, 2, *h. t.*, 13, 11.
249. *D.*, 19, 2, *h. t.*, 25, 2.
250. *C.*, 4, 65, *De locato*, 3.
251. *Inst.*, 3, 25, *De societate*; *D.*, 17, 2, *Pro socio*.

restés volontairement dans l'indivision après sa mort[252] C'est peut-être la forme de société d'où sont venues les autres; en tout cas, c'est elle qui est prise comme type dans l'édit et par les commentaires (compar. C. civ., art. 1837); — 2° la société d'acquêts (*societas quaestus*), portant seulement sur les acquisitions à venir faites à titre onéreux par les associés (art. 1838); — 3° la société *unius rei* portant sur un seul bien (art. 1841); — 4° celle formée en vue d'une série d'opérations communes, par exemple en vue d'un commerce ou d'une industrie (art. 1842).

§ 2. — *Eléments du contrat.*

Pour qu'une convention constitue le contrat consensuel de société, il faut : 1° un apport réciproque, qui peut être très varié, consister dans la propriété d'une chose, dans sa jouissance, dans l'activité d'un des associés, etc.; qui peut être différent et inégal pour les divers associés[253] : — 2° un intérêt commun. Il faut que chaque associé ait droit, en retour de sa mise, à une part des avantages sociaux ou des bénéfices : sinon il y a société léonine (selon Cassius, rapportant la fable d'Esope où le lion va à la chasse avec l'âne et garde tout le gibier pour lui[254]), société non valable (compar. C. civ., art. 1855, 1er al.); — 3° l'intention de former une société (*affectus societatis*); sinon il y aura seulement indivision[255]; — 4° un but licite : une société formée par exemple pour faire la contre-

---

252. Aulu-Gelle, 1, 9, 12.
253. C., 4, 37, *Pro socio*, 1; D., 17, 2, *h. t.*, 5, 1.
254. D., 17, 2, *h. t.*, 29, 2.
255. D., 17, 2, *h. t.*, 31; 32; 33.

bande n'existe pas; il ne peut y avoir, tout au plus, qu'indivision[256].

§ 3. — *Effets du contrat.*

Il fait naître à la charge de chacun des associés des
obligations sanctionnées par l'action *pro socio*. Ces obligations sont : 1° de réaliser l'apport convenu (V. C civ.,
art. 1845, 1847); 2° d'apporter aux affaires sociales les
mêmes soins qu'aux siennes propres[257] (art. 1850); 3° de
faire participer les autres associés aux bénéfices faits pour
le compte commun et de participer aux pertes[258].

Dans quelle proportion aura lieu cette contribution ? 1° Les
parts peuvent être déterminées par une convention expresse. On
a même admis qu'une convention pouvait déclarer qu'un associé
aurait part aux gains si la société réussissait et ne contribuerait
pas aux pertes : cette clause n'était pas admise, à bon droit,
par Q. Mucius Scaevola; elle l'était déjà par Ser. Sulpicius[259]
(en sens contraire, C. civ., art. 1855, 2° al.). — 2° La fixation
des parts peut être remise à la détermination d'un associé ou
d'un tiers[260] (art. 1854). — 3° S'il n'existe pas de convention,
les parts sont égales pour tous les associés, malgré l'inégalité
des apports[261] (en sens contraire, en vue d'assurer l'équipol-
lence, C. civ., art. 1853, al. 1).

---

256. *D.*, 17, 2, *h. t.*, 57.
257. *Inst.*, 3, 25, *h. t.*, 9.
258. *Communicatio lucri et damni : D.*, 17, 2, *h. t.*, 74; 38, 1.
259. Gaius, 3, 149.
260. *D.*, 17, 2, *h. t.*, 6; 76-80.
261. Gaius, 3, 150.

§ 4. — *Extinction de la société.*

Elle s'éteint : 1° la société étant formée en considération des personnes, par la mort de chaque associé[262] (on peut seulement convenir qu'elle continuera entre les survivants[263]), par sa *capitis deminutio* ou par sa ruine[264]; — 2° quand le but de la société est accompli ou devenu impossible, par exemple l'actif ayant péri en entier[265] (V. C. civ., art. 1865, 2°); — par la volonté des associés, même unilatérale de chaque associé (art. 1865, 5°). Seulement, si la renonciation est frauduleuse ou intempestive, son auteur est considéré comme demeurant obligé envers les associés et les associés comme non obligés envers lui[266] (art. 1869-1871).

L'action de bonne foi *pro socio* peut être intentée pendant la société; elle l'est souvent après son extinction. Elle est infamante[267]; toutefois l'associé condamné ne l'est que dans la limite de ses ressources[268] (*in id quod facere potest :* bénéfice de compétence). S'il y a des biens indivis à partager, les associés ont en plus, pour obtenir le partage, l'action *communi dividundo*[269].

---

262. *D.*, 17, 2, *h. t.*, 1, *pr.*
263. *D.*, 17, 2, *h. t.*, 35.
264. *Inst.*, 3, 25, *h. t.*, 7; 8.
265. *Inst.*, 3, 25, *h. t.*, 6.
266. *Socium a se non se a socio liberat:* D , 17, 2, *h. t.*, 65, 3 s.
267. Gaius, 4, 182.
268. *D.*, 17, 2, *h. t.*, 63, *pr.*
269. *D.*, 10, 3, *Communi divid.*, 1-3.

IV. — Le contrat consensuel de mandat (mandatum)[270]

§ 1. — *But de l'opération et contrat consensuel de mandat.*

But : charger une personne, qui accepte gratuitement cette mission, de faire quelque chose dans votre intérêt.

Réalisation. — Il semblerait qu'on dût distinguer le cas où il y aurait transfert d'une chose du mandant au mandataire avec convention de faire à la charge du mandataire (à Rome, application du *do ut facias*); et le cas où, nul autre objet n'intervenant que l'activité des parties, il n'y aurait que le fait de donner mission. Or c'est ce second cas qui seul est envisagé, quand on parle de mandat (aussi C. civ. art. 1984). On peut le réaliser soit par stipulation, soit par la convention qui constitue, dès le viie siècle, le contrat consensuel, de bonne foi, de mandat[271]. Il est vraisemblable que l'opération, avant d'être sanctionnée par une action de bonne foi *in jus*, l'a été par une action prétorienne *in factum*.

§ 2. — *Eléments du mandat.*

Pour qu'une convention constitue le contrat consensuel de mandat, il faut : 1° que le fait dont le mandataire est chargé (administration générale d'une fortune ou accomplissement d'un acte déterminé) soit licite et moral[272]; — 2° que ce fait intéresse le mandant; sinon le mandat est

---

270. *Inst.*, 3, 26, *De mandato*; *D.*, 17, 1, *Mandati vel contra.*
271. *Rhet. ad Herenn.*, 2, 13, 19; Cicéron, *De offic.*, 3, 17, 70.
272. *Inst.*, 3, 26, *h. t.*, 7.

nul[273]. Toutefois, on a reconnu la validité du mandat de prêter de l'argent à une personne (*mandatum pecuniae credendae*), procédé de cautionnement où la caution est le mandant et le créancier le mandataire[274]; — 3° que le mandat soit accompli gratuitement. Cicéron indique parmi les vertus annexes à la justice la reconnaissance, *gratia*, à savoir le souvenir des amitiés et services d'autrui (*amicitiarum et officiorum alterius memoria*) et la volonté de les payer de retour[275]. Les jurisconsultes et la coutume en ont dégagé le principe de la gratuité du mandat. Le mandat est nul, disent-ils, s'il n'est gratuit, parce qu'il tire son origine *ex officio atque amicitia*[276]; remplir un mandat qui nous a été confié, ce sera payer de retour ce que nous devons à celui auquel nous sommes liés par les liens de l'amitié et du service rendu; si de l'argent intervient dans l'affaire, celle-ci rentre plutôt dans le louage de services (compar. C. civ., art. 1986).

On a cependant admis sous l'Empire un mandat salarié, la redevance étant dite *honos, salarium* : par exemple au cas des services du professeur, de l'avocat, du médecin, de la sage-femme ou de la nourrice[277]. Le mandat salarié est opposé au louage, surtout à raison de la condition sociale des mandataires ou de la nature particulière du service rendu. Il y a là toutefois une raison de confusion dans l'analyse des actes juridiques.

---

273. *Inst.*, 3, 26, *h. t.*, *pr.*; 6.
274. Gaius, 3, 156. V. ci-après, p. 219.
275. Cicéron, *De inventione*, 2, 53, 161.
276. D., 17, 1, *h. t.*, 1, 4.
277 D., 50, 13, *De variis et extr. cognit.*, 1.

§ 3. — *Effets du mandat.*

1° Le mandataire est obligé à accomplir le mandat[278] (il est responsable du défaut ou de l'irrégularité de l'exécution; il est tenu de sa faute appréciée *in abstracto*[279]) et à rendre compte (il doit remettre au mandant ce qu'il a touché pour lui, lui faire passer les créances nées des contrats passés dans son intérêt[280]). Sinon, le mandant a contre lui l'action de mandat directe, infamante[281]; — 2° le mandant doit indemniser le mandataire des dommages que l'exécution du mandat aura causés à ce mandataire : par exemple, rembourser ses déboursés, le dégager des obligations nées des contrats passés[282]. Sinon, le mandataire a contre le mandant l'action de mandat contraire, ou se défendra contre l'action de mandat directe.

Qu'arrive-t-il si le mandataire s'est écarté de la volonté du mandant ? quand l'écart est total (par exemple, achat d'une maison au lieu d'une autre), l'opération lui est laissée pour compte sans préjudice de dommages-intérêts pour l'inexécution du mandat. Il n'est pas non plus de difficulté, quand l'écart est partiel et que l'opération est divisible : il y a mandat pour une partie et non pour l'autre. Si l'écart est partiel et que l'opération est indivisible (par exemple, achat d'une maison pour 150.000 au lieu de 100.000), le mandataire peut-il forcer le mandant à accepter l'opération aux conditions

---

278. *D.*, 13, 6, *Comm.*, 17, 3.
279. *D.*, 50, 17, *De div. reg. jur. ant.*, 23.
280. *D.*, 13, 6, *h. t.*, 59, *pr.*; 8, 10.
281. Cicéron, *Pro Rosc. Am.*, 38, 111.
282. *D.*, 17, 1, *h. t.*, 12, 9. V. C. civ., art. 1999, 2000, 1998.

fixées par le mandat ? non, selon les Sabiniens; oui, d'après les Proculiens qui l'ont emporté[283].

§ 4. — *Extinction du mandat.*

ll s'éteint : 1° par la volonté des deux parties; — 2° par la volonté de l'une des parties : de la part du mandant, par la révocation (mais les actions subsisteront pour ce qui a été déjà fait[284]; de la part du mandataire, par la renonciation, mais à la condition de ne pas préjudicier au mandant ou pour des motifs graves tels que la maladie[285]; — 3° par la mort du mandant ou par celle du mandataire, le mandat étant un contrat de confiance personnelle. Seulement les héritiers du mandant sont tenus envers le mandataire des actes faits par celui-ci dans l'ignorance de la mort du mandant[286], et les héritiers du mandataire doivent procéder à sa place aux actes urgents. Cependant, le mandat *post mortem* est licite depuis Justinien.

CHAPITRE VI

Des pactes.

(Pactes prétoriens. — Pactes légitimes.)

L'énumération des contrats consensuels, donnée par Gaius, demeura par la suite sans changement. Cependant,

---

283. Gaius, 3, 161.
284. *D.*, 17, 1, *h. t.*, 15. V. C. civ., art. 2004, 2005.
285. *D.*, 17, 1, *h. t.*, 22, 11; 23; 24; 25. V. C. civ., art. 2007.
286. Gaius, 3, 160. V. C. civ., art. 2003, 2008, 2010.

les simples conventions, appelées pactes légitimes et mu
nies d'actions civiles par le droit impérial, sont de véritables contrats consensuels. — A côté d'elles, il existe encore d'autres pactes consensuels, dont l'apparition est
d'ailleurs antérieure à celle des pactes légitimes : ce sont
ces pactes prétoriens qui, à raison de leur sanction prétorienne *in factum*, ne prirent jamais figure de contrats.

I. — LES PACTES PRÉTORIENS.

Tous les pactes, sanctionnés par des actions *in factum* avant
de devenir des contrats de droit civil (dépôt, commodat, gage,
mandat), ont droit à cette qualification de pactes prétoriens.
Toutefois on réserve d'ordinaire cette qualification aux pactes,
se formant par l'accord des volontés, qui ne furent jamais
sanctionnés que par des actions *in factum* : pacte de serment, de constitut, variétés de *receptum*, convention d'hypothèque.

A. — LE PACTE DE SERMENT[287]. — On distingue trois sortes de
serment : le serment promissoire, qui a probablement été l'origine de la stipulation (V. p. 51); le serment judiciaire ou
nécessaire, qu'une partie peut être sommée de prêter soit
par le juge *in judicio*, soit, dans certains cas, par l'autre partie
in jure; et le serment volontaire (*jusjurandum voluntarium*),
qui n'intervient qu'en vertu d'un libre accord des volontés
de celui qui le prête et de celui qui le reçoit. C'est ce serment volontaire qui constitue le pacte de serment.

---

287. *D.*, 12, 2, *De jurejurando sive voluntario sive necessario sive judi-
ciali.*

Une personne qui se trouve en différend avec une autre se propose de s'en remettre, pour la solution du différend, au serment de cette autre. Si celle-ci accepte[288] et prononce le serment, le préteur décida qu'il sanctionnerait cette opération par une action *in factum*, l'*actio jurisjurandi*, où la seule question posée au juge sera de savoir si le demandeur a prêté le serment en vertu du pacte[289]. Le demandeur, ce sera un prétendu créancier ou le non-possesseur de la chose litigieuse. Au contraire, si c'est le demandeur qui a proposé à l'autre le serment et si l'autre a juré, ce demandeur ne peut plus agir; il verra son action personnelle ou réelle repoussée par l'exception du pacte dite *exceptio jurisjurandi*[290].

B. — LE PACTE DE CONSTITUT[291]. — Son nom vient de *constituere pecuniam debitam*. *Constituere* signifie : fixer d'accord un rendez-vous, prendre jour pour faire un acte juridique.

Le pacte de constitut est la convention par laquelle une personne prend l'engagement de payer à jour fixé une dette déjà due, une dette préexistante. L'action *de pecunia constituta*, action *in factum*, a été donnée par le préteur pour punir la mauvaise foi de celui qui n'exécuterait pas cette convention. Par cette action, le débiteur, qui se verra amené en justice pour n'avoir pas payé au nouveau terme fixé, sera tenu, au moment de l'organisa-

---

288. *D.*, **12**, **2**, *h. t.*, 17, *pr.*
289. *Inst.*, 4, 6, *De act.*, 11.
290. *Inst.*, 4, 13, *De exception.*, 4.
291. *D.*, **13**, 5, *De pecunia constituta*.

tion de l'instance, de faire une *sponsio dimidiae partis*[292], tandis que le demandeur fera une *restipulatio* de la même quotité.

C'est-à-dire que le défendeur poursuivi à tort pourra obtenir une indemnité égale à la moitié de ce qu'on lui réclamait; et, surtout, le demandeur qu'on n'aura pas payé sans procès aura droit à 50 % de plus qu'on ne lui devait : tandis que, s'ils avaient plaidé sur la créance primitive de somme d'argent sanctionnée par la *condictio certae pecuniae*, les plaideurs n'auraient été tenus de faire une *sponsio* et une *restipulatio* que du tiers (V. p. 66).

En plus, le demandeur peut déférer au défendeur un serment nécessaire en vue de faire finir le procès *in jure*.

Cette opération constitue ce qu'on appelle le *constitutum proprii debiti*, le constitut de sa propre dette. Mais, progressivement, des dérogations de plus en plus importantes furent apportées aux conditions de validité de ce pacte de constitut. Ainsi : 1° alors que le constitut primitif impliquait qu'on devait payer à une certaine date, cette exigence d'un terme cessa[293]; 2° l'engagement put avoir pour objet non seulement de l'argent, mais des denrées[294]; 3° sans doute, le constitut primitif impliquait une obligation préexistante : ce fut même la seule condition qui subsista comme étant de l'essence du pacte de constitut[295].

---

292. Gaius, 4, 171.

293. *D.*, 13, 5, *h. t.*, 21, 1.

294. *C.*, 4, 18, *De const. pec.*, 2, 1 b.

295. Ceci permit de munir d'action une obligation naturelle. Au moment de la renaissance du droit romain, le constitut devait jouer un rôle important dans la pratique aux fins de faire échec au contrat formaliste et de permettre la reconnaissance des effets de la simple convention

On décida que peu importait si cette obligation préexistante était née entre d'autres personnes que celles intervenant dans le nouveau pacte. Aussi les jurisconsultes furent-ils alors amenés à distinguer du constitut de sa propre dette le constitut de la dette d'autrui, *constitutum debiti alieni*[296]. Un nouveau débiteur s'engagera envers le créancier d'autrui, principalement pour jouer le rôle de caution. Le constitut a ainsi pour but de créer une obligation, qui, indépendante du sort de l'obligation primitive, permettra au créancier d'exercer successivement deux actions : l'ancienne contre le débiteur principal et l'action du pacte de constitut contre le débiteur accessoire.

Justinien fusionna le pacte de constitut avec le *receptum argentarii*[297].

C. — LES DIVERSES SORTES DE RECEPTUM. — L'édit en indique trois : *a)* le *receptum argentarii*, le pacte, par lequel un banquier s'engage à payer la dette d'autrui: sanctionné par une action *in factum*[298]; fusionné par Justinien avec le constitut; *b)* le *receptum nautarum cauponum stabulariorum*[299] : les maîtres de navires, d'auberges et d'écuries sont tenus, par une action *in factum*[300], respon-

---

296. *D.*, 13, 5, *h. t.*, 5, 2. 3.
297. *C.*, 4, 18, *De const. pec.*, 2.
298. En ce sens, Lenel, *Edictum*, § 50. Suivant une autre opinion, invoquant *C.*, 4, 18, *h. t.*, 2, *pr.*, le *receptum argentariorum* eût été un contrat civil et formel.
299. *D.*, 4, 9, *Nautae caupones stabularii ut recepta restituant.*
300. Edit du préteur, 11, *de receptis*, n° 49 (Girard, *Textes*, p. 145).

sables des effets des voyageurs qui ont été détruits ou détériorés chez eux, même sans leur faute, à moins que ce ne soit par un cas de force majeure; on discute pour savoir si, pour cela, un pacte est, ou non, nécessaire[301];
c) le *receptum arbitrii*[302], convention conclue entre des particuliers et un arbitre privé qui s'est chargé de trancher un litige existant entre eux : sanctionnée par le préteur sans doute à l'aide de ses moyens de contrainte administratifs[303].

D. — La convention d'hypothèque (V. p. 223).

Remarque. — On peut se demander pourquoi ces pactes prétoriens ne se sont pas transformés, par l'œuvre de la coutume, en contrats consensuels de bonne foi, comme le devinrent les pactes de mandat, de fiducie, de dépôt, de gage, de commodat. On fait remarquer communément à ce sujet que ces pactes sont unilatéraux, qu'ils ne sont pas, comme les autres, synallagmatiques même imparfaits; le juge ne peut avoir dans ces pactes, comme au cas de contrats de bonne foi, à peser des obligations réciproques, à faire la balance entre des droits opposés en s'inspirant de la bonne foi.

II. — Les pactes légitimes[304].

Ce sont les conventions munies d'actions par le droit impérial : 1° la convention de constitution de dot, obligatoire par le simple accord des volontés depuis 428[305]:

---

301. Compar. C. civ., art. 1952-1954.
302. D., 4, 8, *De receptis : qui arbitrium receperint ut sententiam ducant.*
303. D., 4, 8, *h. t.*, 32, 12.
304. *Pacta legitima.* V. D., 2, 14, *De pactis*, 6.
305. C. Th., 3, 13, *De dotibus*, 4, 1.

2° la convention de donation, rendue obligatoire peut-être entre ascendants et descendants par Antonin le Pieux, entre toutes personnes par Justinien[306]; 3° le compromis ou convention d'arbitrage, rendue obligatoire, sous certaines conditions, par Justinien.

CHAPITRE VII

Des contrats dits innommés[307].

Il s'agit d'opérations nouvelles (*nova negotia*). qui, pour se réaliser dans leur ensemble, empruntent les formes : *do ut des* (je transfère pour que tu transfères), *do ut facias* (je transfère pour que tu fasses), *facio ut des* (je fais pour que tu transfères), *facio ut facias* (je fais pour que tu fasses)[308].

Sans doute, elles pouvaient se réaliser par des transferts ou actes et des stipulations indépendantes. Sous l'Empire, elles se réaliseront par une combinaison de transferts ou actes accompagnés de simples conventions, formant un tout, désormais sanctionné comme remplissant intégralement le but poursuivi.

§ 1. — *Les principaux contrats innommés.*

On peut citer, comme principaux exemples : 1° l'*aestimatum*, le contrat estimatoire[309]. Le propriétaire d'une

---

306. *Inst.*, 2, 7, *De donat.*, 2; *C.*, 8, 53 (54), *De donat.*, 35, 5.
307. *D.*, 19, 5, *De praescriptis verbis et in factum actionibus.*
308. *D.*, 19, 5, *h. t.*, 4; 5, *pr.*
309. *D.*, 19, 3, *De aestimatoria.*

marchandise, un négociant en gros, la remet à un individu, petit détaillant, marchand des rues par exemple, sans l'en rendre propriétaire; il sera créancier de l'estimation si la chose est vendue ou, sinon, de la restitution. On avait hésité pour savoir si cette opération constituait une vente, un louage ou un mandat (forme *do ut des*)[310]; — 2° l'échange *(permutatio)*[311], que les Sabiniens avaient voulu à tort confondre avec le contrat consensuel de vente pour lui donner la même sanction (forme *do ut des*)[312]; — 3° le partage *(divisio)*[313]; — 4° la vente se réalisant par le transfert immédiat du prix avec convention que la chose sera transférée (forme *do ut des*)[314]; — 5° la donation avec charges, *sub modo*[315], où l'*accipiens* reçoit une chose à charge de fournir une prestation au *tradens* (forme *do ut facias*); — 6° la constitution de dot par translation de propriété par tradition avec convention de rendre[316], soit à la dissolution du mariage soit à un autre moment (forme *do ut facias;* d'abord aliénation fiduciaire, v. p. 86); — 7° la donation à cause de mort par transfert de propriété par tradition avec convention de rendre[317] si le donateur a échappé au danger qui le menaçait,

---

310. *D.*, 19, 3, *h. t.*, 1, *pr.*

311. *D.*, 19, 4, *Dé rerum permutatione.*

312. A la différence du contrat consensuel de vente, l'échange se forme re; peut donner lieu à une action en résolution, *condictio causa data causa non secuta;* n'est pas rescindable pour lésion.

313. *D.*, 2, 14, *De pact.*, 45. Le partage est un acte nécessaire, portant sur des choses communes.

314 *D.*, 12, 4, *De cond. causa dat.*, 16.

315. *C.*, 8, 54 (55), *De donationibus quae sub modo vel cond.*

316 *C.*, 5, 13, *De rei. ux. act.*, 1, 13.

317. *D.*, 39, 6, *De mortis causa donat.*, 35, 3; 30; 42, *pr.*

normalement si le donateur a recouvré la santé (forme *do ut facias;* v. p. 87); — enfin comme formes *facio ut des* ou *ut facias :* 8° la transaction, par laquelle une personne renonce à un droit contesté moyennant la promesse d'un équivalent[318]; 9° la convention de précaire, qui est la concession de la possession d'une chose faite par un individu à un autre qui doit la rendre à première réquisition (sanctionnée d'abord par l'interdit *de precario*)[319].

§ 2. — *Comment ces* nova negotia *ont été sanctionnés, puis reconnus par la coutume.*

Deux cas sont à envisager :

1° **En dehors de toute idée de contrat, une obligation peut naître *re*** (v. p. 146). Celui qui a transféré la propriété d'une chose en vertu d'une cause qui, dans la réalité, n'est pas prise en considération par l'autre partie, est créancier de cette chose : par exemple, un transfert de propriété a eu lieu pour réaliser un échange, la contre-prestation n'est pas effectuée, il y a *causa data causa non secuta*[320]; le *tradens* a une action en répétition pour réclamer sa chose transférée, une *condictio* dite *condictio causa data causa non secuta.* Il est à noter que cette *condictio* est donnée seulement pour répéter la chose transférée, et non pas pour assurer l'exécution de l'engagement conclu, non pas pour exiger le transfert de la contre-prestation.

---

318. *C.,* **2**, **4**, *De transact.,* 6.
319. *D.,* **43**, **26**, *De prec.,* **2**, **2**; 19, **2**.
320. Dite encore *condictio ob causam datorum, ob rem dati. D.,* **12**, **4**, *De cond. c. d.,* 16.

2° La question est précisément de savoir comment ces opérations ont été sanctionnées, comment l'exécution de la convention de *dare* ou de faire a pu être requise

Premier stade. — Elles furent sanctionnées, semble-t-il, par des actions prétoriennes *in factum;* de nombreux jurisconsultes, au temps de l'Empire, stimulent l'activité prétorienne en conseillant aux magistrats de les donner dans ces différents cas[321]; l'action *in factum*, en obligeant à l'exécution de la convention de *dare* ou de faire, punit la violation de la parole donnée.

Deuxième stade. — La coutume reconnut progressivement[322] ces opérations et permit à celui qui, le premier, avait fait dation ou accompli un acte, d'*agere praescriptis verbis* en vue de réclamer la contre-prestation. Les *nova negotia* sont sous Justinien sanctionnés par l'action *praescriptis verbis, in jus*, de bonne foi, qui prescrit au juge de condamner celui qui n'exécute pas la convention

---

321. *D.*, 19, 5, *h. t.*, 23 (Alfenus Varus); 12 (Proculus); 10 (Javolenus); 24 (Julien); 22 (Gaius); 1, *pr.* (Papinien); 13, *pr.* (Ulpien).

322. L'action *praescriptis verbis*, c'est-à-dire l'emploi par le créancier d'une formule en tête de laquelle (*verba praescripta*) on écrivait un exposé des faits avant l'*intentio* incertaine ordinaire des actions de bonne foi, paraît avoir été inventée par Labéon pour des cas où il y avait contrat, sans qu'on pût dire exactement lequel, par exemple sans qu'on pût dire s'il s'agissait d'un louage d'ouvrage ou d'un louage de services (*D.*, 19, 5, *h. t.*, 1, 1), d'un louage ou d'un mandat, etc. Elle fut utilisée dans certains cas par d'autres jurisconsultes. Mais c'est Justinien qui, en donnant l'action *praescriptis verbis* dans tous les cas rentrant dans les combinaisons *do ut des, do ut facias, facio ut des, facio ut facias*, a constitué le système des contrats innommés. Pour ce faire, de nombreux textes qui accordaient d'autres actions, notamment des actions *in factum*, furent interpolés.

de *dare* ou de faire à des dommages-intérêts égaux à la valeur de la contre-prestation convenue.

Nota. — Dans quelques cas exceptionnels où l'aliénation fiduciaire *cum amico* s'est transformée (v. p. 87) en forme *do ut reddas* (je transfère par tradition pour que plus tard tu rendes), le *tradens* peut encore intenter à tout moment une action en répétition, une *condictio*, qui joue dès lors le rôle d'une action en révocation : les interprètes l'appellent *condictio propter poenitentiam;* elle apparaît par exemple en matière de donation à cause de mort[323].

Remarque. — Ces opérations, *negotia*, réalisées par l'emploi de ces formes, sont des contrats, mais seulement dans la mesure où, après avoir été sanctionnées par le préteur, elles ont été reconnues par la coutume : de là, le grand nombre des textes du Digeste qui prévoient une série d'opérations se réalisant par l'emploi desdites formes : quelques-unes ont pris un nom particulier; un certain nombre sont demeurées sans dénomination propre. Les interprètes appellent les unes et les autres contrats innommés.

CHAPITRE VIII

Des pactes adjoints.

§ 1. — Des contrats et de leurs clauses adjointes
(pacta adjecta).

Souvent, en pratique, les contrats n'apparaissent pas limités à leurs éléments essentiels (but de l'opération, conditions d'exercice, responsabilité des parties), pour lesquels ils ont été reconnus et sanctionnés. L'acte com-

---

323. *D.*, 39, 6, *De m. c. donat.*, 30.

prend encore parfois toute une série de clauses qui vien
nent s'adjoindre à l'opération de droit reconnue dans ses
éléments essentiels et sanctionnée à raison de ces éléments. Ces clauses, ce sont par exemple une convention
d'intérêts, une convention de garantie ou de non-garantie
d'éviction, etc. Sans doute, ces pactes, pour être rendus
obligatoires, n'ont qu'à être enchâssés dans les formes de
la stipulation. Mais la question est précisément de savoir
si ces clauses adjointes pourraient, en tant que pactes,
s'agréger de telle sorte au contrat nommé (vente, prêt,
louage, etc.) qu'elles feraient désormais corps avec lui
et emprunteraient sa sanction.

A ce sujet, on distingue : d'une part, les pactes qui ont pour
objet de rendre plus lourde l'obligation, pactes *ad augendam
obligationem;* et ceux qui ont pour effet de diminuer ou même
d'éteindre l'obligation, pactes *ad minuendam obligationem;*
— d'autre part, les pactes adjoints au contrat *in continenti,* au
moment de la conclusion du contrat; et ceux adjoints *ex intervallo,* un certain temps après la conclusion du contrat.

§ 2. — *Des pactes qui, adjoints au contrat au moment de
sa conclusion ou après un certain délai, ont pour but
d'éteindre ou de diminuer l'obligation.*

Exemples : convention qu'il ne sera pas réclamé d'argent
avant un certain délai ou avant l'arrivée de la condition; concession au débiteur de fractionner le paiement; dispense pour le
vendeur de la promesse du double pour le cas d'éviction; convention que la dette ne sera pas payée ou pacte de remise de
dette, *de non petendo,* etc.

Par une disposition de l'édit antérieure à la fin du VII° siècle, le préteur donne l'*exceptio pacti* à quiconque est poursuivi au mépris d'une convention qui a éteint ou diminué son obligation. *Ait praetor : pacta conventa servabo* (*D.*, 2, 14, *De pactis*, fr. 7, 7). Le préteur maintiendra les pactes; mais seulement, cela va de soi, après examen de ces pactes, s'ils ne sont pas contraires aux lois ni viciés par le dol ou la fraude.

La partie, qui se prévaut d'un tel pacte, fera insérer l'*exceptio pacti* dans la formule de l'action[324].

Bien plus, l'insertion de l'exception *pacti* dans la formule de l'action n'est même pas nécessaire *dans les contrats de bonne foi*, pour lesquels les exceptions fondées sur l'équité, et notamment l'*exceptio pacti*, sont sous-entendues[325]. Ainsi, sans insertion de l'exception, le juge devra examiner dans son ensemble contrat et clauses adjointes, puisqu'il doit examiner *quidquid dare facere oportet ex fide bona*.

Enfin, on a même fini par admettre, d'abord pour les contrats de bonne foi[326], ensuite *pour les contrats de droit strict*[327], que le pacte adjoint au contrat *in continenti* s'y incorpore pour diminuer l'obligation dès le principe; et l'action du contrat sanctionne le contrat ainsi diminué.

---

324. Gaius, 4, 119.
325. *D.*, 18, 5, *De resc. vend.*, 3.
326. *D.*, 2, 14, *De pact.*, 7, 5.
327. *D.*, 12, 1, *De rebus cred.*, 40.

§ 3. — *Des pactes qui, adjoints au contrat au moment de sa conclusion ou après un certain délai, ont pour but de rendre plus lourde l'obligation.*

EXEMPLES : convention que l'acheteur respectera un bail; convention que le vendeur devra fournir des cautions de la promesse du double au cas d'éviction, etc.

Adjoints aux contrats de bonne foi *in continenti*, ils s'y incorporent et sont sanctionnés par l'action du contrat[328]. On a fini par admettre qu'ils s'incorporeraient également aux contrats de droit strict[329], à moins d'être des conventions d'intérêts.

Adjoints aux contrats *ex intervallo*, ils demeurent sans effet; car, pour produire effet, il faudrait qu'ils fissent naître une action; et ils ne peuvent faire naître, tout au plus, comme pacte, qu'une exception.

§ 4. — *De la convention d'intérêts.*

Les intérêts se nomment *usurae;* le prêt de consommation avec convention d'intérêts se nomme plus spécialement *faenus.*

La convention d'intérêts a paru à Rome rendre si lourde l'obligation de l'emprunteur et si contraire à la nature du *mutuum* qui suppose le remboursement d'une même quantité de choses de même qualité (*supra*, p. 81).

---

328. *D.*, 2, 14, *De pact.*, 7, 5.
329. *D.*, 12, 1, *De rebus cred.*, 40.

qu'en principe elle doit faire l'objet d'un acte particulier, d'une *stipulatio usurarum*[330]. Il y aura donc ou bien *mutuum* et *stipulatio usurarum* ou bien *stipulatio sortis et usurarum*, stipulation du capital et des intérêts[331].

Dans le cours des temps, on a admis quelques exceptions à ce principe. La convention d'intérêts jointe au *mutuum* est sanctionnée par une action : au cas de *nauticum faenus*, de prêt à la grosse aventure, où la restitution est subordonnée au retour à bon port du navire dont on a prêté la cargaison[332]; depuis Alexandre Sévère, au cas de prêt de denrées[333]; sous Justinien, au cas de prêts faits par les banquiers[334]. Mais, pour les prêts d'argent faits par d'autres particuliers, la stipulation est toujours exigée.

Protection des emprunteurs par la limitation du taux de l'intérêt. — A l'époque des XII Tables, c'est l'*unciarium faenus*, probablement par mois le 1/12 du capital[335]; en 407, la moitié de cet *unciarium;* en 412, la loi Genucia l'interdit[336]; au temps de Cicéron[337], le taux légal est de 12 % par an; sous Justinien, en principe 6 %, et 12 % pour le *nauticum faenus* et les prêts de denrées[338].

La sanction de la prohibition était anciennement la restitution d'un multiple de ce que l'emprunteur avait indûment

---

330. *D.*, 19, 5, *De praescr. verb. act.*, 24.

331. Documents concrets dans Girard, *Textes*, p. 843

332. *D*, 22, 2, *De nautico faenore*, 7.

333. *C.*, 4, 32, *De usuris*, 11 (12).

334. *Nov.* 136, c. 4.

335. Tacite, *Ann.*, 6, 16.

336. Tite-Live, 7, 42, 1.

337. Cicéron, *Ad Attic.*, 1, 12, 5, 21.

338. *C.*, 4, 32, *De usuris*, 26.

payé[339]. Justinien se contente de décider que les intérêts payés illégalement seront imputés sur le capital et, en cas d'excédent, restitués au simple[340].

Protection des emprunteurs contre l'accumulation des intérêts arriérés. — D'une part, en droit classique, la dette qui a produit des intérêts, égaux au montant du capital, cesse de produire de nouveaux intérêts, si les intérêts sont restés en souffrance[341]; Justinien décide qu'il en sera ainsi même quand les intérêts ont été payés[342]. — D'autre part, le droit classique prohibe la convention d'anatocisme, c'est-à-dire la capitalisation des intérêts, la transformation des intérêts en un nouveau capital générateur d'intérêts, pour les intérêts à échoir[343]; Justinien la prohibe même pour les intérêts déjà échus[344].

---

339. Peine du quadruple d'après les XII Tables, 8, 18 b et d'après la loi Marcia *de usuris*, Gaius, 4, 23.
340. *C.*, 4, 32, *De usuris*, 26, 4.
341. *C.*, 4, 32, *h. t.*, 10.
342. *Nov.*, 121, *c.* 2.
343. Cicéron, *Ad Att.*, 5, 21, 13, controversé.
344 *C*, 4, 32, *h. t.*, 28.

TITRE III

DES DIVERSES SOURCES NON CONTRACTUELLES ET NON DELICTUELLES D'OBLIGATIONS

Il est ici question des obligations qui naissent, disent les jurisconsultes romains, notamment Gaius, *neque ex contractu, neque ex maleficio*. Elles naissent *proprio quodam jure ex variis causarum figuris* (Gaius, *D.*, 44, 7, De obligationibus et act., 1, pr.).

Cependant on tenta une divison de ces sources non contractuelles et non délictuelles d'obligations. Les Institutes de Justinien traitent d'une part, *lib.* 3, *tit.* 27, des obligations *quasi ex contractu*, d'autre part, *lib.* 4, *tit.* 5, des obligations *quae quasi ex delicto nascuntur*.

> Nous reprendrons cette division, en nous efforçant de donner une classification plus exacte des obligations qui sont comprises sous chacune de ces rubriques très critiquables et en indiquant la raison d'être de ces dénominations.

Nous devons même compléter cette nomenclature des sources d'obligations non contractuelles, en citant d'une manière particulière l'engagement juridique par volonté unilatérale.

CHAPITRE I

De l'engagement juridique par volonté unilatérale.

§ 1. — *Cas exceptionnels.*

On peut citer : 1° le vœu, *votum*, promesse faite à une divinité[1]; 2° dans le droit impérial, la *pollicitatio*, promesse, faite à une cité, obligatoire par elle-même en vertu de sa cause (promesse faite à raison d'un honneur, d'une calamité publique, etc.), sans que la volonté du créancier vienne se joindre à elle[2].

§ 2. — *Dans les législations actuelles.*

La pollicitation faite à une cité était une promesse faite à une personne déterminée. Les engagements unilatéraux, qui attirent particulièrement l'attention des législations actuelles, sont des engagements envers des créanciers indéterminés (promesse de récompense, fondation, titres négociables portant engagement du souscripteur).

CHAPITRE II

De obligationibus quasi ex contractu.

Les Instituts de Justinien indiquent comme naissant *quasi ex contractu*[3] : les obligations nées de la gestion d'affaires ou de la tutelle, voisines de celles nées du contrat de mandat; les obligations nées de l'indivision, qui sont

---

1. D , 50, 12, *De pollicitationibus*, 2.
2. D., 50, 12, *h. t.*, 3, *pr.;* 11.
3. *Inst.*, 3, 27, *De obligationibus quasi ex contractu*, 1-5.

rapprochées de celles nées du contrat de société; la créance de restitution produite par le paiement de l'indû, voisine de la créance de restitution née du contrat de *mutuum;* la dette des legs mise à la charge de l'héritier, qui n'a sa source ni dans un contrat ni dans un délit[4].

L'expression de quasi-contrat, d'obligations quasi contractuelles a fait fortune. Cependant elle ne devait valoir que comme l'indice d'une simple analogie : il est dit en effet que les obligations susvisées naissent *quasi ex contractu (mandati, quasi ex mutui datione,* etc.). Elle est dangereuse : car son emploi commode a détourné les jurisconsultes et les interprètes d'établir une classification rationnelle, fondée sur la réalité des faits, des sources d'obligations non contractuelles.

Cependant, sous cette dénomination d'obligations nées *quasi ex contractu* sont comprises des obligations : tantôt nées de certains états de droit et de certains faits juridiques : tantôt nées *re* en dehors de tout contrat.

SECTION I. — DES OBLIGATIONS NÉES DE CERTAINS ÉTATS DE DROIT.

§ 1. — *Principaux exemples d'états ou situations juridiques, sources d'obligations.*

Ce sont notamment :

1° Le fait d'être tuteur. Cette situation de droit fait naître des obligations à la charge du tuteur, du moins à partir d'une certaine époque;

---

4. La dénomination d'obligations quasi contractuelles donnée aux cas précités vient de l'analogie avec des contrats connus. Mais nul rappro

2° Le fait d'être parents, qui fait naître par exemple, sous l'Empire, l'obligation de doter la fille[5];

3° Le fait de se trouver dans des rapports d'ascendants à descendants, de patrons à affranchis, qui fait naître le droit réciproque, déjà réglementé par Antonin le Pieux et Marc-Aurèle, de se réclamer des aliments[6];

4° Le fait d'être copropriétaires, qui fait naître notamment à la charge de chaque communiste l'obligation de concourir au partage;

5° Le fait d'être propriétaire rural, qui entraîne notamment l'obligation de procéder au bornage;

6° Le fait d'être possesseur ou détenteur d'une chose, qui entraîne l'obligation d'exhiber, etc.

§ 2. — *Des obligations qui naissent à la charge du propriétaire rural.*

On peut citer notamment : l'obligation de procéder au bornage; et celle qui est sanctionnée par l'action *aquae pluviae arcendae.*

a) L'obligation de procéder au bornage[7]. — Elle est sanctionnée par l'action *finium regundorum* (*regere*

---

chement de ce genre ne peut être fait par Justinien pour la dette des legs mise à la charge de l'héritier; il ne la range parmi les obligations *quasi ex contractu* que parce que l'héritier n'est obligé ni *ex contractu* ni *ex maleficio.* La dénomination d'*obligatio quasi ex contractu* tend ici à avoir une valeur propre, indépendamment de tout caractère d'analogie

5. *D.*, 23, 2, *De ritu nupt.*, 19.

6. *D.*, 25, 3, *De agnosc. et alendis liberis vel parentibus vel patronis vel libertis,* 5, 5; 7; 9; 14. *C.*, 5, 25, *De alendis liberis.*, 1-3.

7. *D.*, 10, 1, *Finium regundorum.*

fines, marquer les limites). C'est une action double, où chaque partie est à la fois demandeur et défendeur. Le juge, saisi de la formule, n'aura le plus souvent qu'à déterminer la propriété de chacun des plaideurs. Dans des cas exceptionnels, au moyen d'une *adjudicatio*, il déplacera la propriété de quelques fractions du fonds, ne serait-ce que pour rendre plus certaines les limites à fixer[8].

Le domaine propre de l'action *finium regundorum* comprend les contestations soulevées à propos des *fines*, la *controversia de fine*. Le *finis* est l'espace de cinq pieds qui, selon les XII Tables, devait être laissé libre entre les héritages ruraux pour le passage et le retour de charrue[9]. Les contestations étaient tranchées par des *arbitri*, choisis parmi les *agrimensores*[10]. D'autres fois, les contestations étaient soulevées à propos du *locus*, qui est tout terrain excédant l'espace de cinq pieds des XII Tables. Mais on discute si ces contestations, *controversia de loco*, pouvaient faire l'objet d'une action *finium regundorum* ou bien si elles ne donnaient lieu qu'à une action en revendication[11].

Justinien paraît avoir fusionné les deux sortes de *controversia*, en généralisant les effets de la *controversia de fine*.

b) L'obligation de détruire l'ouvrage qui a modifié au préjudice d'un voisin l'écoulement naturel des eaux pluviales, opus quod quis fecit ut aquam excluderet[12]. — Le

---

8. *Inst.*, 4, 17, *De off. jud.*, 6.

9. Frontin, *De controv.*, 1, 11, 12; Hyginus, 126, 3; Cicéron, *De leg.*, 1, 21.

10. Cassiodore, *Var.*, 3, 52, 8.

11. En ce dernier sens, Frontin, *De controv.*, 43, 22.

12. *D.*, 39, 3, *De aqua et aquae pluviae arcendae.*

propriétaire, sur le fonds duquel les travaux préjudiciables ont été faits, peut être actionné par l'action personnelle arbitraire *aquae pluviae arcendae*[13] (*arcere* = écarter, détourner), donnée au propriétaire lésé et comme action utile[14] aux usufruitiers et fermiers d'*agri vectigales*[15].

§ 3. — *Des obligations qui naissent à la charge des copropriétaires*[16].

L'indivision, *communio incidens*, peut avoir sa source dans la volonté des parties, ou dans celle d'un tiers testateur par exemple, ou dans la loi, notamment quand elle appelle des héritiers à une succession *ab intestat*. Elle fait naître à la charge de chaque communiste : 1° l'obligation de concourir au partage, si l'un des copropriétaires demande de faire cesser l'indivision[17]; 2° l'obligation de faire participer les autres communistes aux profits qu'on a tirés du bien commun et de participer lui-même aux dépenses faites par les autres pour le compte commun (*communicatio lucri et damni*)[18].

---

13. Elle date des XII Tables : *D.*, 40, 7, *De st. lib.*, 21, *pr.;* elle est arbitraire sous la procédure formulaire : *D.*, 39, 3, *h. t.*, 22, 1.

14. *D.*, 39, 3, *h. t.*, 22, 2; 23, 1.

15. Si celui qui a pris l'initiative desdits travaux est autre que le propriétaire du fonds sur lequel les travaux ont été faits, le propriétaire' doit seulement remettre les choses dans l'état primitif et ne doit pas de dommages-intérêts pour le préjudice causé.

16. *D.*, 10, 2, *Familiae erciscundae;* 10, 3, *Communi dividundo.*

17. *C.*, 3, 37, *Communi div.*, 5 : *In communione... nemo compellitur invitus detineri.* V. C. civ., art. 815.

18. *D.*, 10, 3, *h. t.*, 3, *pr.*

Ces obligations sont sanctionnées : quand l'indivision procède d'une succession, dès les XII Tables[19], par l'action *familiae erciscundae;* dans tout autre cas, par l'action *communi dividundo.* Ces deux actions sont de bonne foi au temps des Sévères[20] ou peu après. Comme au cas de bornage, le juge a, en vertu de la clause d'*adjudicatio* insérée dans la formule de ces actions, un pouvoir d'attribution de la propriété.

Le communiste, dans l'administration du bien indivis, n'est tenu, sous Justinien, que de sa *culpa levis in concreto* (p. 200).

§ 4. — *De l'obligation d'exhibere*[21].

Celui qui détient[22] une chose est tenu de l'obligation de la produire, de l'exhiber sur la demande de quiconque veut intenter une action à l'occasion de cette chose (par exemple, action en revendication, action *furti,* action noxale, etc.). Cette obligation est sanctionnée par l'action civile arbitraire *ad exhibendum*[23]. Elle est donnée également contre celui qui par son dol s'est mis dans l'impossibilité d'*exhibere*[24].

---

19. *D.,* 10, 2, *h. t.,* 1, *pr.*

20. *C.,* 3, 36, *Familiae erciscundae,* 9; *D.,* 10, 3, *h. t.,* 4, 2; 14, 1.

21. *D.,* 10, 4, *Ad exhibendum.*

22 *D.,* 10, 4, *h. t.,* 5, *pr.*

23. Son antiquité est incertaine : certains la font remonter aux XII Tables, d'autres à la fin de la République ou au début de l'Empire. — Elle est arbitraire : *Inst.,* 4, 6, *De act.,* 31.

24. *D.,* 10, 4, *h. t.,* 15.

L'action *ad exhibendum* est donc donnée pour préparer et permettre l'exercice d'une autre action. Aussi dans des cas où l'exhibition est demandée pour elle-même, on emploie non plus l'action, mais des interdits : par exemple pour demander la production de personnes détenues injustement (interdits *de liberis exhibendis, de homine libero exhibendo*) ou la production d'un testament (interdit de *tabulis exhibendis*)[25]. On peut enfin agir contre le banquier, pour réclamer la production de ses livres, par une action *in factum*.

Section II. — Des obligations nées de certains faits juridiques.

§ 1. — *La gestion d'affaires, negotiorum gestio*[26].

Il y a gestion d'affaires quand une personne s'immisce dans l'administration du patrimoine d'autrui, sans mandat et sans y être obligée par la loi, avec l'intention d'obliger celui pour lequel elle gère. Ces actes d'administration obligent le géré à rembourser les avances faites par le gérant.

> Peut-être l'édit du préteur intervint-il d'abord pour le cas où une personne avait défendu en justice un absent. Mais, au temps de Cicéron[27], au cas de gestion d'affaires, il peut être question de tous actes d'administration du patrimoine d'autrui : l'immixtion peut d'ailleurs avoir pour cause l'absence du géré, son éloignement, sa maladie, etc.

---

25. Edit du préteur, 33, *De interdictis*, n°ˢ 232, 261-263 (Girard, *Textes*, p. 163, 167).

26. D., 3, 5, *De negotiis gestis*.

27. Cicéron, *Top.*, 17, 66.

Le préteur donna au gérant d'affaires contre le géré une action *in factum*[28]. A l'époque classique, deux actions *in jus* de bonne foi sanctionnent cette opération de la gestion d'affaires : l'action *negotiorum gestorum directa*, donnée au géré contre le gérant, tenu de bien gérer et de rendre compte[29]; et l'action *negotiorum gestorum contraria*, donnée au gérant contre le géré, pour se faire rembourser des dépenses qu'il a faites au cours de sa gestion utile[30]. La coutume, promue par les jurisconsultes, considéra de la sorte la gestion comme donnant naissance à des obligations réciproques et à la charge du gérant et à la charge du géré.

Si la gestion d'affaires est ratifiée, elle se transforme, dit-on, en mandat.

§ 2. — *La dépense faite à cause de funérailles, funeris causa sumptus factus*[31].

Celui qui a pourvu aux obsèques d'un citoyen a l'action prétorienne *funeraria* pour se faire rembourser de ses dépenses.

---

28. *D.*, 3, 5, *h. t.*, 3, *pr.* Edit du préteur, 8, *De cognitor. et procurat. et defensor*, n° 35 (Girard, *Textes*, p. 144). On discute sur le point de savoir si des actions de gestion d'affaires ne seraient pas sorties les actions de mandat et de tutelle.

29. *Inst.*, 3, 27, *De obl. q. ex contr.*, 1.

30. *D.*, 3, 5, *h. t.*, 9 (10), 1.

31. Edit du préteur, 16, *De religiosis et sumptibus funerum*, n° 94 (Girard, *Textes*, p. 150).

Section III. — De l'obligation non contractuelle.
née « re » : l'enrichissement injuste et l'enrichissement sans cause.

§ 1. — *Les veteres estimaient « id quod ex injusta causa apud aliquem sit posse condici ».*

Les *veteres* estimaient que ce qui est chez quelqu'un en vertu d'une *injusta causa* peut être répété par *condictio* : déclarait Sabinus, rapporté par Ulpien, *D.*, 12. 5, *De condictione ob turp. vel injust. causam, fr.* 6.

On pourrait citer de très anciennes applications de ce principe, d'une époque même où, la *condictio* n'existant pas encore, la répétition était exercée au moyen de la *legis actio sacramenti in personam.* — On pourrait peut-être citer le cas de l'emprunteur qui est obligé à rendre ce qu'il a reçu du prêteur et qu'il conserve donc *ex injusta causa* : c'est le cas du *mutuum;* mais l'idée contractuelle s'empara de cette opération, dont on détermina les éléments, transfert et convention, et les conditions d'exercice : le *mutuum* n'en demeura pas moins toujours sanctionné par la *condictio.* — On peut citer, sans hésitation, les cas visés par les lois Calpurnia et Junia, qui autorisent la répétition par *sacramentum in personam* des sommes illégalement reçues par les magistrats; avec vraisemblance, les cas de répétition des donations immodérées de la loi Cincia; avec certitude, les cas de répétition de la somme indûment payée, etc. : tous cas qui sont demeurés des sources d'obligations non contractuelles.

§ 2. — *Les différentes sortes de condictiones, à raison de la nature de l'objet répété.*

La répétition eut lieu primitivement en intentant la *legis actio sacramenti in personam*[32]. Mais l'action en répétition put s'intenter par *condictio* : depuis la loi Silia, quand on voulait répéter une somme d'argent, une *certa pecunia;* depuis la loi Calpurnia, quand on voulait répéter une chose certaine autre que de l'argent, une *certa res*[33]. Sous la procédure formulaire, les *legis actiones* étant transposées en formules, il n'est plus question, selon la distinction précitée, que de *condictio certae pecuniae* et de *condictio certae rei* ou *triticaria.*

Cependant il pouvait se faire que la répétition eût pour objet un *incertum.* Ce ne paraît pas avoir été tout d'abord admis : la répétition, si l'on se réfère au principe des *veteres*, fut primitivement celle d'une chose matérielle, déterminée, ayant fait l'objet d'un transfert. Mais, par la suite, sans doute à l'époque classique, vers le temps d'Hadrien ou de Trajan, on admit que la répétition pût avoir pour objet un *incertum*, un fait accompli, un acte juridique passé, une remise de dette effectuée, etc. : et l'on imagina la *condictio incerti*, pour assurer la répétition de cet *incertum*[34].

---

32. *Lex Acilia repetundarum*, ligne 23 (Girard, *Textes*, p. 37).
33. Gaius, 4, 19.
34 D., 12, 6, *De condictione indebiti*, 22, 1; D., 12, 7, *De cond. s. c.*, 3; D., 43, 26, *De prec.*, 19, 2.

La *condictio* est, en droit classique, une action personnelle, de droit strict, sans doute abstraite, n'énonçant pas la cause en vertu de laquelle elle est intentée.

§ 3. — *Le cas d'obligation non contractuelle née « re »,* *cité par Gaius, 3, 91 : la condictio indebiti*[35].

Celui qui a reçu l'indû de celui qui a payé par erreur est obligé *re*, dit-il : *re obligatur*. Celui qui a payé peut répéter, *condicere*.

La *condictio indebiti* suppose : ou le paiement d'une dette qui n'existait pas; ou le paiement d'une dette existante, mais par quelqu'un qui n'en est pas le débiteur ou entre les mains de quelqu'un qui n'en est pas le créancier.

Elle suppose encore : 1° un indû, *indebitum*, absolu. Il n'y a pas indû, quand ce qu'on a payé était dû *jure naturali*, faisait l'objet d'une obligation naturelle : ainsi, le fils de famille qui a remboursé une somme empruntée sans exciper du sc. Macédonien ne peut pas exercer la *condictio indebiti;* 2° un paiement par erreur. Celui qui a payé consciemment une dette inexistante est censé avoir voulu faire une donation[36]. Il ne faut d'ailleurs pas que l'erreur soit trop grossière; il ne faut pas non plus que ce soit une erreur de droit, sauf de la part des personnes inexpérimentées réputées ignorantes de la loi (mineurs, femmes).

---

35. *D.,* 12, 6, *De condictione indebiti; Inst.,* 3, 27, *De obl. quasi ex contractu,* 6-7.

36. *D.,* 50, 17, *De div regul. jur. ant.,* 53.

On ne peut pas répéter par condictio l'une de ces dettes qui croissent au double au cas de dénégation[37].

La condictio indebiti n'existe qu'au cas de bonne foi de celui qui a reçu le paiement : et celui-ci n'y peut être poursuivi que dans la limite de son enrichissement.

Car si celui qui a reçu le paiement était de mauvaise foi, celui qui a payé agirait contre lui par la condictio furtiva en lui réclamant tout ce qu'il a reçu : car il y a furtum à recevoir sciemment le paiement de l'indû[38].

Gaius, 3, 91, après avoir dit que celui qui a reçu l'indû de celui qui a payé par erreur est obligé re, rapproche du mutuum ce paiement de l'indû : le tradens, dit-il, peut agir par condictio, ac si mutuum accepisset. Mais il ne se trompe pas sur l'analogie : haec species obligationis non videtur ex contractu consistere : il n'est pas ici, dit-il, question d'une obligation contractuelle. Justinien, aux Institutes, 3, 27, 6, reproduira les considérants de Gaius : parlant de celui qui a reçu, il le montrera non proprie ex contractu obligatus; comme Gaius, il le comparera à celui qui a reçu en vertu d'un mutuum : is qui accepit obligatur, ac si mutuum illi daretur; mais il forcera cette analogie avec le mutuum : is cui quis per errorem non debitum solvit, quasi ex contractu debere videtur. Et c'est ainsi que d'une simple analogie, fut déduite la notion du quasi-contrat.

37. Inst., 3, 27, h. t., 7.
38. D., 13, 1. De cond. furt., 18.

§ 4. — *La classification des condictiones, rapportée par Justinien, selon la nature des opérations donnant lieu à condictio.*

Dans ses compilations, Justinien a distingué les *condictiones* suivant la nature des obligations non contractuelles, nées *re*, à la charge de ceux contre lesquels on peut répéter. Il distingue notamment :

1° la *condictio indebiti;*

2° la *condictio causa data causa non secuta* (p. 129)[39];

3° la *condictio ob turpem vel injustam causam*[40] : donnée *ob turpem causam*, au cas où une personne a reçu une prestation en vue d'une cause future déshonorante d'ailleurs pour elle seule; par exemple si elle a reçu une prestation pour ne pas commettre un délit[41]; donnée *ob injustam causam*, au cas où une personne a reçu une chose tout en commettant un délit ou un acte immoral prohibé par la loi, par exemple si elle a perçu des intérêts usuraires. — Dans ces deux cas, comme au cas de *condictio furtiva* qu'on a coutume d'en distinguer, le débiteur est tenu non seulement de son enrichissement, mais de tout le préjudice causé par son acte : il n'est pas libéré par la perte de la chose survenue par cas fortuit;

---

39. D., 12, 4, *De condictione causa data causa non secuta.*

40. D., 12, 5, *De condictione ob turpem vel injustam causam; C.*, 4, 7, *De cond. ob turpem causam;* 4, 9, *De cond. ex lege et sine causa vel injusta causa.*

41. Si la prestation avait un caractère déshonorant pour les deux parties, par exemple si elle avait été faite pour amener l'*accipiens* à commettre un délit, la *condictio* serait refusée au *tradens.*

4° *la condictio sine causa, au sens étroit*[42]. — Toutes les *condictiones* sont des *condictiones sine causa*, au sens large. Mais Justinien a réservé la dénomination de *condictio sine causa*, au sens strict, à la *condictio* donnée dans des cas où l'enrichissement a toujours été sans cause ou est devenu sans cause. C'est le cas, par exemple, de la *condictio* donnée à l'impubère qui a prêté des deniers à une personne qui les a consommés de bonne foi : le *mutuum* ne s'étant pas formé, l'*accipiens* devra restituer les choses remises. — En tout cas, cette *condictio sine causa* ne s'applique pas indifféremment à tout cas d'enrichissement injuste. Dans le droit de Justinien, on peut encore citer des cas où une personne s'est enrichie aux dépens d'autrui et où cependant aucune action en répétition n'est encore donnée contre elle.

§ 5. — *La condictio ex lege et la condictio dite generalis, du droit de Justinien.*

La *condictio ex lege*[43] et la *condictio ex omni contractu* (*D.*, 12, 1, *fr. 9, pr.*) appelée par les interprètes *condictio generalis* paraissent être des créations de Justinien.

La *condictio ex lege* aurait pour effet de sanctionner toutes les obligations nées de lois qui n'auraient pas indiqué l'action qui devait les sanctionner (*D.*, 13, 2, *fr.* 1 : *si obligatio lege nova introducta sit nec cautum eadem lege, quo genere actionis experiamur, ex lege agendum est*). Il semblerait que Justinien eût désiré avoir dans cette *condictio ex lege* une action

---

42. *D.*, 12, 7, *De condictione sine causa.*
43. *D.*, 13, 2, *De condictione ex lege; C.*, 4, 9, *De condict. vel lege...*

à portée générale, analogue à ce qu'était jadis le *sacramentum in personam* (compar. Gaius, 3, 13 : *de quibus rebus ut aliter ageretur lege cautum non erat, de his sacramento agebatur*).

La *condictio* aurait été également donnée *ex omni contractu;* elle eût ainsi remplacé les autres actions personnelles, quand le demandeur en avait évalué le montant et réclamait ce montant par une *condictio certae pecuniae*. L'avantage pour le demandeur était d'intenter alors une action de droit strict, en conséquence d'éviter les réductions possibles de sa créance par le juge : il est vrai que le demandeur s'exposait par contre au risque de la *plus petitio*.

CHAPITRE III

Des obligationibus quasi ex delicto[44].

Gaius et Justinien donnent quatre exemples d'obligations quasi délictuelles :

1° l'action prétorienne, *in bonum et aequum concepta,* donnée contre le juge qui a fait le procès sien, *qui litem suam fecit,* c'est-à-dire qui a manqué à son devoir par malveillance ou par négligence;

2° les actions prétoriennes *de dejectis vel effusis,* données contre celui du logement duquel il a été versé ou jeté une chose qui a causé un préjudice à autrui;

3° l'action prétorienne *de suspensis vel positis,* donnée au premier venu contre celui du logement duquel une chose pourrait tomber dans la rue de manière à causer un préjudice;

----

44. Gaius, *D.,* 44, 7, *De oblig. et act.,* 5, 4-5; *Inst.,* 4, 5, *De obligationibus quae quasi ex delicto nascuntur.*

4° les actions prétoriennes données au double contre les patrons de navires, les aubergistes et les patrons d'écuries à raison des vols commis ou des dommages causés par des personnes à leur service.

Il est assez difficile de se rendre compte de la raison d'être de cette classification. Le cas du juge qui a fait le procès sien pourrait paraître se distinguer malaisément d'un délit, quand il aura rendu une sentence injuste par dol. Cependant, dans tous ces cas, selon les Institutes de Justinien, le défendeur *videtur quasi ex maleficio teneri* : car le juge lui-même *non proprie ex maleficio obligatus videtur*[44].

---

44. *Inst.*, 4, 5, *h. t.*, *pr.* — Le Code civil, art. 1383, suivant la doctrine de Pothier, fonde la distinction des quasi-délits et des délits sur l'absence d'intention dolosive des premiers.

DEUXIÈME PARTIE

DE L'EXECUTION
DES OBLIGATIONS

CHAPITRE PREMIER

Des personnes qui peuvent poursuivre l'exécution des obligations: les créanciers.

SECTION I. — DU CRÉANCIER UNIQUE.

§ 1. — *Il ne peut y avoir en principe de droit à l'exécution d'une obligation contractuelle qu'au profit du créancier, qui a été partie au contrat.*

C'est un principe facilement compréhensible. L'obligation est un lien entre deux personnes; dans sa notion naturelle et première, elle ne doit produire d'effet qu'entre ces personnes (*supra*, p. 38). — Ce principe empêcherait notamment un tiers de pouvoir poursuivre l'exécution d'une obligation qu'une personne aurait cependant voulu faire naître au profit de ce tiers considéré ou comme représentant (principe de la non-représentation), ou comme bénéficiaire d'une stipulation pour autrui (principe de la prohibition des stipulations pour autrui); il empêcherait également toute transmissibilité des créances.

Ce principe reçut toutefois progressivement des dérogations.

§ 1 bis. — *Dérogations au principe.*

1° *Le paterfamilias créancier à raison des contrats passés par ses personnes en puissance*[1]. — Cette dérogation appartient aux temps les plus anciens de Rome : ce n'est même pas à proprement parler une dérogation : les personnes qui se trouvent sous la puissance du *paterfamilias* (enfants, femme *in manu*, personnes *in mancipio*, esclaves) sont, au point de vue de l'activité juridique, comme des instruments à la disposition du *paterfamilias*. De même que le *paterfamilias* acquiert par elles, de même il devient créancier par elles.

2° *L'héritier créancier à raison des contrats passés par le « de cujus », et l'adrogeant créancier à raison de ceux passés par l'adrogé.* — Les créances figurent dès les XII Tables[2] dans l'actif de l'héritier[3].

3° *L'ex-incapable créancier à raison des contrats passés par son tuteur ou son curateur au cours de la tutelle*

---

1. *Inst.*, 3, 17, *De stipulatione servorum*; 3, 28, *Per quas personas nobis obligatio adquiritur.*

2. XII Tables, 5, 9 (Girard, *Textes*, p. 15).

3. Ne sont intransmissibles aux héritiers que : la créance de l'*adstipulator* (p. 162); et, jusqu'à Justinien, celle de la femme en restitution de sa dot.

ou de la curatelle. — L'action du contrat passe, comme action utile, à l'ex-incapable[4].

4° Le créancier d'un mutuum réalisé pour son compte par un tiers; ou le créancier de l'indû payé pour son compte par un tiers. — Il fut admis en droit classique qu'on pouvait transférer la possession et par suite la propriété par tradition, par l'intermédiaire d'autrui, *per extraneam personam.* En conséquence, on peut devenir par l'intermédiaire d'autrui créancier en vertu d'un *mutuum* ou créancier de la chose payée indûment pour votre compte par un tiers[5].

5° Les maîtres ou préposants, créanciers à raison des actes juridiques de leurs fondés de pouvoir, de leurs mandataires dans des cas exceptionnels. — Le principe du caractère personnel de l'obligation excluait, avons-nous dit, la représentation; il conduisait forcément au principe de la non-représentation. Ainsi, au cas de mandat, les tiers qui s'engagent envers le mandataire seront poursuivis par le mandataire et non par le mandant : le mandataire demeure leur créancier, et non pas le mandant : le mandant ne peut qu'exiger du mandataire l'exécution du mandat, c'est-à-dire l'obliger à rendre compte. Tiers et mandant ne connaissent que le mandataire et s'ignorent entre eux. Tel est le principe, appliqué encore au temps de Justinien[6].

---

4. *D.*, 26, 9, *Quando ex facto tutoris vel curatoris minores agere vel conveniri possunt; C.*, 5, 39, *eod. tit.*

5. *D.*, 45, 1, *De verbor. obligat.*, 126, 2.

6. *D.*, 41, 2, *De adquir. vel amitt. poss.*, 49, 2; *C.*, 4, 27, *Per quas personas nobis adquiritur*, 1.

Cependant, exceptionnellement, quand les intérêts du mandant sont en péril[7], par exemple par suite de la mise en faillite du mandataire, le mandant pourra obtenir du magistrat l'autorisation d'intenter, comme actions utiles, contre les tiers, les actions mêmes que le mandataire avait contre ces tiers à raison des actes passés avec eux pour l'exécution du mandat. Peut-être même le magistrat donne-t-il ces actions au mandant, quand le mandataire n'a plus d'intérêt à les garder.

6° *Les bénéficiaires des stipulations pour autrui, dans des cas exceptionnels.* — Le principe est que la stipulation faite au profit d'un tiers ne crée pas d'action pour lui (*supra*, p. 38). Cependant le bénéficiaire possède une action contre le promettant, sous Dioclétien, au cas de donation avec charges, quand le donateur a convenu d'une charge au profit d'un tiers[8]; au temps de Justinien, au cas de stipulation pour l'héritier[9]; au cas de convention de restitution de dot à un tiers[10]; au cas de convention que la chose déposée ou prêtée à usage sera rendue non au déposant ou au commodant, mais à un tiers[11]; dans quelques autres cas encore.

---

7. *D.*, 14, 3, *De inst act.*, 2.

8. *C.*, 8, 54 (55), *De don. sub. modo*, 3; *Fragm. Vat.*, 286.

9. Justinien valida en 528 les stipulations *post mortem* et *pridie quam moriar*, c'est-à-dire celles dont l'exécution ne devait être exigée qu'après la mort du stipulant; et en 531, les stipulations *heredi meo*, c'est-à-dire celles faites directement et ouvertement au profit de l'héritier. *Inst.*, 3, 19, *De inut. stip.*, 13; *C.*, 4, 11, *Ut actiones et ab herede et contra heredem incipiant*, 1.

10. *D.*, 24, 3, *Sol. matr.*, 45.

11. *C.*, 3, 42, *Ad exhibend.*, 8.

7° *Le tiers créancier à raison d'une cession de créance.*
— Voir ci-après la question de la cession des créances,
p. 163.

§ 2. — *Il ne peut y avoir, en principe, de droit à l'exé-*
cution d'une obligation délictuelle qu'au profit de la
victime du délit.

C'est là le principe : la victime a un droit exclusif à
l'amende, qui a remplacé son droit de vengeance[12]. Au
VIIe siècle de Rome, on discutait encore sur la transmissibilité de l'action *furti* aux héritiers[13].

Cependant, dès une époque ancienne, la transmissibilité des créances délictuelles aux héritiers est admise. Sous
l'Empire, ne demeurent intransmissibles aux héritiers que
quelques rares actions délictuelles, en particulier l'action
d'injures[14].

SECTION II. — PLURALITÉ DE CRÉANCIERS.

§ 1. — *Le principe de la division des créances entre*
les créanciers multiples.

La créance peut se fractionner entre plusieurs créanciers, soit dès la formation de l'obligation, soit à la suite
du décès de l'un des créanciers, quand ce dernier laisse

---

12. Si une personne en puissance a été victime d'un délit, c'est son
paterfamilias qui acquiert l'amende.
13. Cicéron, *Ad. fam.*, 7, 21.
14. Gaius, 4, 112.

plusieurs héritiers[15]. Chaque créancier ou héritier ne peut demander le paiement que jusqu'à concurrence de sa part.

§ 2. — *Exceptions au principe.*

A. — AU CAS D'OBLIGATION INDIVISIBLE. — Si l'obligation est indivisible (par exemple obligation de construire une maison, de constituer une servitude prédiale), chacun des créanciers peut agir pour le tout, réclamer l'exécution totale de l'obligation[16]; mais le débiteur, qui, par le paiement à l'un des créanciers, n'est cependant pas libéré envers les autres créanciers, exigera le plus souvent, du créancier satisfait, caution que les autres n'agiront plus contre lui[17].

Le débiteur peut, il est vrai, se laisser poursuivre; et, si l'on parvient à une condamnation pécuniaire, la dette d'argent à recouvrer se fractionne entre les créanciers; chacun de ceux-ci ne peut réclamer que sa part (Compar. C. civ., art. 1222, 1224).

B. — AU CAS DE CORRÉALITÉ ACTIVE. — Tandis que l'indivisibilité d'une obligation vient de la nature de son objet non susceptible de fractionnement, la corréalité est surtout un effet de la volonté de l'homme, qui veut éviter

---

15. D., 45, 2, *De duobus reis constituendis*, 11, 1; C., 8, 31 (32), *Si unus ex pluribus heredibus creditoris...*, 1.

16. D., 45, 1, *De verbor. obl.*, 72.

17. Compar. C. civ., art. 1217-1225.

18. *Inst.*, 3, 16, *De duobus reis stipulandi...; D.*, 45. 2, *h. t.*

le fractionnement de l'obligation. Une obligation est dite corréale active, lorsqu'il résulte des termes mêmes d'un acte juridique que la dette pourra être exigée en totalité par un seul des cocréanciers (*conrei, plures rei stipulandi* ou *credendi*)[18], et que le paiement fait à l'un des créanciers libérera le débiteur à l'égard de tous les autres[19].

L'acte juridique, d'où pouvait résulter la corréalité active (on dit souvent : solidarité parfaite active, C. civ., art. 1197 s.), fut d'abord la stipulation, où tous les créanciers prononçaient à tour de rôle des interrogations identiques avant une réponse du débiteur. On admit plus tard que ce pourrait encore être : ou un testament, lorsque le testateur ordonnait que le legs fût acquis en totalité à celui des légataires qui en poursuivrait le paiement; ou tout autre contrat que la stipulation[20].

Les raisons d'être de cette corréalité active peuvent être multiples. Elle existera le plus souvent, semble-t-il, de par la volonté des créanciers, pour permettre à l'un d'eux de poursuivre le recouvrement de la dette sans mandat judiciaire des autres. Elle sera encore par exemple le fait d'un banquier qui ouvre un crédit à plusieurs personnes dont indifféremment l'une ou l'autre pourra épuiser ce crédit.

Les effets de cette corréalité active sont les suivants :

a) à l'égard du débiteur. — Chacun des créanciers corréaux peut recevoir le paiement de la dette, et le débiteur

---

19. *Inst.*, 3, 16, *h. t.*, 1.

20 *D.*, 45, 2, *h. t.*, 9, *pr.*

sera libéré vis-à-vis de tous les autres[21]. Chacun d'eux peut libérer le débiteur par *acceptilatio;* si l'un d'eux poursuit judiciairement le débiteur, la *litis contestatio* faite par lui éteint l'obligation à l'égard de tous les autres[22];

b) entre créanciers corréaux. — S'ils sont associés, *socii,* le créancier, qui a touché le montant intégral de la dette, est tenu par l'action *pro socio* de donner sa part à chacun des associés[23]. S'ils ne sont pas associés, il semblerait que le créancier qui a touché le paiement n'eût pas de comptes à rendre.

C. — AU CAS D'ADSTIPULATIO. — L'*adstipulator* est un créancier accessoire qui, du consentement du créancier principal, stipule du débiteur ce que celui-ci doit déjà à ce créancier principal, *idem*[24]. Il avait donc les mêmes droits que le créancier principal : il pouvait recevoir paiement, faire acceptilation ou *litis contestatio*[25]. C'est un fondé de pouvoir susceptible d'agir, sous les Actions de la loi, pour le créancier principal; au temps de Gaius, le constituer était un des moyens de tourner la prohibition des stipulations pour autrui faites *post mortem*[26].

---

21. *Inst.,* 3, 16, *h. t.,* 1.

22. *D.,* 46, 2, *De nov.,* 31, 1.

23. *D.,* 35, 2, *Ad leg. Falcid.,* 62, *pr.*

24. Gaius, 3, 110.

25. L'*adjectus solutionis gratia,* comme son nom l'indique, peut recevoir paiement; mais il ne peut ni poursuivre ni faire remise de sa dette.

26. Gaius, 3, 114.

SECTION III. — UN TIERS PEUT-IL DEVENIR CRÉANCIER A RAISON D'UNE CESSION DE CRÉANCE.

§ 1. — *De la difficulté d'admettre la cession de créance à raison du principe de la personnalité de l'obligation.*

Le principe que l'obligation constitue un lien de droit entre deux personnes et seulement entre ces deux personnes eût dû exclure toute transmissibilité des créances. Sans doute ce principe était abandonné dès les XII Tables en ce qui concerne la transmission par succession[27]. Il devait produire longtemps encore ses effets en ce qui concerne la cession des créances[28].

Et cependant la créance est un élément actif du patrimoine (Gaius, 2, 14) : et le besoin se fit sentir de la céder comme tout autre bien, de la vendre, de la donner en prêt, de la donner en dot, de la transférer en exécution d'un mandat, etc. Les praticiens s'efforcèrent alors de trouver des expédients pour assurer cette cession des créances, pour permettre à toute personne, du consentement du créancier, de recueillir le bénéfice d'une créance qui ne s'était pas formée à son profit.

§ 2. — *Expédients qui réalisaient une cession de créance dès avant les réformes du droit impérial.*

Ils étaient au nombre de deux :

1° *la novation par changement de créancier.* — Avec

---

27. XII Tables, 5, 9 (Girard, *Textes*, p. 15).
28. Gaius, 2, 38.

l'assentiment du créancier cédant, le nouveau créancier-cessionnaire stipulera du débiteur consentant ce que celui-ci doit à l'ancien créancier[29].

Cependant il n'y a pas là une véritable cession de créance : 1° le débiteur est libre de refuser de changer de créancier : on ne peut l'obliger à subir malgré lui un nouveau créancier, peut-être plus rigoureux, alors que le lien de droit s'était formé entre lui et l'ancien; 2° la stipulation du nouveau créancier éteint anéantit la stipulation antérieure : ce qui fait que ce nouveau créancier n'a plus en principe les sûretés qui garantissaient l'ancienne (cautions, gages, hypothèques).

2° *la « procuratio in rem suam »*. — Le créancier cédant donne à la personne, à laquelle il veut céder sa créance, le mandat de poursuivre en justice son débiteur[30]; il est d'ailleurs convenu que le mandataire (*procurator*) est dispensé de rendre compte au créancier du montant de la créance : le mandataire agit donc pour son profit personnel (*in rem suam*).

. Cependant il n'y a pas là une véritable cession de créance : car le transfert de créance ne s'opérait qu'au cours du procès par l'effet de la *litis contestatio*, qui éteignait la créance de l'ancien créancier-mandant et faisait naître au profit du mandataire le droit d'obtenir jugement contre le débiteur. — Au surplus, avant cette *litis contestatio*, la *procuratio* suivra les vicissitudes de tout mandat : elle s'éteindra par le décès du mandant[31]; elle pourra être révoquée par le mandant; le débi-

---

29. Gaius, 2, 38. V. sur la novation, p. 244.
30. Gaius, 2, 39.
31. *C.*, 4, 10, *De obl. et act.*, 1.

teur pourra se libérer en payant entre les mains de son créancier originaire[32]; le créancier pourra remettre sa dette au débiteur[33].

§ 3. — *Réformes du droit impérial.*

Elles eurent principalement pour objet de remédier à
ces derniers inconvénients de la *procuratio*, qui résul-
taient de la nature même du mandat.

a) On reconnut au *procurator* le droit d'agir même après le
décès du mandant par les actions *mandatae*, mais données
comme actions utiles[34]. — *b*) On décida que lorsque le cessionnaire avait reçu un paiement partiel ou lorsqu'il avait fait
denuntiatio au débiteur, c'est-à-dire signification de la cession
(compar. C. civ., art. 1690), le débiteur cédé ne se libérait plus
en payant entre les mains du cédant ou en obtenant de celui-ci
remise de sa dette : désormais le cessionnaire seul a l'action[35].

Dispositions particulières. — Les tuteurs et curateurs ne
peuvent pas se porter cessionnaires de créances contre
ceux dont ils administrent les biens (Novelle de Justinien[36] : C. civ., art. 450); — la cession de créances liti-
gieuses est punie[37]; — le débiteur peut se libérer de la
créance cédée en remboursant au cessionnaire le prix qu'il
a payé pour acheter ladite créance (Constit. d'Anastase

32. *C.*, 8, 41, (42), *De nov.*, 3.
33. *D.*, 18, 4, *De her. vel act. vend.*, 19.
34. *D.*, 3, 3, *De proc.*, 55.
35. *C.*, 8, 41 (42), *De nov.*, 3.
36. *Nov.* 72, *c.* 5.
37. *C.*, 8, 36 (37), *De litig.*, 3; 5 (4).

et de Justinien[38] : origine du retrait de droits litigieux,
C. civ., art. 1699-1701).

CHAPITRE II

Des personnes qui doivent exécuter les obligations : les débiteurs.

Section I. — Du débiteur unique.

§ 1. — En principe, l'exécution de l'obligation contractuelle est à la charge exclusive du débiteur.

L'obligation est un lien entre deux personnes; dans sa notion naturelle et première, elle ne doit produire effet qu'entre ces personnes.

Ce principe reçut toutefois progressivement des dérogations.

§ 1 bis. — Dérogations au principe.

A. — Le paterfamilias débiteur a raison des contrats passés par ses personnes en puissance. — Tandis que de toute antiquité le *paterfamilias* pouvait devenir créancier par ses personnes en puissance (p. 156), il ne pouvait pas anciennement devenir débiteur par ces mêmes personnes[39].

---

38. *C.*, 4, 35, *Mand.*, 22; 23. — Il est encore défendu par Théodose et Honorius, sous peine d'annulation de la dette, de céder une créance à un *potentior* : *C.*, 2, 13 (14), *Ne lic. pot.*, 2. Compar. C. civil, art. 1597.

39. *D.*, 50, 17, *De div. reg. jur. ant.*, 133.

Ce principe devait être un obstacle à la conclusion des affaires devenues de plus en plus nombreuses à raison du développement de la richesse privée, de la vie des cités, des besoins croissants du commerce désormais méditerranéen. D'autant plus que de nombreuses affaires supposent la formation de contrats commutatifs où chaque partie devient à la fois créancier et débiteur (par exemple la vente, où le vendeur est à la fois débiteur de la chose et créancier du prix).

Le préteur remédia à cet état de choses par deux sortes de mesures de portée différente :

a) Quand des personnes en puissance se sont engagées selon les volontés du *paterfamilias*, ce *paterfamilias* est tenu, *jure praetorio*, de leurs engagements : c'est-à-dire que, si les engagements ne sont pas exécutés, le créancier pourra intenter contre le *paterfamilias* l'action qui sanctionne cet engagement en vue d'en obtenir l'exécution.

L'action, par laquelle le créancier poursuit contre le *paterfamilias* l'exécution des engagements de ses personnes en puissance, est appelée : action *quod jussu*, si le fils de famille ou l'esclave a agi selon la volonté expresse du *paterfamilias*[40]; action *exercitoria*, s'ils ont été nommés capitaines de navire par le *paterfamilias* armateur (*exercitor*), en vue de faire le commerce maritime; action *institoria*, si le *paterfamilias* en a fait les gérants d'un commerce ou d'une industrie terrestre (*institor*)[41].

C'est d'ailleurs l'action même du contrat, donnée *quod jussu*,

---

40. *D.*, 15, 4, *Quod jussu;* Gaius, 4, 70.
41. Edit du préteur, 28, *Quod cum magistro navis institore eove qui in aliena potestate est negotium gestum esse dicetur;* Gaius, 4, 71.

ou *exercitoria*, ou *institoria*. Ainsi, le fils de famille gérant d'un commerce terrestre a acheté une chose et ne paie pas : pour assurer l'exécution de l'obligation de payer, le vendeur peut intenter contre le *paterfamilias* l'action *venditi institoria*. C'est une action prétorienne, précisément parce que le préteur a permis que l'action du contrat passé par la personne en puissance fût intentée contre le *paterfamilias*. La formule de l'action comporte une transposition de noms : l'*intentio* porte le nom de la personne en puissance qui a fait l'acte, la *condemnatio* porte le nom du *paterfamilias*.

b) Quand des personnes en puissance se sont engagées sans *jussum* du *paterfamilias*, sans avoir été préposées par lui à un commerce maritime ou terrestre, le *paterfamilias* est tenu, *jure praetorio*, des dettes contractées dans la mesure suivante : jusqu'à concurrence du profit qu'il a retiré du contrat (*in rem versum*)[42]; et, pour le reliquat de la dette, dans les limites de l'actif du pécule (*de peculio*), si un pécule avait été confié[43].

Dans ce cas, c'est encore l'action même du contrat qui est donnée, au créancier contre le *paterfamilias*, *de peculio et de in rem verso*[44]. Elle est alors action prétorienne, comportant une transposition de noms dans l'*intentio* et dans la *condemnatio*.

Etant donné que le *paterfamilias* n'est condamné que dans la limite des ressources du pécule et qu'il peut être lui-même créancier de ce pécule, dans la pratique il se paiera le plus

---

42. *D.*, 15, 3, *De in rem verso.*
43. *D.*, 15, 1, *De peculio.*
44. Gaius, 4, 74 *a; Inst.*, 4, 7, *Quod cum eo qui in aliena potestate est negotium gestum esse dicitur*, 4, *b;* Edit du préteur, 28, *h. t*, n° 104.

souvent le premier au cas où il se trouve être créancier du pécule : car les créanciers sont payés à mesure qu'ils se présentent[45]. Cependant, quand la personne en puissance fait un commerce au vu et au su du *paterfamilias*, la partie du pécule affec-
tée à ce commerce doit être distribuée par le *paterfamilias*
entre les créanciers au prorata de leurs créances. Les créanciers qui auraient à se plaindre de la répartition peuvent intenter contre le *paterfamilias* l'action prétorienne *tributoria*[46].

Les actions du contrat données par le préteur en tant
qu'actions *quod jussu, exercitoria, institoria, de peculio
et de in rem verso*, sont dites par les interprètes actions
adjecticiae qualitatis. C'est que par elles le créancier peut
agir *jure praetorio* contre le *paterfamilias* à raison des
dettes contractées par le fils qui n'en est pas moins obligé
jure civili par les actions mêmes des contrats passés[47]; le
créancier a le choix d'agir ou contre le fils débiteur civil
ou contre le père débiteur prétorien. Le créancier pourra
également agir par ces mêmes actions *jure praetorio*
contre le *paterfamilias* à raison des dettes contractées
par l'esclave qui n'est obligé que *jure naturali*.

B. — Le paterfamilias débiteur a raison des contrats
passés par l'intermédiaire des tiers. — Le préteur, qui
avait donné les actions *institoria* et *exercitoria* contre le
paterfamilias à raison des contrats passés par ses personnes en puissance préposées à un commerce terres-

---

45. *D.*, 15, 1, *h. t.*, 10; *Inst.*, 4, 7, *h. t.*, 4 c.
46. Gaius, 4, 72; *D.*, 14, 4, *De tributoria actione.*
47. *D.*, 14, 1, *De exercit. act.*, 5, 1 : *hoc edicto non transfertur actio,
sed adjicitur.*

tre ou maritime, donna également les mêmes actions au créancier contre le préposant à raison des contrats passés par les tiers ses préposés à un commerce terrestre ou maritime[48].

Par la suite, les jurisconsultes firent admettre qu'au cas de mandat, et à l'exemple de cette action institoire donnée à raison des contrats passés par un préposé à un commerce terrestre, il serait donné une action utile contre le mandant à raison des dettes contractées par le mandataire (*utilis ad exemplum institoriae dabitur actio*)[49] : les interprètes l'appellent action quasi-institoire. — Il fut également donné progressivement une action utile : contre le géré qui a ratifié les dettes contractées par le gérant[50]; contre les associés à raison des dettes contractées par un des associés pour le compte social. — Depuis Justinien, une action *de in rem verso* utile est donnée : contre le géré à raison des dettes contractées par le gérant au cours d'une gestion d'affaires même non ratifiée; contre le mandant à raison des dettes contractées par le mandataire qui a dépassé les limites de son mandat. L'action utile *de in rem verso* n'est d'ailleurs donnée contre le géré ou contre le mandant que jusqu'à concurrence de leur enrichissement.

Cependant, dans tous ces cas, on ne peut pas parler de représentation véritable : car le créancier peut toujours agir contre le tiers qui a contracté la dette, par l'action même du contrat.

---

48. Gaius, 4, 71.
49. *D.*, 14, 3, *De inst. act.*, 19, *pr.*
50. *C.*, 4, 26, *Quod cum eo...*, 7, 3.

C. — L'ex-incapable débiteur à raison des contrats passés par son tuteur ou son curateur. — L'action du contrat est donnée, comme action utile, sous l'Empire, contre l'ex-incapable : et anciens tuteurs ou anciens curateurs peuvent alors repousser par une exception les actions de ces contrats intentées contre eux[51].

D. — Le débiteur de la somme ou des denrées empruntées ex mutuo pour son compte par un tiers; ou le débiteur de l'indû reçu pour son compte par un tiers. — Il fut admis en droit classique qu'on pouvait acquérir la possession et par suite la propriété par tradition par l'intermédiaire d'autrui. En conséquence, on peut devenir par l'intermédiaire d'autrui débiteur en vertu d'un *mutuum*[52] ou débiteur de la chose payée indûment et reçue pour votre compte par un tiers[53].

E. — L'héritier débiteur à raison des contrats passés par le « de cujus »; et l'adrogeant à raison de ceux passés par l'adrogé. — Dès les XII Tables, l'héritier est tenu des dettes[54]. — Au cas d'adrogation, à l'instar des autres cas de *capitis deminutio minima*, l'adrogeant recueillait les biens de l'adrogé, et n'était pas en principe tenu des dettes. Mais le préteur intervint en faveur des créanciers de l'adrogé : il leur donna une *restitutio in integrum* qui leur permettait de poursuivre par l'ancienne action

---

51. *D.*, 26, 9, *Quando ex facto tutoris vel curatoris minores agere vel conveniri possunt*, 5; *C.*, 5, 39, *eod. tit.*, 1.
52. *D.*, 12, 1, *De reb. cred.*, 9, 8.
53. *D.*, 12, 6, *De cond. indeb.*, 57, 1.
54. XII Tables, 5, 9.

l'adrogé, que l'adrogeant devait alors défendre s'il ne voulait pas voir les créanciers se payer sur l'actif du patrimoine de l'adrogé[55].

F. — L'héritier pour lequel le « de cujus » a promis. — Le principe est que la promesse pour autrui ne fait pas naître d'action contre le tiers pour lequel il a été promis : elle ne lie pas ce tiers (*supra*, p. 39). Cependant, par exception, sous Justinien, il y a un seul tiers pour lequel on peut promettre : c'est l'héritier[56].

> Compar. avec les bénéficiaires des stipulations pour autrui, p. 158.

§ 2. — *L'obligation délictuelle ne peut, en principe, produire effet qu'à l'encontre de l'auteur du délit.*

C'est le principe[57] : l'auteur du délit doit seul l'amende, qui s'était substituée au droit de vengeance individuelle de la victime.

§ 2 *bis*. — *Dérogations au principe.*

1° *Le « paterfamilias » est obligé par les délits commis par ses personnes en puissance.* — Lorsque l'auteur du délit est une personne en puissance, la victime du délit, par l'action qui lui appartient (action de vol, d'injures,

---

55. Gaius, 3, 84; 4, 38.

56. *Inst.*, 3, 19, *De inut. stip.*, 13; *C.*, 4, 11, *Ut act. et ab herede et contra heredem incipiant*, 1.

57. Gaius, 4, 112.

etc.), peut demander à celui qui a l'auteur du délit en sa puissance : ou bien de lui payer la composition du délit; ou bien de lui livrer l'auteur du délit. L'action délictuelle est alors donnée *noxaliter*, comme noxale[58].

Aussi longtemps que la vengeance privée fut possible, la victime du délit avait le droit d'exiger du *paterfamilias* de l'auteur du délit qu'il livrât, qu'il abandonnât le coupable. Avec le système des compositions légales, l'amende remplaça le droit de vengeance : mais la victime ne pouvait pas obliger le *paterfamilias* de l'auteur du délit à payer, puisque ce *paterfamilias* n'avait pas commis le fait délictuel. Aussi donna-t-on à ce *paterfamilias* le choix ou de payer ou de livrer le coupable, de faire *abandon noxal*[59]. Il put y être contraint par l'action du délit donnée comme noxale.

Les XII Tables en témoignent : notamment pour le vol[60]; et au cas de dommages causés par des animaux, pour lesquels elle donne les actions *de pauperie* et *de pastu*[61]. — Les actions d'injures, de vol, de la loi Aquilia, *metus*, de dol, etc., sont par la suite noxales[62].

Pour que le *paterfamilias* soit responsable, il faut qu'il ait l'auteur du délit en sa puissance au moment de la poursuite[63] et que la victime n'ait jamais eu l'auteur du délit à sa disposition[64]. — L'abandon noxal, *noxae deditio*, se

---

58. D., 9, 4, *De noxalibus actionibus; Inst.*, 4, 8, *eod. tit.*
59. V. sur ce sujet l'excellente monographie de P. F. Girard sur les *Actions noxales* dans *Mélanges de droit romain*, 2, p. 311.
60. Gaius, 4, 76.
61. D., 9, 1, *Si quadrupes pauperiem fecisse dicatur; Inst.*, 4, 9, *eod. tit.*
62. Gaius, 4, 76; D., 4, 2, *Quod metus c.*, 16, 1; D., 4, 3, *De dolo m.*, 9, 4 a.
63. Gaius, 4, 77.
64. Gaius, 4, 78.

fera normalement, pour les animaux, les esclaves et les hommes libres, par mancipation : les hommes libres seront *in mancipio*[65].

Sous l'Empire, on admit que le *noxae deditus* fils de famille (et même l'esclave au temps de Justinien) pouvait demander sa libération après s'être acquitté du paiement de l'amende par son travail[66]. Justinien maintint d'ailleurs l'abandon noxal des esclaves; il abolit celui des fils de famille.

> Le système de la noxalité se retrouve dans les droits hellénique, germanique, celtique, slave; aujourd'hui encore en Asie et en Afrique australe.

2° Sous l'Empire, les héritiers de l'auteur du délit peuvent être poursuivis jusqu'à concurrence de leur enrichissement. — Cette règle paraît avoir été introduite au début de l'Empire et ne s'être généralisée que dans le droit de Justinien[67].

Section II. — Pluralité de débiteurs.

§ 1. — *Le principe de la division des dettes entre les débiteurs multiples.*

La dette peut se fractionner entre plusieurs débiteurs, soit dès la formation de l'obligation, soit à la suite du

---

65. Gaius, 4, 79.
66. *Collatio legum moïs. et rom.*, 2, 3, 1; *Inst.*, 4, 8, *De noxal. act.*, 3
67. D., 50, 17, *De div. reg. jur. ant.*, 38; D., 42, 8, *Quae in fraud. cred.*, 11.

décès de l'un des débiteurs, quand ce dernier laisse plusieurs héritiers[68]. Chaque débiteur ne peut être contraint de payer que jusqu'à concurrence de sa part.

§ 2. — *Exceptions au principe.*

A. — AU CAS D'OBLIGATION INDIVISIBLE. — Si l'obligation est indivisible (par exemple obligation de construire une maison, de constituer une servitude prédiale), chacun des débiteurs ne peut être tenu que de l'exécution totale (C. civ., art. 1222, 1223). Il ne peut alors être question de fractionner la dette[69].

> Toutefois, si l'on parvient à une condamnation pécuniaire de l'un des débiteurs au profit du créancier, certains textes, notamment en matière d'obligations de faire, ne parlent que d'une condamnation partielle du débiteur[70]. — Compar.. C. civ., art. 1225.

B. — AU CAS DE CORRÉALITÉ PASSIVE[71]. — La corréalité est surtout un effet de la volonté de l'homme, qui veut éviter le fractionnement de l'obligation (*supra*, p. 160). — Une obligation est dite corréale passive, lorsqu'il résulte des termes mêmes d'un acte juridique que la dette contractée par plusieurs (*correi, plures rei promittendi* ou *debendi*) envers un créancier pourra être réclamée par le créancier à celui des débiteurs qu'il lui plaira de poursuivre.

---

68. *D.*, 45, 2, *De duobus reis...*, 11, 2; *C.*, 8, 31 (32), *Si unus ex plur.*, 2.
69. *D.*, 45, 1, *De verb. obl.*, 72.
70. *D.*, 45, 1, *h. t.*, 72, *pr.*
71. *D.*, 45, 2, *De duobus reis constituendis; Inst.*, 3, 16, *De duobus reis promittendi.*

L'acte juridique, d'où pouvait résulter la corréalité passive (on dit souvent : solidarité parfaite, passive, C. civ., art. 1200 et s.), fut d'abord la stipulation, où tous les débiteurs répondaient à tour de rôle identiquement à une interrogation unique du créancier[72]. On admit plus tard que ce pourrait encore être : ou un testament, lorsque le testateur ordonnait qu'un legs fût délivré intégralement par celui des héritiers auquel le légataire le réclamerait; ou tout autre contrat que la stipulation[73].

Les raisons d'être de cette corréalité passive peuvent être multiples. Elle pourra servir, par exemple, à réaliser un cautionnement. Elle permettra à un vendeur qui a vendu à plusieurs acheteurs ou à un prêteur qui a prêté à plusieurs emprunteurs de s'adresser, pour l'exécution totale, à un seul de ses débiteurs.

Les effets de cette corréalité passive sont les suivants :

a) *à l'égard du créancier*. — Le créancier peut demander un paiement total à chaque débiteur, et la dette est éteinte par ce paiement effectué par l'un des débiteurs. Le créancier éteint de même la dette vis-à-vis de tous les débiteurs en faisant acceptilation avec l'un d'eux[74]; mais il ne l'éteint que jusqu'à concurrence de la part du débiteur auquel il consent un pacte *de non petendo*. S'il ne divise pas sa poursuite entre les débiteurs, la *litis contestatio* faite par le créancier avec l'un d'eux les libère tous[75].

---

72. *Inst.*, 3, 16, *h. t.*, *pr.*
73. *D.*, 45, 2, *h. t.*, 9, *pr.*
74. *D.*, 45, 2, *h. t.*, 2.
75. *D.*, 46, 1, *De fidejuss.*, 5.

Justinien a supprimé ce rôle extinctif de la *litis contestatio* :
le créancier qui n'a pu obtenir d'un premier défendeur le paiement intégral de sa créance pourra agir contre les autres débiteurs jusqu'à ce qu'il soit désintéressé[76].

Sous Justinien, l'interruption de la prescription opposée à l'un
des débiteurs vaut à l'encontre de tous[77].

b) *entre débiteurs corréaux*. — S'ils sont associés, *socii*,
le débiteur qui a payé intégralement la dette exercera son
recours contre ses codébiteurs et leur demandera par l'action *pro socio* leur contribution à la dette[78]. S'ils ne sont
pas associés, le débiteur qui a payé pourra peut-être avoir
recours contre les autres débiteurs en se faisant céder les
actions du créancier.

c) Au cas d'adpromissio. — V. le cautionnement et son
histoire, p. 213.

d) Au cas d'obligation in solidum (*de solidarité imparfaite, de responsabilité collective*). — Quand un délit était
commis par plusieurs, l'action née du délit pouvait, dès
l'ancien droit, être intentée contre tous les auteurs du délit, provoquant ainsi au profit de la victime le cumul des
amendes : c'est ce qui a lieu pour l'action *furti*, pour l'action d'injures, pour celle de la loi Aquilia[79].

Mais, sous l'Empire, il fut reconnu progressivement[80]
que, tout en conservant le principe que chacun des coupa-

---

76. *C.*, 8, 40 (41), *De fidejuss.*, 28, 2. V. C. civ., art. 1204.
77. *C.*, 8, 39 (40), *De duobus reis*, 4 (5).
78. *D.*, 19, 2, *Loc.*, 47.
79. *C.*, 4, 8, *De cond. furt.*, 1; *D.*, 9, 2, *Ad leg. Aq.*, 11, 2.
80. *D.*, 27, 6, *Quod fals. tut.*, 8; *D.*, 43, 16, *De vi*, 1, 13; 14.

bles d'un délit est tenu de réparer pour le tout le préjudice injustement causé, cependant dans quelques cas délictueux le paiement fait par l'un des auteurs du délit libérerait les autres. On l'admit dans quelques cas où il apparut que par ce paiement de l'un des coauteurs du délit, le préjudice était réparé. Ces cas sont ceux d'actions réipersécutoires : actions *metus*, de *dolo, rationibus distrahendis*, peut-être *condictio furtiva*[81]. On ajouta même le cas où plusieurs personnes, par leur dol ou leur faute, avaient en commun manqué à certaines obligations contractuelles ou quasi-contractuelles : si elles n'avaient pas veillé sur une chose prêtée ou déposée, si elles n'avaient pas exécuté un mandat, si des coauteurs avaient mal géré[82]. Dans tous ces cas, il y a obligation *in solidum* : la *litis contestatio* faite avec l'un des débiteurs ne libère pas les autres, mais le paiement fait par l'un d'eux libère les autres[83].

CHAPITRE III

De l'exécution volontaire des obligations.

§ 1. — *Principe*.

Exécuter l'obligation, c'est accomplir la prestation qui en faisait l'objet : le procédé d'exécution, c'est le paie-

---

81. *D.*, 4, 2, *Quod m. c.*, 14, 15; *D.*, 4, 3, *De dolo m.*, 17; *D.*, 26, 7, *De adm. tut.*, 55, 1; *C.*, 5, 8, *De cond. furt.*, 1.

82. *D.*, 26, 7, *De adm. tut.*, 18, 1; *D.*, 16, 3, *Dep.*, 1, 43; *D.*, 11, 6, *Si mens.*, 3, *pr.*

83. *D.*, 16, 3, *Dep.*, 1, 43. Sur ce point, il y a analogie avec l'obligation corréale passive, depuis que Justinien décida que la *litis contestatio* faite avec l'un des débiteurs corréaux ne libérerait plus les autres.

ment (*solutio, liberatio* : V. ci-après, p. 180). Tel est le principe.

§ 2. *Insuffisance primitive du paiement pour éteindre les obligations contractuelles.*

Le paiement ne suffisait pas, jusque vers la fin de la République, pour éteindre les obligations nées des contrats formels. De même que pour leur naissance il fallait un acte formel, de même un acte formel contraire était encore nécessaire pour leur extinction. Le lien né du *nexum* est ainsi détruit *per aes et libram* par un versement d'espèces, mais encore par des paroles du débiteur; le lien né *verbis*, par la stipulation, est détruit *verbis* par une acceptilation verbale, à savoir par une interrogation du débiteur et une réponse du créancier; le lien né par contrat *litteris* était détruit *litteris* par une acceptilation littérale.

C'est, dit-on, le principe de correspondance entre les formes de formation et les formes d'extinction des contrats, la règle du parallélisme. Gaius, *D.*, 50, 17, *fr.* 100 : *omnia quae jure contrahuntur contrario jure pereunt*[84]. Il est peut-être préférable de dire plus généralement qu'un acte juridique se détruit en principe par un acte d'égale valeur ou force (*confarreatio* et *diffareatio;* legs et révocation; formation des contrats *re* ou *consensu* et extinction *re* ou *consensu*, etc.) : et, comme le formalisme est un élément de force et d'efficacité de l'acte juridique, la destruction d'un acte juridique exige en principe

84. *D.*, 50, 17, *De div. reg. jur. ant.*, 35 : *Nihil tam naturale est quam eo genere quidque dissolvere quo colligatum est*

l'accomplissement d'un acte juridique contraire, empreint d'un même formalisme si l'acte primitif en était empreint. Acceptilation verbale : *quod ego tibi promisi, habesne acceptum ?* le créancier répond *habeo* (Gaius, 3, 169).

§ 3. — *Reconnaissance, vers la fin de la République ou le début de l'Empire, du paicment*[85] *comme mode général et suffisant d'extinction, par exécution, de toutes obligations contractuelles.*

Il suffit alors, même pour éteindre les obligations nées de contrats formels. Ce mode volontaire consiste à exécuter[86] (suivant l'objet de l'obligation : à faire, à s'abstenir ou à transférer). Alors l'obligation est éteinte de plein droit, *ipso jure*, avec tous ses accessoires[87].

Conditions de validité du paiement. — 1° En principe, il faut payer la chose due. Cependant, à l'époque classique, la validité de la dation en paiement, *datio in solutum*[88], est admise: le débiteur peut se libérer en fournissant au créancier, qui l'accepte, une chose autre que la chose due; — 2° En principe, il faut payer toute la chose due. Un paiement partiel ne sera reçu que si le créancier y consent (C. civ., art. 1244). Mais, si le débiteur est tenu de plusieurs dettes envers le même créancier et s'il a effectué un paiement sans désigner celle

---

85. D., 46, 3, *De solutionibus et liberationibus; Inst.*, 3, 29, *Quibus modis obligatio tollitur, pr.*

86. D., 50, 16, *De verb. signif.*, 176 : *Solvere dicimus eum qui fecit quod facere promisit.*

87. V. ci-après cependant les théories de la cession d'actions et de la *successio in locum creditoris.*

88. Gaius, 3, 168, rappelant à ce sujet une controverse entre Proculiens et Sabiniens

qu'il a voulu éteindre, on considère comme éteinte, d'après la théorie de l'imputation des paiements, la dette la plus onéreuse pour le débiteur (C. civ., art. 1253 s.); — 3° Le paiement peut être fait par toute personne capable d'aliéner, même par un tiers[89], à une personne capable, au débiteur lui-même ou à son fondé de pouvoir (préposé quelconque, tuteur, curateur, mandataire, esclave ou personne désignée spécialement dans l'acte, *adjectus solutionis gratia*).

Le paiement peut être prouvé par tous moyens, par témoins ou par écrits. Les écrits, qui seuls sont désormais admis sous Justinien, sont ceux qui émanent du créancier et font preuve contre lui, sauf au cas de *querela non numeratae solutionis*.

§ 4. — *Cas exceptionnel du créancier qui n'accepte pas le paiement. Les offres réelles.*

Il peut se faire que le créancier refuse ou se mette en retard à accepter le paiement offert par le débiteur : il est alors dans l'exécution un retard qui lui est imputable (*mora creditoris*) : il est en demeure, quand il refuse les offres sans juste raison[90] après sommation du débiteur. Dans ce cas, le débiteur pourra se débarrasser de la chose, mieux la mettre en dépôt convenable aux frais du créancier[91], réclamer des frais de garde au créancier[92].

---

89. *Inst.*, 3, 29, *h. t.*, *pr.*
90. *D.*, 46, 3, *De solut.*, 72, *pr.*
91. *D.*, 18, 6, *De peric.*, 1, 3.
92. *D.*, 19, 1, *De act. empt. vend.*, 38, 1.

Il ne sera plus d'ailleurs tenu que de son dol, au cas de perte de la chose; les risques passent dès lors au créancier[93].

CHAPITRE IV

De l'exécution forcée ou judiciaire des obligations.

SECTION I. — DE LA DEMANDE JUDICIAIRE D'EXÉCUTION DES OBLIGATIONS.

§ 1. — *De l'action du créancier en justice : l'actio in personam.*

Le créancier, dont le débiteur n'exécute pas son obligation, peut agir en justice : il intentera une action *in personam.*

> Gaius, 4, 2 : *in personam actio est qua agimus cum aliquo qui nobis vel ex contractu vel ex delicto obligatus est, id est cum intendimus dare, facere, praestare oportere.*

Cette action *in personam* (suivant les cas et les époques, *condictio, actio ex stipulatu,* actions de bonne foi, diverses actions pénales, etc.) pourra permettre au créancier d'obtenir un jugement, dont l'exécution sera assurée à son tour : sous les Actions de la loi, par l'exécution sur la personne par *manus injectio*[94]; sous la procédure formulaire, par l'exécution

---

93. Compar. C. civ., art. 1257 s.

94. Le créancier n'a pas besoin d'obtenir un jugement préalable et peut exercer directement la *manus injectio* dans les cas suivants de créances incontestables de sommes d'argent : au cas de *nexum,* jusqu'à la loi Poetelia Papiria; au cas de legs *per damnationem;* au cas de loi Aquilia; dans les cas de *manus injectiones pro judicato* et *purae.*

sur la personne et surtout par l'exécution sur les biens; sous la procédure extraordinaire, par l'exécution sur la chose due, sinon par la saisie et la vente en détail des biens du débiteur.

§ 2. — *Cas exceptionnels. De certaines obligations, dites obligations naturelles, qui ne font pas naître d'action.*

Ces obligations dites naturelles ont été reconnues progressivement au cours des deux premiers siècles de l'Empire. Elles ont cette caractéristique, dit Julien, que les débiteurs ne peuvent pas être poursuivis par une action, mais que, s'ils acquittent leur dette, ils ne peuvent pas répéter[95].

Sources des obligations naturelles. — Il est difficile d'indiquer un fondement unique et commun à toutes les obligations naturelles connues. Force est donc de n'en donner qu'une nomenclature. Cependant il paraît certain que la théorie de l'obligation naturelle s'est développée au sujet des contrats de l'esclave[96] : les contrats qu'il a l'occasion de conclure soit avec son maître soit avec des tiers ont été reconnus comme faisant naître, à sa charge ou à son profit, des obligations naturelles.

Font également naître des obligations naturelles : les contrats formés entre le *paterfamilias* et les personnes en sa puissance[97]; les dettes des *capite minuti*, éteintes *jure civili*, mais

---

95. *D.*, 46, 1, *De fidejuss.*, 16, 4.

96. Le texte précité concernait le cautionnement des obligations des esclaves.

97. *D.*, 12, 6, *De cond. ind.*, 38.

subsistant *jure naturali*[98]; dans le dernier état du droit, les engagements du pupille sans l'*auctoritas* de son tuteur, alors que ce pupille n'a pas retiré un profit de l'acte passé[99]; les engagements du mineur de 25 ans, alors qu'il a cependant obtenu à l'encontre de ces actes la *restitutio in integrum;* l'engagement du fils de famille qui a emprunté malgré la prohibition du sc. Macédonien[100] (*supra*, p. 81). — La question est discutée de savoir s'il ne subsiste pas d'obligation naturelle à la charge du débiteur absous à tort par le juge ou libéré par la prescription trentenaire : dans le sens de la négative, Girard, *Manuel*[7], p. 678. — Il ne semble pas qu'une obligation naturelle naisse d'un simple pacte, d'un pacte nu, à moins que ce ne soit un pacte d'intérêts[101] : les romanistes du moyen âge avaient admis le contraire, en vue de reconnaître un effet aux simples conventions.

Effets de l'obligation naturelle. — Un double effet : 1° elle existe. En conséquence, celui qui l'acquitte, qui paie, ne peut pas répéter ce qu'il a payé, fût-ce par erreur[102]. En conséquence, elle peut : comporter des mesures conservatoires, être garantie par une sûreté personnelle ou réelle[103]; être novée, notamment en obligation civile; exceptionnellement, être opposée en compensation; — 2° elle ne fait pas naître d'action pour en réclamer l'exécution.

---

98. *D.*, 4, 5, *De cap. min.*, 2, 2.
99. *D.*, 12, 2, *De jurejur.*, 42, *pr.*
100. *D.*, 12, 6, *De cond. ind.*, 40, *pr.*
101. *D.*, 46, 3, *De sol.*, 5, 2.
102. *D.*, 46, 1, *De fidejuss.*, 16, 4. V. C. civ., art. 1235.
103. *D.*, 46, 1, *De fidejuss.*, 16, 3.

Section II. — De la détermination du montant de la condamnation poursuivie par l'action « in personam » —
ou de la question de la responsabilité du débiteur qui
n'exécute pas son obligation.

§ 1. — *Ce qui est réclamé par l'action au cas d'inexécution
de l'obligation.*

Ce qui est réclamé par le créancier, c'est l'objet même
de la créance : somme d'argent, *certa res*, fait ou abstention. Sous la procédure formulaire, cet objet est indiqué dans l'*intentio* de la formule. Et, même au cours
du procès, au cas d'actions arbitraires et aussi dans tous
les cas d'actions de bonne foi, le demandeur pouvait encore obtenir satisfaction en nature[104].

Condictio certae pecuniae : *si paret milia dare oportere;*
condictio certae rei : *si paret mensam dare oportere;* actio ex
stipulatu : *quidquid dare facere oportet;* actio furti nec manifesti : *quamobrem pro fure damnum decidere oportet;* actio
in factum : *si paret mensam deposuisse eamque dolo malo N.
redditam non esse;* action de bonne foi : *quidquid dare facere
oportet ex fide bona.*

----

104. Les Sabiniens déclaraient que satisfaction en nature pouvait être
fournie au cours du procès par le défendeur à toutes les actions, même
de droit strict : *omnia judicia sunt absolutoria.* Gaius, 4, 114.

§ 2. — *Nécessité, à Rome, de l'évaluation pécuniaire pour la condamnation et l'exécution du jugement.*

La question ne présente pas de difficulté quand la réclamation précisément porte sur une somme d'argent. Sous les Actions de la loi, quand la créance de somme d'argent présentait un caractère incontestable en raison de la *damnatio* qui l'appuyait (créance née du *nexum*, du legs *per damnationem*, du jugement, ou de certaines lois), il y avait lieu à *manus injectio*. Quand la créance de somme d'argent ne présentait pas ce caractère incontestable (créance née notamment d'une stipulation), elle donnait lieu au *sacramentum in personam* ou, à partir d'une loi Silia, à la *condictio certae pecuniae* : le jugement rendu à la suite de ces *legis actiones* avait d'ailleurs pour effet de rendre incontestable la créance de somme d'argent jusque-là contestée et de permettre alors l'exercice de la *manus injectio judicati*. Sous la procédure formulaire, la transposition en formule de la *legis actio sacramenti in personam* ayant pour objet la réclamation d'une somme d'argent a donné la *condictio certae pecuniae*, qui indique naturellement dans sa *condemnatio* une somme d'argent égale à celle réclamée dans l'*intentio* (*judex, milia condemna*).

Mais les obligations peuvent avoir pour objet autre chose que de l'argent, des corps certains autres que de l'argent à transférer, des actes à faire. des services à fournir, des abstentions, des préjudices à réparer à la suite de délits commis. A Rome, quand on réclamera l'exécution de ces obligations, il sera nécessaire d'aboutir à une évaluation pécuniaire de la créance. Sous les Actions de la loi, puisque la seule voie d'exécution du jugement est la *manus injectio* qui suppose une créance incontestable de somme d'argent, une évaluation pécuniaire est indispensable : elle donne lieu à une procédure de liquidation supplémentaire au cas de *sacramentum* et elle fait partie du procès au cas de *condictio certae pecuniae*. Sous la procédure formulaire, la règle est que toutes les condamnations sont pécuniaires : l'évaluation pécuniaire de l'objet de la créance réclamée demeure donc nécessaire[105].

§ 3. — *Détermination du montant de la condamnation, par l'évaluation pécuniaire des dettes ayant pour objet autre chose qu'une somme d'argent déterminée.*

Cette évaluation pécuniaire peut avoir lieu :

1° ou bien, préalablement à tout procès, conventionnellement, en recourant à une *stipulatio poenae* : le créancier stipule du débiteur une certaine somme pour le cas où ce débiteur ne ferait pas la prestation convenue[106]. Si le débiteur n'exécute pas la prestation, par la *condictio certae pecuniae*, le créancier lui réclamera la somme d'argent certaine stipulée.

---

105. Gaius, 4, 48.
106. *Inst.*, 3, 15, *De verborum obligatione*, 7. V. C. civ., art. 1226.

On conjecture que cette stipulation fut peut-être primitivement le seul moyen de rendre obligatoires les engagements ayant pour objet autre chose que de l'argent. En tout
cas, elle est très usitée à l'époque classique. Justinien la con-
seille au cas d'obligations de faire et de ne pas faire : elle
évitera au demandeur d'avoir à prouver le montant du préjudice causé par l'inexécution de l'obligation. La perte de la
chose due survenue par cas fortuit ne libère pas le débiteur de la *poena*.

Au cas d'inexécution de l'obligation, le créancier a-t-il droit
au cumul de la *poena* et des dommages-intérêts judiciaires ?
En principe, à Rome, il n'a droit qu'à la *poena*, puisque la
stipulatio poenae fixe une indemnité pour le cas d'inexécution totale. Cependant, le cumul a lieu dans certains cas exceptionnels. En matière d'obligations de bonne foi, le créancier
peut obtenir, à son gré, l'indemnité la plus avantageuse, ou
poena ou dommages-intérêts (Comp. C. civ., art. 1229).

2° ou bien, au cours du procès, par le demandeur,
sous la foi du serment et sous le contrôle du juge : il y a
jusjurandum ad litem[107].

3° ou bien, judiciairement, par le juge lui-même. C'est
le cas normal des dommages-intérêts judiciaires.

§ 4. — *Des règles qui s'imposent au juge pour l'évaluation
des dommages-intérêts.*

En principe, les dommages-intérêts doivent être égaux
au montant du préjudice causé au créancier par l'inexécution : le préjudice correspond à la perte qu'il a subie

---

107. D., 12, 3, *De in litem jurando*.

(*damnum emergens*) et au gain qu'il n'a pu faire en raison de l'inexécution (*lucrum cessans*)[108].

Dans certaines actions, le *quanti ea res est* ou *erit* de la *condemnatio* indique que le juge doit limiter les dommages-intérêts
à la valeur réelle de la chose. Dans les actions de droit strict,
le juge évalue le préjudice au temps de la *litis contestatio;*
il l'évalue au moment du jugement dans les actions de bonne
foi[109].

Formules diverses de *condemnationes.* — Condictio rei :
quanti ea res est, tantam pecuniam condemna; actio furti nec
manifesti : *quanti ea res fuit cum furtum factum est, tantae
pecuniae duplum condemna;* action in factum au cas de dépôt :
quanti ea res erit, tantam pecuniam condemnato; action de
bonne foi : [*quidquid... dare facere oportet ex fide bona*],
ejus judex... condemnato.

SECTION III. — DE LA DÉTERMINATION DE LA RESPONSABILITÉ
DU DÉBITEUR, QUI N'EXÉCUTE PAS SON OBLIGATION A RAI-
SON DE LA PERTE DE LA CHOSE DUE.

§ 1. — *Les cas de perte de la chose due.*

Il y a perte de la chose due, normalement quand cette
chose est détruite matériellement[110]. La perte peut être
totale ou partielle, ou consister en une détérioration. Elle

---

108. *D.*, 46, 8, *Rat. rem hab.*, 13, pr.; *D.*, 19, 2, *Loc.*, 33. Compar. C.
civ., art. 1149.

109. *D.*, 13, 6, *Commod.*, 3, 2.

110. Il y a également perte de la chose due, quand elle est mise hors du
commerce, quand il y a expropriation par l'autorité publique, quand un
tiers a tué ou volé l'esclave vendu, etc.

peut se produire : soit par cas fortuit (fait qu'on ne peut pas prévoir) ou par force majeure (fait qu'on ne peut pas empêcher); soit par la faute du débiteur.

Il ne peut être question de perte que lorsque la chose due est un corps certain, *species*. — Il ne peut pas être question de perte, lorsque la chose due est une somme d'argent ou un genre (par exemple 10 mesures de blé, 10 moutons). *Genera non pereunt.*

§ 2. — *Principe : le débiteur est libéré par la perte du corps certain dû, qui a péri par cas fortuit ou par force majeure.*

Tel est le principe. Ainsi, si Titius a promis au stipulant une table, si la table est détruite par cas fortuit, Titius est libéré. Si Titius a vendu un esclave, si cet esclave meurt par cas fortuit avant la tradition, Titius est libéré de son obligation[111].

S'il demeure encore quelque chose du corps certain qui était dû et qui n'a péri que partiellement, le débiteur sera libéré de son obligation en fournissant les débris matériels de la chose due. Ainsi le vendeur livrera les débris de la maison brûlée. Il se libérera également en fournissant ce qu'on a appelé les débris juridiques de la chose due : ainsi, le vendeur livrera à l'acheteur l'indemnité que l'État aurait pu donner au cas d'expropriation ou les

---

111. *Inst.*, 3, 23, *De empt. et vendit.*, 3.

actions pénales et réipersécutoires résultant du délit qui a amené la destruction de la chose[112].

Exceptionnellement, le débiteur n'est pas libéré par la perte de la chose due : quand il est en demeure (p. 193); quand il est en faute (p. 195 s.); quand il doit la *custodia* (p. 200); quand une convention, par exemple dans la vente, a mis à sa charge les cas fortuits.

§ 3. — *Dans les contrats synallagmatiques de bonne foi, si l'une des parties est libérée par la perte de la chose due, l'autre partie est-elle libérée également de ses obligations ? La question des risques.*

L'une des parties étant libérée par la perte de la chose due, si l'autre partie est également libérée de ses obligations, on dit que les risques, *periculum*, sont à la charge de celui dont la chose due a péri; au contraire, si l'autre partie n'est pas libérée de ses obligations et doit tout de même exécuter, on dit que les risques sont à sa charge.

On enseigne communément que les risques sont en principe à la charge de la partie contractante libérée par la perte de la chose due, c'est-à-dire que ce contractant ne recevra rien de son cocontractant également libéré.

Ainsi, dit-on, les risques sont pour le locateur dans le louage de choses : ce qui expliquerait que le fermier d'un bien rural a droit à une remise de fermage quand la récolte a été détruite

---

112. *Inst.*, 3, 23, *h. t.*, 3 *a*.

par force majeure, inondation, grêle, etc.[113]. Ils sont pour celui qui fournit son travail au cas de louage de services : par exemple si l'ouvrier malade ne peut travailler. Cependant Paul déclarera que l'ouvrier devra recevoir salaire, si l'impossibilité du travail ne provient pas de son fait[114]. Les risques sont pour l'entrepreneur, *conductor*, au cas de *locatio operis faciendi*, du moins jusqu'au moment où l'ouvrage a été reçu par celui pour lequel il a été fait[115].

Ainsi, au cas d'échange, celui qui ne peut pas fournir sa prestation parce que l'objet de cette prestation, par exemple le bœuf, a péri, ne peut pas agir par l'action *praescriptis verbis* contre son coéchangiste pour réclamer la prestation de ce dernier, par exemple un cheval. Cependant on discute sur le point de savoir s'il ne pourrait réclamer le cheval par la *condictio*, bien que le bœuf eût péri[116].

Il est une exception, dit-on, en matière de vente : *periculum rei ad emptorem pertinet*[117]. Les risques, dans la vente, sont à la charge de l'acheteur : c'est-à-dire que, le vendeur étant libéré par la perte de la chose, l'acheteur doit tout de même payer le prix (Comp. C. civ., art. 1624, 1138).

Cette solution, dit-on, est une survivance de l'époque où les obligations du vendeur et celles de l'acheteur naissaient de deux stipulations indépendantes; l'obligation de payer le prix demeurait à la charge de l'acheteur, alors que la promesse du vendeur devenait vaine faute d'objet. Certains ajoutent que

---

113. *D.*, 19, 2, *Locati cond.*, 30, 1; 25, 7.
114. *D.*, 19, 2, *h. t.*, 38, *pr.*
115. *D.*, 19, 2, *h. t.*, 62.
116. *D.*, 12, 4, *De cond. c. d.*, 16; *D.*, 19, 5, *De praescr. verb.*, 5, 1; *C.*, 4, 6, *De cond. c. d.*, 10.
117. *D.*, 47, 2, *De furtis*, 14, *pr.*

le vendeur a voulu substituer dans son patrimoine une valeur
plus stable, la monnaie, à une valeur variable, susceptible de
périr; que l'acheteur, en supportant les risques, doit subir
les fluctuations et les vicissitudes de cette valeur variable. Pour
d'autres enfin, cette solution n'a été introduite que par les
compilateurs byzantins au moyen d'interpolations.

Cependant, au cas de vente sous condition, si la chose
objet de la vente a péri totalement avant l'arrivée de la
condition, les risques sont à la charge du vendeur : la
vente ne se formera pas faute d'objet : le vendeur est
libéré, l'acheteur également (C. civ., art. 1182). Si la
chose a péri seulement en partie, le vendeur se libérera
en livrant à l'acheteur ce qui reste de la chose : mais
l'acheteur devra payer le prix : les risques de perte partielle sont donc de nouveau à la charge de l'acheteur[118].

Cette question des risques apparaît encore comme insuffi-
samment étudiée dans son ensemble.

SECTION IV. — DE CERTAINS FAITS QUI AGGRAVENT LA RES-
PONSABILITÉ DU DÉBITEUR QUI N'EXÉCUTE PAS SON OBLI-
GATION.

§ 1. — *Le cas de demeure du débiteur (mora debitoris).*

Le débiteur est en demeure, quand, sans juste raison,
il n'a pas exécuté son obligation après sommation du
créancier *(interpellatio)*[119].

---

118. *D.*, 18, 6, *De periculo et commodo rei venditae*, 8, *pr.*
119. *D.*, 22, 1, *De usuris et fructibus et causis et omnibus accessionibus
et mora*, 32.

Il appartient au juge d'examiner les raisons invoquées par le débiteur pour ne pas avoir exécuté son obligation.

Sans *interpellatio*, sont en demeure les débiteurs à raison d'un délit, en particulier le voleur (*supra*, p. 19, n. 29).

Ce sont les seuls débiteurs qui sont en demeure de plein droit. On a longtemps prétendu que, dans les obligations à terme, la mise en demeure résulterait de la seule échéance du terme. Depuis Savigny, il est établi que la soi-disant règle *dies interpellat pro homine* n'existait pas en droit romain.

L'effet principal de la demeure est de perpétuer l'obligation : le débiteur en demeure n'est pas libéré par la perte fortuite de la chose[120]. En conséquence, les risques pèsent désormais sur le débiteur.

Cependant, tout au moins sous Justinien, le débiteur contractuel interpellé (non le voleur) ne sera pas tenu des risques, s'il prouve que la chose eût également péri entre les mains du créancier (Compar. C. civ., art. 1302) et que le créancier ne l'eût pas déjà vendue[121].

En outre, mais seulement dans les contrats de bonne foi[122], le débiteur peut être tenu de payer au créancier des intérêts moratoires pour les dettes de sommes d'argent ou de céréales : ces intérêts moratoires[123] sont alloués par le juge au créancier qui intente l'action du contrat.

---

120. *D.*, 45, 1, *De verb. obl.*, 82, 1.
121. *D.*, 16, 3, *Dep.*, 14, 1; *D.*, 10, 4, *Ad exhib.*, 12, 1.
122. *D.*, 22, 1, *h. t.*, 32, 2.
123. Ces intérêts moratoires sont évalués par le juge en vertu de son pouvoir d'évaluer la condamnation. Les interprètes distinguent à cet

La demeure du débiteur peut être purgée par des offres
réelles de paiement adressées au créancier[124].

§ 2. — *Le cas de faute du débiteur (culpa), au cas où l'exécution de l'obligation devient impossible.*

Celui qui n'exécute pas une obligation doit des dommages-intérêts : les devra-t-il, même quand l'exécution
devient impossible? La question ne se pose pas pour les
dettes de sommes d'argent ou de genres : d'où l'adage
genera non pereunt. Elle se pose pour toutes les autres
obligations. Dans une dette de corps certain, la chose a
péri : quelles vont être les conséquences de l'impossibilité,
qui en résulte pour le débiteur, d'exécuter l'obligation?

Paul rapporte que de bonne heure on résolut cette
question par une distinction. « Les anciens, dit-il, ont
décidé que l'obligation est perpétuée, toutes les fois que
la faute du débiteur intervient. »[125]. *A contrario*, l'obligation est éteinte par la perte de la chose non imputable
au débiteur. En d'autres termes, les dommages-intérêts,
que le débiteur doit payer s'il n'exécute pas son obligation, sont encore dus si la prestation est devenue impossible par la *culpa* du débiteur.

---

effet : 1º lesdits intérêts moratoires; 2º les intérêts conventionnels,
résultant d'une convention expresse; 3º les intérêts légaux, résultant
d'une disposition légale (par exemple au cas d'avances faites par un
mandataire, un gérant d'affaires, un tuteur, un associé; au cas de sommes dues à un mineur après l'échéance de sa créance, etc.).

124. *D.*, 45, 1, *De verb. obl.*, 91, 3.

125. *D.*, 45, 1, *fr.* 91, 3 : *Veteres constituerunt quotiens culpa intervenit
debitoris perp'etuari obligationem.*

Mais cette *culpa*, c'est la faute positive du débiteur. En effet, dans les obligations de droit strict (notamment celles résultant d'une stipulation, d'un enrichissement sans cause, d'un *mutuum*, d'un contrat littéral), la responsabilité du débiteur n'est mise en jeu, son obligation n'est perpétuée par sa *culpa* que lorsqu'il a rendu l'exécution impossible par son fait, par une faute positive et non pas par une simple négligence.

Au contraire, en matière d'obligations de bonne foi, il allait être peu à peu admis que le débiteur serait tenu même de ses négligences, qu'il serait tenu de la *culpa* lorsqu'il manquerait à la *diligentia*.

§ 3. — *Le cas de faute (culpa) du débiteur tenu de la diligentia, au cas où l'exécution d'une obligation de bonne foi devient impossible.*

La théorie de la faute est une de celles qui, depuis la première renaissance du droit romain, ont le plus attiré l'attention des interprètes.

La théorie des trois fautes selon les interprètes de l'ancien droit. — Longtemps, on a cru que les jurisconsultes romains avaient distingué des degrés dans la faute. Accurse, ayant trouvé au Digeste les expressions de *culpa lata, culpa levis, culpa levissima*, crut que les jurisconsultes romains avaient distingué trois séries de fautes : 1° la faute lourde qui consistait en une négligence grossière, telle que les hommes les moins soigneux n'en commettent pas dans leurs propres affaires; 2° la faute légère, qui s'appréciait d'après le soin que le commun des hommes apporte ordinairement à ses affaires; 3° la faute très légère qui existe par cela seul qu'elle aurait pu être évitée par une personne très diligente et très attentive. Cette division tripartite des fautes fut reproduite par Alciat et tous les commentateurs du droit romain de l'école historique.

On l'appliquait à trois séries de débiteurs : 1° le débiteur répondait seulement de sa faute lourde quand le contrat avait été fait uniquement dans l'intérêt du créancier : c'était le cas du dépositaire, du commodant, du gérant d'affaires; 2° le débiteur répondait de sa faute légère, s'il était lui-même intéressé dans l'affaire en même temps que le créancier : ainsi, au cas de vente, d'une société où l'intérêt des deux parties est réciproque; 3° enfin, il répondait même de sa faute très légère si le contrat avait été fait uniquement dans son intérêt et non dans celui du créancier : c'était le cas du commodataire, du déposant, du mandant. Telle était la théorie des trois fautes, enseignée encore par Pothier. Elle était si couramment admise dans l'ancien droit français qu'on s'est demandé si elle n'avait pas passé dans l'article 1137 du Code civil.

Or, ce système des trois fautes n'a rien de romain. Dès 1764, un avocat au Parlement, Lebrun, l'indiquait. Cependant, l'étude de la formation historique de la théorie romaine n'a été faite que récemment, notamment par Pernice en 1900 et par Kübler en 1910.

La théorie de la faute chez les jurisconsultes classiques. — Elle se dégage d'un texte non interpolé de Modestin, transmis par la *Collatio legum mosaicarum et romanarum, tit. 10, fr. 2, § 1 à 3.*

a) Quelle a été l'origine de l'idée de faute en droit classique? — Ce fut le dol qui fut d'abord seul réprimé et puni. L'idée de faute, plus subtile, ne semble apparaître qu'à la fin de la République sous l'influence de la philosophie grecque, comme une application de l'*aequum et bonum* : à la *diligentia* s'opposa la *culpa*, comme à la *fides* s'était opposé le dol. Cependant le concept de faute se prêtait malaisément à une application courante. Tandis que le dol est caractérisé par l'intention de son auteur, la détermination de la faute suppose au contraire une question d'appréciation. délicate : tel accident qui a rendu l'exécution de l'obligation impossible, aurait pu être évité par une conduite plus habile ou une prévoyance plus grande; mais la faute commise a pu être minime : à partir de quel degré de faute commence la responsabilité du débiteur? Pour guider la pratique, les jurisconsultes de la fin de la République lui donnèrent un modèle de la conduite du débiteur. « Q. Mucius Scaevola dit qu'il y a faute lorsqu'on n'a pas prévu ce qu'un homme diligent aurait prévu » : *D.*, 9, 2, *fr.* 31. C'est ce que répéteront les jurisconsultes classiques. Ils comparent la conduite du débiteur à celle du *bonus paterfamilias diligens*, type abstrait que les jurisconsultes n'ont' d'ailleurs pas inventé, mais dont ils ont dégagé la notion en l'empruntant aux idées courantes, à la vie pratique et extrajuridique de leur époque.

Dans les actions de bonne foi, le juge pourra tenir compte de la faute, précisément parce que ces actions lui permettent de condamner à *quidquid dare facere oportet ex fide bona* : la faute n'étant d'ailleurs qu'une application concrète, subtile et développée, de la *bona fides*. Telle est l'origine de la faute, une jusqu'au Bas-Empire.

b) Les jurisconsultes des deux premiers siècles de l'Empire ont-ils appliqué la notion de faute indistinctement à tous les débiteurs d'obligations de bonne foi? Non. Il y eut des débiteurs de bonne foi qui continuèrent à n'être tenus que du dol. Les débiteurs de bonne foi sont divisés en deux catégories : s'ils ont intérêt au contrat, ils sont tenus du dol et de la faute; s'ils n'ont pas d'intérêt au contrat, ils sont tenus du dol seulement.

Solutions concrètes. — Sont tenus seulement du dol : le commodant, le dépositaire, le mandataire; sont tenus et du dol et de la *culpa* : le commodataire, le fiduciaire, le mari poursuivi par l'action *rei uxoriae*, le tuteur (aggravation dans l'intérêt du pupille); le débiteur au cas de vente, de louage, de gage, de gestion d'affaires, également, malgré quelque incertitude, l'associé[126].

La théorie des fautes dans le droit de Justinien. — Justinien trouva ce système de la faute unique trop rigide. Selon les hypothèses, il aggrava ou adoucit la responsabilité des débiteurs. Il procéda, à cet effet, par voie d'interpolation des textes classiques.

a) Il aggrava la responsabilité du mandataire. Il sera désormais tenu du dol et de la *culpa*[127]. C'est que le mandat est alors souvent salarié et non plus toujours gratuit.

b) Il établit des degrés dans la faute. Il distingua la faute grossière, lourde, *culpa lata*[128], de la faute ordinaire, commune. Et il assimila la faute lourde au dol. La faute lourde consiste à ne pas prévoir ce que tout le monde prévoirait, *non intellegere quod omnes intellegunt*[129]; elle ne se présume pas.

c) Enfin, il adoucit la responsabilité de certains débiteurs. Par faveur pour certains obligés, il ne leur demanda que la diligence qu'ils apportaient à leurs propres affaires (*talem diligentiam praestare debet qualem in suis re-*

---

126. *Collatio,* 10, 2, 1.; *D.,* 13, 6, *Commod.,* 5, 2.
127. *D.,* 50, 17, *De div. reg. jur. ant.,* 23.
128. *D.,* 44, 7, *De oblig.,* 1, 5.
129. *D.,* 50, 16, *De verb. signif.,* 213, 2.

bus)[130] et ne les déclara tenus que de la faute qu'ils n'y commettraient pas. Ce fut la *culpa levis in concreto* des interprètes, par opposition à la *culpa levis in abstracto*. Les débiteurs, qui virent ainsi assouplir leur responsabilité, furent : le mari débiteur de la restitution de la dot, l'associé, le communiste et le tuteur[131].

§ 4. — *Le cas où l'exécution par le débiteur, tenu de la custodia de la chose due, devient impossible.*

Celui qui a la garde (*custodia*) d'une chose doit apporter toute *diligentia* dans la conservation de la chose; sinon il est tenu de la *culpa*, selon les règles précédemment exposées. Mais, dans certains cas, à raison de la *custodia*, de la garde d'une chose, le débiteur de cette chose est responsable de certains cas fortuits, tels que le vol et la détérioration de la chose. Il peut l'être en vertu d'une convention expresse[132]. Il l'est de plein droit au cas de commodat, de *receptum nautarum cauponum stabulariorum*[133], etc. Le débiteur est alors tenu non seulement de la *culpa*, mais encore de la *custodia* qui aggrave sa responsabilité.

Il n'est cependant pas responsable des cas de force majeure (*vis major*) : par exemple *naufragium, incendium, ruina*[134].

---

130. *D.*, 10, 2, *Fam. erc.*, 25, 16.

131. *D.*, 23, 3, *De jure dot.*, 17, *pr.*; *D.*, 17, 2, *Pro socio*, 72; *D.*, 10, 2, *Fam. erc.*, 25, 16; *D.*, 27, 3, *De tut. et rat.*, 1, *pr.*

132. *Inst.*, 3, 23, *De empt. et vend.*, 3 *a*.

133. Gaius, 3, 206; *supra*, p. 125.

134. *D.*, 13, 7, *De pign. act.*, 13, 1. .

§ 5. — *Le cas où la responsabilité du débiteur, qui n'exé-*
cute pas son obligation, est aggravée par la faute
aquilienne.

Le fait se produira par exemple quand l'acte de négligence qui a rendu l'exécution impossible (*culpa*) est un
acte rentrant dans les cas délictueux visés par la loi Aquilia (*supra*, p. 19). Ainsi, un commodataire, par mala-
dresse, a détruit ou détérioré l'objet prêté. Le commodant
peut intenter soit l'action *commodati* en se prévalant de
la faute, soit l'action de la loi Aquilia en se prévalant de
la loi : mais il ne peut pas cumuler les deux actions. Sous
Justinien, après l'action *commodati*, il pourra exercer l'action de la loi Aquilia pour obtenir l'excédent de valeur
que la chose aura pris dans les trente jours après le moment de la destruction de la chose[135].

CHAPITRE V

De la suspension de l'exécution des obligations, provenant de l'adjonction[136] d'un terme ou d'une condition.

Section I. — Du terme suspensif (*dies a quo*).

Le terme suspensif est un événement *futur* et *certain*,
dont les parties contractantes font dépendre l'exigibilité
d'une obligation.

---

135. *D.*, 44, 7, *De oblig.*, 34, 2.

136. On indique d'ordinaire le terme et la condition comme étant
des éléments accidentels des contrats, des modalités, des *causae obli-*
gationum, comme dit Paul, *D.*, 44, 7, *fr.* 44. Il faudrait ajouter : l'*ac-*
cessio, par exemple la constitution d'un *adjectus solutionis gratia*, chargé

Ce peut être une date fixe, un *dies certus;* ce peut être aussi un événement. qui arrivera certainement, mais plus ou moins tôt, comme la mort du créancier ou du débiteur ou d'un tiers, un *dies incertus.*

Le terme est d'ordinaire adjoint dans l'intérêt du débiteur. Il peut cependant parfois être inséré dans le contrat dans l'intérêt du créancier, comme cela peut arriver par exemple au cas de dépôt.

Il peut être adjoint à tous les contrats.

1° Le terme suspensif n'empêche pas l'obligation de naître, d'exister[137].

Aussi le créancier à terme peut-il demander la *separatio bonorum* contre les créanciers de l'héritier au cas de mort du débiteur.

2° Mais il suspend l'exécution par le créancier, du moins quand le terme, comme il arrive le plus souvent, est inséré dans l'intérêt du débiteur et non pas dans l'intérêt exclusif du créancier[138].

Aussi le créancier qui poursuivra le débiteur à terme, perdra son procès pour *plus petitio*[139]; et il ne pourra plus agir à nouveau.

3° Tout en permettant l'exécution par le débiteur, si le terme est inséré au contrat dans son intérêt.

---

de recevoir paiement (p. 162); le *modus,* à savoir l'établissement d'une obligation alternative avec deux objets dont le paiement de l'un libère le débiteur; la *stipulatio poenae* (p. 187); peut-être aussi le *locus,* qui est l'élection de domicile pour le paiement, etc.

137. *D.,* 45, 1, *De verb. obl.,* 46, *pr.*

138. *Inst.,* 3, 15, *De verb. obl.,* 2.

139. *Inst.,* 4, 6, *De act.,* 33 *e.*

Aussi le débiteur qui a payé avant l'échéance du terme a le droit de le faire; et, ayant payé, il ne peut pas répéter, intenter la *condictio indebiti*, parce qu'il n'y a pas indû[140].

4° L'arrivée du terme rend le droit exigible, d'ailleurs seulement depuis le lendemain de l'échéance[141].

Section II. — De la condition.

La condition est un événement *futur* et *incertain*, par le fait duquel, étant donné l'*inscientia hominum* et les incertitudes de l'avenir, toute exécution des contrats qui en admettent l'adjonction, est suspendue tant du côté du débiteur que du côté du créancier.

§ 1. — *L'enseignement actuel sur la condition suspensive.*

Il est enseigné d'ordinaire que la condition suspensive, *condicio a qua*, est un événement futur et incertain duquel dépend l'existence d'une obligation. Exemple : je vous promets cent, *si navis ex Asia venerit*. La question est cependant discutée de savoir si, tant que la condition est en suspens, *pendente condicione*, le contrat n'existe pas encore; ou bien, s'il existe déjà, s'il se forme de suite, sauf à être consolidé par l'événement de la condition. Certains auteurs déclarent qu'une réponse absolue n'est possible ni dans un sens ni dans un autre; que certains textes, les plus connus, supposent que l'obligation n'existait pas avant l'événement de la condition; que d'autres supposent que l'obligation a déjà une certaine existence avant

---

140. *D.*, 12, 6, *De cond. ind.*, 10.
141. *Inst.*, 3, 15, *De verb. obl.*, 2.

l'événement de la condition; que les jurisconsultes ont rendu leurs décisions dans un sens. ou dans l'autre, empiriquement, au mieux des intentions des parties et de l'utilité pratique[142].

On a même soutenu récemment que primitivement l'obligation n'existait pas avant l'événement de la condition, et que les textes qui procèdent de l'idée que l'obligation a déjà une certaine existence sont des textes interpolés.

D'autre part, les auteurs ont coutume de distinguer avec soin la condition suspensive, qui suspendrait la formation de l'obligation, et la condition résolutoire qui suspend la résolution d'un contrat déjà existant. Mais les textes ne marquent pas de la sorte cette différence : pour eux, il n'existe qu'une seule condition, que nous dénommons suspensive; quand il s'agit de cas où nous emploierions la dénomination de condition résolutoire, il n'y est question que d'une condition (suspensive) affectant un pacte résolutoire.

§ 2. — *De diverses formes de la condition.*

La condition ne doit pas être illicite : sinon l'obligation est nulle.

La condition ne doit pas être impossible : que l'impossibilité soit physique (*si Titius caelum digito tetigerit*) ou qu'elle soit légale (*si Titius rem sacram vendiderit*). La condition impossible, dont la vérification de par sa nature peut être immédiate, n'est pas une véritable condition : elle est régie par les règles auxquelles sont soumises les fausses conditions, celles qui consistent en un fait présent, *quae ad praesens tempus referuntur*. Aussi, si c'est une condition impossible positive, par exemple *si*

____

142. Girard, *Manuel*[7], *p.* 497.

Titius caelum digito tetigerit, l'obligation qui y est subordonnée est nulle[143]. Si la condition, qui affecte l'obligation, est une condition impossible négative, *si Titius caelum digito non tetigerit*, le contrat vaut et est immédiatement exécutoire[144].

La condition peut être : casuelle, quand elle dépend exclusivement du hasard; potestative, quand elle dépend exclusivement du fait du créancier ou du fait du débiteur; mixte, quand elle dépend à la fois du fait d'une des parties et d'une cause extérieure.

Cependant la condition purement potestative, qui subordonne l'exécution à la fantaisie du débiteur, comme dans la stipulation *spondesne dare si volueris*, est nulle[145].

§ 3. — *Des divers contrats qui admettent l'adjonction d'une condition; et des effets, différents suivant la nature de ces contrats, de l'obligation conditionnelle avant l'événement de la condition.*

Les origines historiques de la condition sont assez difficiles à déterminer. Peut-être a-t-elle fait d'abord son apparition, sinon dans des *damnationes*, du moins dans les dispositions de dernière volonté. Encore dut-elle être appliquée rapidement à la stipulation, qui, à raison de

---

143. Gaius, 3, 98.

144. Dans les dispositions testamentaires, la condition impossible est effacée; et l'article 900 du Code civil a étendu ce principe à tous les actes à titre gratuit, même entre vifs.

145. D., 45, 1, *De verb. obl.*, 46, 3.

sa forte ossature constituée par les *verba*, était propre à
la recevoir facilement. De là, elle s'étendit plus ou moins
lentement et difficilement aux autres contrats.

L'effet principal et général de la condition est de suspendre toute exécution du contrat qu'elle affecte, tant
du côté du débiteur que du côté du créancier. — Mais
elle produit des effets particuliers différents, suivant la
nature du contrat auquel elle est adjointe. D'où la nécessité de distinguer les principales catégories de contrats
ou pactes sous condition :

1° *La stipulation*. — Dès que les *verba* ont été pro-
noncés entre personnes capables, la stipulation conditionnelle vaut : *ex praesenti vires accipit stipulatio*[146].

En conséquence, la capacité de contracter est exigée des
parties au moment même de la prononciation des *verba;* — le
créancier peut prendre toutes mesures conservatoires dans
l'intérêt de sa créance conditionnelle : demander la *separatio
bonorum* à l'encontre des créanciers de l'héritier du débiteur[147];
convenir d'une hypothèque pour sûreté de sa stipulation conditionnelle; etc.; — la créance née de la stipulation conditionnelle est, dans le patrimoine du créancier, une valeur active
qui passe à ses héritiers[148] et, dans le patrimoine du débiteur,
une dette dont ses héritiers sont tenus; etc.

Mais la condition suspend toute exécution : 1° du côté
du créancier. Il ne peut pas poursuivre[149]; l'action intentée

---

146. *D.*, 45, 3, *De stip. serv.*, 26.
147. *D.*, 42, 6, *De sep.*, 4, *pr.*
148. *Inst.*, 3, 15, *De verb. obl.*, 4.
149. *D.*, 45, 3, *De stip. serv.*, 26.

par le créancier *pendente condicione* n'aboutit pas : il
y aurait *plus petitio*; — 2° du côté du débiteur. Il ne doit
pas payer; ce qu'il a payé par erreur *pendente condicione* peut être répété[150]. Tant que la condition est pendante, *dies non cedit*, c'est-à-dire *non incipit deberi pecunia* : ce que les Institutes de Justinien[151] traduisent en
disant que *ex condicionali obligatione tantum spes est
debitum iri*[152].

De même, comme la stipulation conditionnelle ne peut pas
être éteinte, toute exigibilité et toute exécution étant paraly-
sées, on décide que la novation de la stipulation ne se produira
qu'après l'événement de la condition[153].

2° *Les contrats consensuels.* — Ce n'est qu'après de
longues controverses qu'on admit l'insertion de la condition dans la vente et le louage, dit Gaius, 3, 146, et dans
la société, dit le Code de Justinien[154]. C'est que ces contrats ne valent pas, comme la stipulation, par la seule
prononciation de *verba solemnia.* Ce sont précisément
des pactes consensuels qui n'ont été élevés par la coutume
au rang de contrats et pour lesquels le simple accord
des volontés n'a suffi que lorsqu'ils portaient sur une
chose et un prix déterminés d'avance dans la vente, sur

---

150. *D.*, 12, 6, *De cond. indeb.*, 16, *pr.*

151. *Inst.;* 3, 15, *De verb. obl.*, 4.

152. Les commentateurs et les civilistes modernes se sont emparés
de ce texte en lui donnant cette interprétation inexacte : que la
condition suspensive empêche la naissance même de l'obligation et que la
simple possibilité de la réalisation de la condition constitue une chance.

153. *D.*, 46, 2, *De nov.*, 14, 1.

154. *C.*, 4, 37, *Pro socio*, 6.

une chose et une redevance déterminées d'avance dans le louage, sur un apport réciproque et un intérêt commun déterminés d'avance dans la société. Or, précisément, le but de la condition était de soumettre les éléments essentiels de ces contrats à l'incertitude de l'avenir : il était donc naturel qu'elle n'y fût pas accueillie. Cependant, antérieurement à Gaius pour la vente et le louage, sous Justinien pour la société, on admit que la condition pourrait y être insérée. Et on appliqua à ces contrats les règles de la stipulation conditionnelle.

La condition eut pour effet de suspendre toute exécution tant de la part du créancier que de la part du débiteur.

3° *Les contrats réels et en général tous les cas de transfert par tradition.* — Dans les contrats réels conditionnels, et en général au cas de tradition sous condition, la condition affecte la *justa causa*, la soumet à l'incertitude de l'avenir, l'empêche d'exister d'une manière certaine, présentement, jusqu'à son événement. Cela n'empêche pas l'élément matériel de la tradition d'exister; cela n'empêche pas que la remise matérielle de la chose ait emporté de suite transfert, en principe, de la possession.

En conséquence, le *tradens* sous condition demeure propriétaire tant que la condition est en suspens. L'*accipiens* sous condition, par suite de l'absence de *justa causa* et parfois même de *causa possessionis*, n'est que possesseur ou parfois même seulement détenteur.

4° *Les pactes consensuels et les pactes adjoints.* — Les

pactes, dont l'observance est assurée par la coutume ou par le préteur, peuvent également être affectés d'une condition. Il leur fut appliqué les règles de la stipulation conditionnelle : c'est-à-dire qu'on admit leur validité; mais que la condition, aussi longtemps qu'elle était pendante, empêchait toute exécution de ces pactes tant de la part du débiteur que de la part du créancier.

Parmi ces pactes, il faut citer en particulier, à raison de leur importance; les pactes résolutoires sous condition (p. 238).

§ 4. — *Des effets de l'obligation conditionnelle après l'événement de la condition.*

La condition peut défaillir (*condicio deficiens, extincta*) ou se réaliser (*condicio impleta, expleta, existens*). L'événement à venir arrivera ou n'arrivera pas.

1° Du jour où la vérification peut être faite, la stipulation conditionnelle suit désormais les règles de la condition, *quae ad praesens tempus refertur* : la stipulation n'est plus en suspens : si la condition n'est pas vraie, la stipulation ne vaut pas, *nihil valet stipulatio*.

Au contraire, si la condition est vraie, la stipulation tient, *tenet*, continue à valoir. Et son exécution n'est plus suspendue. D'une part, le créancier peut agir. D'autre part, le débiteur doit payer; et, s'il paie, il ne pourra plus répéter.

C'est alors qu'on procédera à l'examen de l'objet de l'engagement; préalablement, il suffit que l'objet soit possible et licite, qu'il puisse exister *in natura rerum;* mais ce n'est qu'au moment de l'exercice possible du droit que la question de l'existence ou de l'efficacité de l'objet se pose. C'est ainsi qu'il suffit que le créancier ait cessé d'être propriétaire de la chose stipulée, quand la condition vient à se réaliser. C'est ainsi que la stipulation conditionnelle est éteinte, si la chose qui en faisait l'objet a péri par cas fortuit *pendente condicione;* et que, si la chose subsiste quoique détériorée au moment de l'arrivée de la condition, le promettant devra la chose dans l'état où elle se trouve.

2° Les mêmes règles de la stipulation après l'événement de la condition se sont appliquées aux contrats consensuels et aux pactes consensuels ou adjoints, notamment aux pactes résolutoires : l'arrivée de la condition rend leur exécution immédiatement possible, tant par le débiteur que par le créancier.

Il est à noter que, comme au cas de stipulation condition nelle, la vente sous condition est éteinte, si la chose qui en faisait l'objet a péri par cas fortuit *pendente condicione :* les risques sont à la charge du vendeur. Au contraire, si la chose subsiste quoique détériorée au moment de l'arrivée de la condition, le vendeur devra la chose au vendeur dans l'état où elle se trouve, et l'acheteur devra le prix : au cas de perte partielle, dit-on, les risques sont à la charge de l'acheteur[155] (p. 193).

3° Dans les contrats réels conditionnels et en général au cas de tradition sous condition, si la condition défaille, l'*accipiens* demeuré possesseur ou détenteur reste soumis

---

[155]. *D.*, 18, 6, *De peric. rei vend.*, 8, *pr.*

à l'action en revendication du *tradens* demeuré propriétaire. Au contraire, si la condition se réalise, comme la *justa causa* que la condition tenait en suspens existe désormais, l'*accipiens* devient automatiquement propriétaire : car les deux éléments essentiels de la tradition, remise matérielle de la chose et *justa causa*, existent désormais.

Si la tradition conditionnelle avait eu pour but de transférer non la propriété mais seulement la possession, la condition aurait tenu en suspens la *causa possessionis*. Dès lors, l'arrivée de la condition aurait pour effet de donner toute efficacité à la *causa possessionis;* et l'*accipiens*, de détenteur qu'il était *pendente condicione*, serait désormais possesseur. Il pourrait donc désormais usucaper.

En présence des résultats produits par l'arrivée de la condition, il était dit jadis que l'événement de la condition a un effet rétroactif au jour de la formation du contrat. Cette idée de rétroactivité était présentée par nos anciens interprètes; elle a été reproduite dans le Code civil, article 1179. Elle se comprenait de la part de ceux qui déclaraient que l'obligation conditionnelle n'existe pas avant l'arrivée de la condition. On s'en servait également pour expliquer la transmission de l'obligation conditionnelle aux héritiers (Sur la véritable explication de cette transmission, v. *supra*, p. 206). Une doctrine plus récente, suivie par le Code civil allemand, a contesté l'utilité d'invoquer à un point de vue quelconque la fiction de rétroactivité. Dans les développements qui précèdent, elle eût été inutile pour justifier les solutions juridiques romaines.

CHAPITRE VI

Des garanties ou sûretés qui peuvent être fournies pour protéger le créancier contre l'insolvabilité éventuelle de son débiteur et plus généralement contre toute inexécution des obligations.

NOTIONS GÉNÉRALES. — Celui qui n'inspire pas une confiance suffisante à son créancier peut être amené à lui donner une sûreté personnelle[156], une caution. Le cautionnement paraît avoir été le plus ancien mode de garantie d'une dette. Il s'adapte parfaitement bien à une époque qui ne connaît que l'exécution sur la personne. Mais le cautionnement présente des inconvénients pour le créancier : la caution peut devenir insolvable; le cautionnement entraînera des complications dans la poursuite depuis la création des bénéfices de discussion et de division; enfin, le débiteur peut ne pas trouver de caution. — Aussi le débiteur, s'il a des biens, possède un moyen de rassurer le créancier, de lui donner sécurité : c'est de lui donner une sûreté réelle, *pignus*, d'affecter une ou plusieurs choses à la garantie de sa dette. Ceci s'adapte parfaitement à une législation qui connaît l'exécution sur les biens. — Dans les deux cas, le but est de

---

156. Nous connaissons comme très anciennes sûretés personnelles : en matière de contrats passés avec l'Etat, les *praedes*, qui s'engageaient envers le magistrat *verbis* (*praes es ? praes sum*) et qui, par leur intervention, libéraient le débiteur; également, les *vades*, cautions de comparution en justice.

protéger le créancier le plus souvent contre l'insolvabilité éventuelle de son débiteur et, d'une manière plus générale, contre toute inexécution des obligations.

SECTION I. — DU CAUTIONNEMENT.

Retracer le développement historique du cautionnement à Rome, c'est décrire la lutte engagée entre la pratique, agissant particulièrement dans l'intérêt du créancier, et la loi ou les constitutions impériales, désireuses de protéger les cautions et de limiter leur engagement.

§ 1. — *L'adpromissio : la sponsio, la fidepromissio, la fidejussio. Mesures de protection prises en faveur des sponsores et fidepromissores.*

Le cautionnement s'est d'abord réalisé au moyen du contrat verbal, pour la garantie des seules dettes nées *verbis*[157]. A côté du débiteur (*adpromissio*), la caution romaine s'engageait dans la forme de la *sponsio*; la caution pérégrine s'engageait sous la forme de la *fidepromissio*. La caution s'engageait à la même chose que le débiteur : *idem spondesne ? spondeo; idem fidepromittisne? fidepromitto*[158]. Le créancier se trouvait avoir dans la caution un nouveau débiteur semblable au débiteur originaire; à proprement parler, la caution n'est pas encore un véritable débiteur accessoire : la dette est la

---

157. Gaius, 3. 119.
158. Gaius, 3, 116.

même pour elle que pour le débiteur principal; la caution a promis purement et simplement de payer l'objet de la dette (*idem*), et non pas seulement dans le cas où le débiteur ne paierait pas; le créancier peut poursuivre l'un ou l'autre, à son gré.

Cependant la caution devait bientôt devenir un véritable débiteur accessoire. D'abord, en vertu d'une règle très ancienne, l'engagement des *sponsores* et *fidepromissores* s'éteint par leur mort, ne passe pas à leurs héritiers[159]. Ensuite, une loi Furia *de sponsu* du vi[e] siècle de Rome allégea la dette des *sponsores* et *fidepromissores* d'Italie en décidant : 1° qu'elles seraient libérées au bout de 2 ans après l'échéance de la dette; 2° qu'au cas de pluralité de cautions, le créancier ne pourrait plus demander le tout à chacune des cautions; qu'il devrait désormais *diviser* sa poursuite entre les cautions vivant au moment de l'échéance de la dette, qu'elles soient solvables ou non[160]. Sans doute en vue de permettre cette division, une loi Ciceria oblige même le créancier à déclarer publiquement, à peine de nullité de cautionnement, le montant de la créance et le nombre des cautions[161].

La loi Furia *de sponsu* donne une *manus injectio pro judicato* à la caution contre le créancier qui a obtenu d'elle en justice plus que sa part virile (Gaius, 4, 22) et qui a prouvé de la sorte n'avoir pas divisé sa poursuite. — D'autre part, la caution, qui a payé toute la dette, a un recours contre les au-

---

159. Gaius, 3, 120.
160. Gaius, 3, 121.
161. Gaius, 3, 123.

tres cautions en vertu d'une loi Appuleia, qui établit entre elles une sorte de société[162]. Il est à remarquer qu'en vertu
de la loi Furia, l'insolvabilité de l'une des cautions ou la mort
de l'une d'elles survenue après l'échéance de la dette n'aggrave pas la charge des autres cautions; elle nuit seulement au
créancier.

Enfin, le *sponsor*, qui a payé pour le débiteur principal et qui n'a pas été remboursé dans les six mois, a contre ce débiteur principal, en vertu d'une loi Publilia,
une action en recours, l'action *depensi*, qui donne lieu
à une *manus injectio pro judicato*[163]. La caution, *sponsor*
ou *fidepromissor*, est donc bien devenue un débiteur accessoire.

Mais cette situation nouvelle, protégée, de la caution
suscita une réaction de la pratique, qui s'efforça de ruiner
la protection légale dans l'intérêt des créanciers. Et une
nouvelle forme de cautionnement apparut : la *fidejussi*
C'est encore un cautionnement verbal, dans lequel la caution, qui emploie sans doute les termes *fide jubeo*, assume
vis-à-vis du créancier, par une sorte de *jussum*, les conséquences de l'engagement du débiteur[164]. En employant
cette autre forme verbale, le créancier échappera aux
conséquences des règles de la *sponsio* ou de la *fidepromissio*. Ainsi, le fidéjusseur peut garantir toute dette
principale ou accessoire, et non pas seulement les dettes
nées *verbis*[165]; son engagement est perpétuel (la libéra-

---

162. Gaius, 3, 122.
163. Gaius, 3, 127.
164. Gaius, 3, 116.
165. Gaius, 3, 119 a.

tion par deux ans de la loi Furia ne s'y applique pas) et passe à ses héritiers; malgré l'existence de cofidéjusseurs, il peut être primitivement poursuivi pour le tout.

§ 2. — *Les mesures de protection prises en faveur des fidéjusseurs.*

Cependant les fidéjusseurs ne demeurèrent pas sans protection.

Une loi Cornelia limita le montant de l'engagement de tous les *adpromissores*[166] : la caution *verbis* ne put, en principe, s'engager pour un débiteur principal pour plus de 20.000 sesterces. En tout cas, la caution ne peut pas s'engager à plus que ne s'engage le débiteur principal.

Sous l'Empire, d'importantes mesures de protection furent prises :

1° *pour n'exposer la caution aux poursuites du créancier qu'après le débiteur principal.*

Déjà, vers la fin de la République, il était entré dans les mœurs que le créancier poursuivît le débiteur principal avant la caution; poursuivre les cautions quand le débiteur principal était solvable était considéré comme un acte honteux préjudiciable au débiteur[167]. Cependant forcer le créancier à poursuivre toujours le débiteur principal présentait un réel danger pour ce créancier : car on ne peut pas faire deux procès à raison du même droit; et, la *litis contestatio* éteignant le droit déduit en justice, le créancier ne pourra pas poursuivre successivement

---

166. Gaius, 3, 124-125.
167. Cicéron, *Ep.*, 16, 15.

le débiteur principal et l'*adpromissor* : en conséquence, la poursuite contre le débiteur principal libérera l'*adpromissor*. Et cependant, le créancier n'aura peut-être rien obtenu du débiteur principal insolvable ou n'aura obtenu qu'une partie seulement de la dette! Dans ces conditions, en vue d'engager le créancier à ne poursuivre la caution qu'après le débiteur principal, on dut protéger le créancier contre l'insolvabilité totale ou partielle de ce débiteur principal en recourant aux expédients ci-après :

a) à la « *fidejussio indemnitatis*[168] ». — La caution ne promettait plus au créancier *idem*, ce que lui devait le débiteur principal; elle promettait au créancier ce que ce dernier n'aura pu obtenir du débiteur principal, *quanto minus a reo consecutus fuerit*. Le créancier devait ainsi poursuivre le débiteur principal, le discuter en premier lieu : et il n'éteignait pas par cette action son droit contre la caution, puisque celle-ci n'avait pas promis *idem*.

b) au *mandat*[169]. — A l'échéance de la dette, *l'adpromissor*, du consentement du créancier, lui donne mandat de poursuivre le débiteur principal : en poursuivant d'abord le débiteur, le créancier éteint l'action née du cautionnement verbal; mais, s'il ne réussit pas à se faire payer par le débiteur, il recourra contre l'*adpromissor* par l'action *mandati contraria*.

c) à une convention par laquelle le fidéjusseur renonce à se prévaloir de l'effet extinctif de la *litis contestatio* : cette clause devient de style dans les cautionnements au Bas-Empire[170].

Enfin, en 535, Justinien créa *le bénéfice d'ordre ou de discussion*[171] : *la litis contestatio* faite avec le débiteur principal ne libérait plus alors la caution; mais celle-ci

---

168. *D.*, 45, 1, *De verb. obl.*, 116.
169. *Inst.*, 3, 26, *De mandato*, 2.
170. *C.*, 8, 40 (41), *De fidej.*, 19; 28, 1.
171. *Nov.* 4.

a désormais le droit de renvoyer le créancier à discuter en premier lieu le débiteur principal (V. C. civ., art. 2021, qui admet la possibilité de renoncer d'avance à ce bénéfice, ce qui diminue son importance).

2° pour diviser les poursuites du créancier au cas de pluralité de cautions.

On n'appliquera pas aux fidéjusseurs les dispositions de la loi Furia *de sponsu*. Mais une constitution d'Hadrien leur accorde *le bénéfice de division*[172] : les cautions sont dispensées de payer plus que leur part virile, seulement si elles sont toutes solvables; car la division de la poursuite a lieu entre les cofidéjusseurs solvables au jour de la poursuite, ce qui revient à dire que l'insolvabilité d'un fidéjusseur est supportée par ses cofidéjusseurs (V. en sens contraire, la loi Furia *de sponsu*. p. 214). Le fidéjusseur peut renoncer à ce bénéfice.

3° pour assurer le recours du fidéjusseur contre le débiteur principal.

Contre le débiteur principal, le fidéjusseur a recours par l'action *mandati contraria* ou *negotiorum gestorum contraria*, suivant qu'il est intervenu comme mandataire ou gérant d'affaires.

Mais il pouvait arriver que le débiteur fût insolvable. Aussi, pour lui assurer un autre recours, les jurisconsultes imaginèrent *le bénéfice de cession d'actions*[173]. Le créancier est considéré par eux comme commettant un dol[174], s'il refuse de céder au fidéjusseur les actions qui lui sont désormais inutiles, puisqu'il est payé, et qui permettront au contraire à ce fidéjusseur

---

172. Gaius, 3, 121.
173. D., 46, 1, *De fidei.*, 17 pr.
174. D., 21, 2, *De evict.*, 65.

de se prévaloir de toutes les sûretés (gage, hypothèque) consenties précédemment par le débiteur au créancier. La caution peut faire de la cession des actions par le créancier la condition préalable du paiement; la cession peut cependant avoir lieu même après le paiement par la caution. La caution pourra donc, si le débiteur principal avait consenti par exemple une hypothèque au créancier ou si la créance était privilégiée, se servir à son tour contre le débiteur principal de l'action hypothécaire ou d'un *privilegium*.

Ce bénéfice est remplacé par la subrogation légale dans le Code civil, articles 1251-1252.

§ 3. — *De certains procédés de cautionnement usités sous l'Empire : le mandatum pecuniae credendae et le pacte de constitut.*

a) Dès le début de l'Empire, on utilisa, après une certaine hésitation des jurisconsultes (*supra*, p. 119), le *mandatum pecuniae credendae*[175]. L'opération est la suivante : A (mandant-caution) donne à B (mandataire-créancier) mandat de prêter à C (débiteur principal); si B n'est pas payé par C, il demandera à A, par une action *mandati contraria*, de l'indemniser des dépenses faites dans l'exécution du mandat.

Ce procédé de cautionnement présente, pour le créancier, d'importants avantages qui ont d'ailleurs provoqué son apparition : 1° le créancier peut poursuivre successivement le débiteur et le *mandator pecuniae credendae*, puisque les deux

---

175. Gaius, 3, 156.

poursuites n'ont pas le même objet[176] : il réclame au débiteur le remboursement du prêt par une *condictio* et à la caution-*mandator* par l'action de bonne foi *mandati contraria* le remboursement des impenses faites en exécution du mandat, c'est-à-dire le montant total de la dette si le débiteur principal ne paie pas ou bien le solde de la dette si le débiteur n'a effectué qu'un paiement partiel. Il peut poursuivre d'ailleurs indifféremment débiteur principal ou caution; 2°· ce cautionnement consensuel peut avoir lieu entre absents[177].

Il présente au surplus, également, pour la caution-*mandator*, certains avantages : 1° le mandat étant un contrat de bonne foi, le créancier-mandataire ne peut pas refuser de céder à la caution les sûretés qu'il s'est fait donner par l'emprunteur, dès que la caution le désintéresse; la caution pourra repousser la demande du créancier qui lui réclame le paiement et refuse la cession de ses actions, l'exception de dol étant alors sous-entendue dans la formule de l'action de bonne foi *mandati;* — 2° la caution-*mandator* possède le bénéfice de division, qui lui fut accordé par l'extension du rescrit d'Hadrien introduit pour les fidéjusseurs[178]; et le bénéfice de discussion lui fut accordé sous Justinien.

b) Le pacte de constitut de la dette d'autrui et le pacte de receptum argentarii (p. 125) furent également constitués par les praticiens comme procédés de cautionnement; simples pactes, il furent sanctionnés par le préteur à l'aide d'une action *in factum.* Justinien fusionna pacte de constitut et *receptum argentarii.* Il étendit le bénéfice de division aux cautions par constitut[179]; celles-ci purent

---

176. Paul, *Sent.*, 2, 17, 16.
177. *D.*, 17, 1, *Mandat.*, 32.
178. *C.*, 4, 18, *De const. pec.*, 3.
179. *C.*, 4, 18, *eod. tit.*, 3.

aussi utiliser le bénéfice de discussion. Elles avaient pu dès l'époque classique réclamer la cession des actions du créancier contre le débiteur principal, en faisant insérer une exception de dol dans l'action par laquelle le créancier leur réclamait le paiement.

SECTION II. — DE LA SÛRETÉ RÉELLE OU PIGNUS[180].

§ 1. — *Des divers procédés susceptibles de réaliser un pignus.*

Ces procédés sont au nombre de trois :

1° *Le transfert de propriété* d'un bien par le débiteur au créancier en garantie de sa dette, avec convention que le créancier retransférera le bien dès que l'obligation sera exécutée.

Le transfert pourra avoir lieu :

a) par mancipation ou *in jure cessio* avec pacte de fiducie : c'est le cas de l'aliénation fiduciaire *cum creditore*. C'est la sûreté réelle la plus ancienne (p. 86);

b) par tradition avec convention de rendre : c'est le cas du *do ut reddas*, contrat innommé réalisant un *pignus* (p. 87).

c) également par tradition, au cas de dation d'arrhes (p. 82).

Ce transfert de propriété d'une chose en garantie d'une dette présentait les inconvénients ci-après : le débiteur-aliénateur y était souvent sacrifié, étant privé de l'usage et de la jouissance de la chose transférée, épuisant donc son crédit si le bien était d'une valeur supérieure au montant

---

180. *D.*, 20, tit. 1 à 6.

de la dette, n'ayant plus contre le créancier qu'une action personnelle en restitution pour lui réclamer la chose lors de l'exécution de l'obligation, n'étant plus vis-à-vis de ce créancier qu'un débiteur chirographaire, ne pouvant pas contester les aliénations faites par le créancier-fiduciaire (p. 88).

Sans doute le créancier, devenu propriétaire de la chose transférée en garantie, ayant sur cette chose un droit de suite et de préférence sanctionné par la revendication, est particulièrement bien protégé. Il l'est trop, aux dépens du débiteur.

2° *Le transfert de possession* d'une chose par le débiteur au créancier en garantie de sa dette, avec convention que le créancier rendra la chose dès que l'obligation sera exécutée.

C'est le contrat réel de gage, le *pignus* au sens étroit du mot. Le débiteur, qui a transféré la possession de sa chose, demeure protégé : il reste propriétaire; il a l'action en revendication, en même temps que l'action personnelle de gage directe, pour réclamer sa chose, une fois son obligation exécutée; le créancier ne possède que les interdits possessoires et l'action de gage contraire (p. 94). Cependant, le débiteur, qui constitue le gage, épuise encore d'un seul coup la puissance de crédit que la chose représente pour lui.

3° *La convention entre créancier et débiteur que le créancier obtiendra, à l'échéance de la dette, la possession de choses affectées à la garantie de la dette.*

C'est la convention d'hypothèque (*pignus, hypotheca*). Elle ne porta à l'origine que sur des choses corporelles, meubles ou immeubles (comp. C. civ., art. 2118, 2119, qui ne permet d'hypothéquer que les immeubles et leur usufruit). Cependant, bientôt, on put hypothéquer tout ce qui peut être vendu : un usufruit, un droit réel de superficie, une créance (*pignus nominis*)[181], l'hypothèque d'une créance.

Pour la première fois, tout au moins dès le début de l'Empire, la convention d'hypothèque apparut au cas de baux à ferme et de baux à loyer : le locataire ou le fermier convenaient avec leur bailleur que celui-ci aurait, à l'échéance des loyers ou des fermages demeurés impayés, la possession des meubles qu'ils avaient apportés pour meubler les lieux loués ou pour exploiter la ferme : ces meubles seraient ainsi affectés à la garantie de leur dette. En passant cette convention, locataire et fermier, en attendant l'échéance de leur dette, avec l'espérance de l'acquitter, pouvaient du moins utiliser les meubles affectés en garantie, ce qu'ils ne pouvaient faire au cas de gage.

Si à l'échéance les loyers demeuraient impayés, le bailleur de biens urbains pouvait retenir les meubles du locataire: ce qui justifie l'existence de l'interdit *de migrando*[182] donné au locataire qui veut déménager malgré l'opposition du propriétaire, alors qu'il a payé son loyer ou qu'il n'a pas conclu de convention de garantie. Si, à l'échéance, les fermages ne sont payés, le bailleur peut obtenir la possession des meubles servant à exploiter la ferme par l'interdit Salvien donné contre

---

181. *C.*, 3, 39, *De her.*, 7.
182. *D.*, 43, 32, *De migrando*, 1, 4.

le fermier[183], puis par une action réelle, l'action prétorienne Servienne[184], donnée à la fois contre le fermier et tous tiers détenteurs.

Vers le milieu du Ier siècle, semble-t-il[185], l'action Servienne fut généralisée sous le nom d'action Servienne utile ou d'action quasi Servienne (action hypothécaire)[186]. Elle put être intentée désormais non-seulement par le bailleur de bien rural, mais par tout créancier qui avait convenu avec un débiteur quelconque qu'il obtiendrait à l'échéance de la dette la possession des choses affectées à la garantie de cette dette. Ainsi se trouva sanctionné le pacte prétorien d'hypothèque.

> Il est à noter que, comme la possession n'échoit au créancier qu'à l'échéance de la dette[187], le nouveau mode de sûreté n'épuise pas le crédit du débiteur. La chose hypothéquée peut être donnée en garantie à plusieurs créanciers; elle peut être une chose déjà grevée d'un gage ou d'une hypothèque. — Enfin, la constitution de l'hypothèque est clandestine: ce qui est un vice du système hypothécaire romain à l'égard des tiers (en sens contraire, la publicité du droit français actuel; C. civ., art. 2134, 2146). Et elle peut être générale, porter sur tous les biens présents et à venir du débiteur[188] (principe contraire dans C. civ., art. 2129).
>
> D'autre part, elle est indivisible, portant tout entière sur chaque partie de la chose et garantissant tout entière chaque partie de la dette.

La convention d'hypothèque a été dans certains cas considérée par la coutume, ou par la loi, comme étant nécessairement sous-entendue (*in quibus causis pignus vel*

---

183. Gaius, 4, 147.
184. *Inst.*, 4, 6, *De act.*, 7.
185. *D.*, 13, 7, *De pign. act.*, 18, 3.
186. *Inst.*, 4, 6, *De act.*, 7.
187. *D.*, 13, 7, *De pign. act.*, 9, 2.
188. *D.*, 20, 1, *De pign.*, 15, 1.

hypotheca tacite contrahitur)[189]. Les hypothèques dites tacites sont celles qui sont établies par exemple : sur les biens des tuteurs et curateurs au profit des personnes en tutelle et en curatelle[190] (hypothèque légale dans C civ., art. 2121); sur les biens des débiteurs du fisc au profit du fisc[191]; sous Justinien, sur les biens du mari au profit de la femme pour la restitution de sa dot[192]; sur les récoltes au profit du bailleur de ferme et sur les meubles du locataire au profit du bailleur de biens urbains[193] (privilège dans C. civ., art. 2102, 1°); etc.

§ 2. — *Du jus possidendi, qui appartient et au créancier gagiste dès la formation du contrat réel de gage et au créancier hypothécaire à l'échéance de la dette garantie.*

Les situations du créancier gagiste et du créancier hypothécaire diffèrent jusqu'au moment de l'échéance de la dette; à ce moment, si la dette est impayée, elles tendent à s'identifier[194].

1° Le droit du créancier hypothécaire de posséder à l'échéance de la dette est sanctionné par l'action quasi Servienne ou hypothécaire.

---

189. *D.*, 20, 2, *h. t.*
190. *C.*, 4, 53, *Rem al.*, 1; *C.*, 5, 70, *De cur. fur.*, 7, 5 a; *C. Th.*, 3, 30, *De adm.*, 1.
191. *Fragm. de jure fisci*, 5 (Girard, *Textes*, p. 500).
192. *Inst.*, 4, 6, *De act.*, 29.
193. *D.*, 20, 2, *h. t.*, 4, *pr.*; 7.
194. *D.*, 20, 1, *De pign. et hyp.*, 5, 1.

a) C'est une action *in factum*, sanctionnant le pacte prétorien d'hypothèque. Le préteur, qui la donne, invite le juge à
vérifier si ce pacte existe, si la dette n'est pas éteinte, enfin
si le constituant a tout au moins la propriété prétorienne de
la chose garantie[195]. — *b)* C'est une action réelle, *vindicatio
pignoris*. De même que la *rei vindicatio* est intentée contre tous
ceux qui *tenent et habent restituendi facultatem* et qu'elle est
intentée *ad* REM PERSEQUENDAM, l'action hypothécaire est intentée contre tous tiers détenteurs et par elle *creditores* HYPO
THECAS PERSEQUUNTUR (*Inst. Just.*, 4, 6, *De actionibus*, 7).
Ce droit de suite qui s'exerce contre tout détenteur est le
point commun, qui fait ranger l'action hypothécaire parmi les
actions réelles et qui fait appeler l'hypothèque un droit réel
prétorien. Cette action hypothécaire se distingue par contre
des autres actions réelles en ce qu'elle ne réclame pas ou le
dominium sur une chose ou une propriété prétorienne ou
un *jus utendi fruendi;* elle ne poursuit que la possession. —
c) Comme cette poursuite de la possession ne doit avoir lieu
que dans l'avenir au cas de non-paiement de la dette à
l'échéance, elle ne peut faire l'objet que d'une convention, ici
d'un pacte prétorien : et c'est ainsi que s'établit un droit réel
prétorien (ou plutôt un droit à une action réelle future), résultant d'une simple convention.

Comme les autres actions réelles, l'action hypothécaire contient une *clausula arbitraria*[196].

Le droit que le créancier hypothécaire avait d'intenter
cette action sur celui des objets hypothéqués qu'il voulait, fut restreint par les deux exceptions ci-après :
1° l'exception de discussion, qui forcera le créancier à

---

195. *D.*, 22, 3, *De prob.*, 23; *D.*, 20, 1, *De pign.*, 13, 4.
196. *Inst.*, 4, 6, *De act.*, 31.

discuter certains biens avant d'autres, d'abord les biens affectés à une hypothèque spéciale avant les biens affectés à l'hypothèque générale[197]; ou à poursuivre le paiement de la dette contre le débiteur principal et les cautions avant d'intenter l'action hypothécaire contre les tiers détenteurs[198]; — 2° l'exception de priorité de rang, que lui opposera un créancier hypothécaire préférable en rang, en date[199].

Le créancier hypothécaire a, de son côté, l'exception d'hypothèque pour s'opposer à l'action en revendication que le débiteur, demeuré toujours propriétaire, ou ses ayants cause pourrait intenter pour réclamer la chose hypothéquée

2° Le droit de posséder du créancier gagiste lui appartient dès la formation du contrat réel de gage, qui ne pourrait se former sans transfert de possession. Il lui suffit donc de conserver cette possession ou de la poursuivre, s'il la perd. Il a, pour cela, les interdits possessoires et, depuis l'hypothèque, l'action quasi servienne ou hypothécaire (*Inst. Just.*, 4, 6, § 7).

En effet, si à l'échéance, la dette demeure impayée, créancier gagiste et créancier hypothécaire, après l'exercice de l'action hypothécaire, vont se trouver dans la même situation[200] : ils possèdent les choses fournies en garantie.

---

197. *C.*, 8, 13 (14), *De pign.*, 2.

198. Compar. C. civ., art. 2170, 2171.

199. *C.*, 8, 17 (18), *Qui potiores in pignore habeantur*, 3 (4) : ... *sicut prior es tempore, ita potior jure.* — V. procédure particulière du C. civ., art. 2134

200. *D.*, 20, 1, *De pign. et hyp.*, 5, 1.

§ 3. — A quoi la possession de la chose servira-t-elle au créancier gagiste ou au créancier hypothécaire, si le débiteur continue à ne pas exécuter son obligation après l'échéance de la dette : le jus distrahendi[201].

Le créancier gagiste ou hypothécaire a le droit de retenir la chose fournie en garantie jusqu'au paiement de la dette. N'en étant pas propriétaire, il ne peut pas la vendre ; sinon il commettrait un *furtum*. Mais, le débiteur continuant à ne pas payer, posséder la chose n'est pas pour le créancier une solution.

Aussi la convention de gage ou d'hypothèque fut-elle accompagnée très souvent, dans la pratique, de clauses accessoires pour le cas de non-paiement de la dette à l'échéance : par exemple, d'un pacte selon lequel le créancier devait alors devenir, en paiement de sa créance, propriétaire de la chose fournie en garantie[202] (*lex commissoria*, pacte commissoire : pacte fort dangereux pour le débiteur, parce que la chose ainsi acquise par le créancier pouvait être d'une valeur supérieure à la dette : pacte prohibé par Constantin[203], également par le Code civil, art. 2078) ; — par exemple, d'un pacte selon lequel le créancier devait alors devenir propriétaire de la chose fournie en garantie, mais à dire d'experts[204] (pacte moins fréquent) ; — par exemple, d'un pacte selon lequel le

---

201. D., 20, 5, *De distractione pignorum et hypothecarum*.
202. Caton, *De re rust.*, 146, 5.
203. C., 8, 34 (35), *De pact. pign.*, 3.
204. D., 20, 1, *De pign.*, 16, 9. Compar. C. civ., art. 2078.

créancier devait alors avoir le droit de vendre la chose fournie en garantie pour se payer sur le prix, l'excédent du prix de vente devant être remis au débiteur[205].

Ce dernier pacte devait l'emporter comme moyen de solutionner cette question d'une rétention qui ne pouvait durer indéfiniment. Ce pacte dut être d'abord exprès (Gaius, 2, 64); à partir des Sévères, il est de style et même sous-entendu[206] : et le créancier fera vendre, aux enchères ou à l'amiable. Le créancier ne sera arrêté que s'il a convenu expressément qu'il ne vendrait pas : et cependant, même dans ce cas, Justinien l'autorisera à vendre, mais après trois sommations au débiteur avant de procéder à la vente[207]. De ce pacte, devenu tacite, et non pas de la convention d'hypothèque, est donc né le droit de vendre, le *jus distrahendi* au profit du créancier gagiste ou hypothécaire.

Le créancier vend la chose, se paie sur le prix jusqu'à concurrence du montant de sa créance : l'excédent est remis au débiteur[208].

La chose ne peut être attribuée au créancier, en paiement, après évaluation probable, que par une décision impériale, définitive au bout de deux ans sous Justinien[209] (comp. C. civ., art. 2078).

Pluralité des créanciers. — Il est certaines hypothèques qui, en vertu d'une disposition légale, passent avant

205. *D.*, 20, 1, *De pign.*, 35.
206. *D.*, 13, 7, *De pign. act.*, 4; Paul, *Sent.*, 2, 5, 1.
207. *D.*, 13, 7, *De pign. act.*, 4.
208. *D.*, 13, 7, *De pign. act.*, 42.
209. *C.*, 8, 33 (34), *De jure dominii impetrando.*

même les plus anciennes en date; par exemple, celle du fisc pour les créances d'impôts[210]; celle de celui qui a fait un sacrifice pour la conservation de la chose[211]; celle de la femme pour la restitution de sa dot[212], etc.

En dehors de ces cas particuliers, l'ordre des hypothèques s'établit par la date des conventions : *prior tempore potior jure*. Le créancier hypothécaire, premier en date, est d'abord payé intégralement sur le prix de vente de la chose hypothéquée; puis le second en date, etc. La vente est faite par le créancier hypothécaire, premier en rang. Une fois la chose vendue, les créanciers postérieurs en rang n'ont plus qu'un droit de préférence sur le prix, si le montant de la vente est supérieur au montant de la créance du premier créancier vendeur[213].

Il est cependant quelques cas où un créancier, hypothécaire ou non, peut prendre la place, succéder au rang d'un créancier hypothécaire, fût-il le premier en rang : c'est lorsqu'il désintéresse ce créancier hypothécaire.

Il y a ainsi *successio in locum creditoris*[214] : 1° au profit du créancier hypothécaire qui paie un autre pour prendre sa place (*jus offerendi pecuniam*)[215]; 2° au profit de l'acquéreur d'un immeuble, qui emploie son prix au paiement des créanciers hypothécaires, tout au moins les premiers en rang[216] (C.

---

210. *C.*, 4, 46, *Si propter publ. pens.*, 1. Compar. C. civ., art. 2098
211. *D.*, 20, 4, *Qui pot.*, 5; 6. Compar. C. civ., art. 2102-3° et 2095.
212. *C.*, 8, 17 (18), *Qui pot.*, 12. Compar. C. civ., art. 2135-2°.
213. *D.*, 20, 4, *Qui pot.*, 12, 5.
214. *C.*, 8, 18 (19), *De his qui in priorum creditorum locum succedunt*
215. Paul, *Sent.*, 2, 13, 8.
216. *C.*, 8, 18 (19), *h. t.*, 3.

civ., art. 1251-2°); 3.° au profit de celui qui prête au débiteur pour payer un créancier hypothécaire et qui prend alors sa place[217] (comp. C. civ., art. 1250-1°); 4° au cas de novation par changement de débiteur, au profit du créancier hypothécaire qui a constitué une hypothèque pour sa nouvelle créance envers le nouveau débiteur et dont la nouvelle hypothèque prend le même rang que l'ancienne (comp. C. civ., art. 1279).

La théorie actuelle de la subrogation (C. civ., art. 1249 s.) est née de la combinaison des bénéfices de cession d'actions et de la *successio in locum creditoris*.

§ 4. — *Extinction de l'hypothèque*[219].

a) Elle peut être éteinte par suite de l'extinction de la créance garantie : s'il y a eu paiement ou remise de dette, ou bien novation (sous réserve des cas de *successio in locum creditoris*).

b) Elle peut être éteinte en elle-même : par la vente de la chose garantie (*distractio pignoris*) par le créancier premier en rang; par la renonciation expresse ou parfois tacite du créancier[220]; par une prescription extinctive de 40 ans depuis Justin[221], pouvant ainsi survivre pendant dix ans à l'action du contrat principal, si la chose est entre les mains du constituant; par la prescription extinctive de 30 ans, depuis Théodose II, au profit du tiers détenteur, si la chose n'est plus entre les mains du constituant[222]; par la perte de la chose; par la réunion sur la même tête des qualités de créancier hypothécaire et de propriétaire de la chose[223].

---

217. *D.*, 20, 3, *Quae res pign.*, 3.
218. *D.*, 20, 4, *Qui pot.*, 12, 5.
219. *D.*, 20, 6, *Quibus modis pignus vel hypotheca solvitur*.
220. *D.*, 20, 6, *h. t.*, 4, 1.
221. *C.*, 7, 39, *De praescr.*, 7, 1.,
222. *C.* 7, 39, *De praescr.*, 3; 8, *pr.*
223. *D.*, 44, 2, *De exc. r. iud.*, 30, 1.

TROISIÈME PARTIE

DE L'EXTINCTION
DES OBLIGATIONS

PRÉLIMINAIRES. — DU PRINCIPE QU'UN ACTE JURIDIQUE CONTRACTUEL NE PEUT S'ÉTEINDRE QUE PAR UN ACTE JURIDIQUE CONTRAIRE DE MÊME VALEUR ET FORCE : OMNIA QUAE JURE CONTRAHUNTUR, CONTRARIO JURE PEREUNT[1].

Il ne faut pas oublier que ce principe est formulé par les jurisconsultes classiques : ils synthétisent de la sorte leurs observations. Pour détruire un acte juridique contractuel, il est nécessaire de lui opposer un acte de même valeur et force : c'est dire qu'une stipulation sera éteinte en principe par un acte verbal contraire dit *acceptilatio;* un *nexum* sera éteint par un acte contraire *per aes et libram;* un contrat *litteris* par une *acceptilatio littérale;* un contrat consensuel par un *contrarius consensus,* etc. Les interprètes parlent à ce sujet de principe de correspondance entre les formes de formation et celles d'extinction des contrats, de règle du parallélisme de ces formes, de principe de symétrie de ces formes. Ils ont une tendance à restreindre la question à une question de formalisme; mais le principe est dégagé par les jurisconsultes avec une portée plus grande : à un acte donné doit être opposé un acte de même valeur et force. Si l'acte primitif était empreint de formalisme. l'acte extinctif devait être empreint d'un même formalisme

____

1. Gaius, *D.,* 50, 17, *De diversis regulis juris antiqui,* 100.

Le formalisme de l'acte extinctif présentait d'ailleurs les mêmes avantages que le formalisme qui avait présidé à la formation de l'acte (fixer les intentions des parties; restreindre les occasions de conflits; faciliter et la preuve et la tâche du juge).

Ce principe trouvera son application dans plusieurs cas, notamment au cas d'exécution volontaire de l'obligation, au cas de remise de dette, etc.

CHAPITRE PREMIER

De l'extinction de l'obligation par son exécution volontaire : le paiement[2].

V. *supra*, p. 179 : au sujet de l'insuffisance primitive du paiement pour éteindre les obligations contractuelles; et de la reconnaissance, vers la fin de la République ou le début de l'Empire, du paiement comme mode général et suffisant d'extinction, par exécution, de toutes les obligations contractuelles.

CHAPITRE II

De l'extinction de l'obligation par la remise volontaire de l'obligation : la remise de dette.

§ 1. — *De la remise de dette réalisée par un acte juridique de même valeur que l'acte juridique générateur de ladite dette.*

Ces modes de remise de dette sont de deux sortes :

a) Les modes formels de remise de dette (libération *per aes et libram, acceptilatio* verbale ou littérale). — La re-

---

2. D., 46, 3, *De solutionibus et liberationibus;* Inst., 3, 29, *Quibus modis obligatio tollitur, pr.*

mise *per aes et libram* sera employée au cas de remise de dettes nées d'une *damnatio* comportant normalement une exécution pécuniaire sanctionnée par une *manus injectio* (*nexum; legs per damnationem;* jugement : Gaius, 3, 173-175)[3]. — L'*acceptilatio* verbale éteindra l'obligation née d'un contrat verbal[4]. — L'*acceptilatio* littérale éteindra celle née d'un contrat *litteris* : le créancier qui avait porté sur son *codex* « *expensum Titio centum* » (payé à Titius 100) portera sur ledit *codex* la mention « *acceptum a Titio centum* (reçu de Titius 100).

Ces modes formels font partie de ces *actus legitimi*, qui, en raison de la nature des paroles prononcées, ne comportent ni terme ni condition, du moins exprès[5].

L'*acceptilatio* peut du reste servir non-seulement comme mode de libération pure et simple. Elle peut être encore utilisée pour réaliser une donation, une constitution de dot, un legs de libération, etc.

Ces modes formels du *jus civile* éteignent la dette de plein droit, *ipso jure*, avec tous ses accessoires, à l'égard de tous les intéressés, d'une manière définitive.

b) *Le contrarius consensus*[6]. — C'est un mode d'extinction particulier aux obligations nées des contrats consensuels. Deux contractants ont convenu par exemple

---

3. Le créancier déclare en présence d'au moins cinq témoins et du *libripens* qu'il a reçu la première et la dernière des pièces de monnaie qui lui sont dues : Gaius, 3, 174.

4. Formule de l'*acceptilatio* : p. 180; Gaius, 3, 169 : elle constitue une *imaginaria solutio*.

5. D., 46, 4, *De acceptilatione*, 4; 5. *Fragm. Vat.*, 329.

6. *Inst.*, 3, 29, *Quibus modis obligatio solvitur*, 1.

d'une vente, d'un louage; ils conviennent par la suite qu'il n'est ni acheté, ni vendu, ni loué : le premier pacte reconnu obligatoire par la coutume comme contrat consensuel est détruit par un pacte consensuel contraire.

Il faut d'ailleurs que le *contrarius consensus* ait lieu avant qu'aucune des parties contractantes n'ait encore exécuté son obligation, *rebus adhuc integris* : il n'aurait plus en effet une force équivalente aux actes déjà réalisés : ainsi un pacte contraire ne saurait être efficace pour détruire un contrat d'*emptio venditio*, qui eût été déjà suivi d'une tradition de la chose[7].

> Ce pacte contraire ou résolutoire est parfois affecté d'une condition : p. 237.

Il éteint les obligations nées du contrat consensuel de plein droit, *ipso jure*. Mais, comme ce pacte n'a pas la même valeur qu'une stipulation, il ne peut éteindre les obligations nées de stipulations accessoires, par exemple d'une stipulation de garantie d'éviction qu'*exceptionis ope*[8].

§ 2. — *De la remise de dette réalisée par la simple convention que l'objet de la dette ne sera pas réclamé en tout ou en partie, appelée pacte de non petendo.*

Ce pacte est un pacte adjoint à un contrat; le préteur en assure l'observance en donnant l'*exceptio pacti* au débi-

---

7. *D.*, 2, 14, *De pactis*, 58.
8. *D.*, 18, 5, *De resc. vend.*, 3.

teur auquel on réclame l'objet de la dette et qui est poursuivi au mépris d'une pareille convention (*supra*, p. 133).

Il ne sera pas nécessaire d'insérer cette exception dans la formule des actions de bonne foi; elle y est sous-entendue.

§ 3. — *De la remise de la dette née d'un délit.*

C'est le pardon. Il n'a pas de formes : il suffit d'un simple pacte, dès les temps les plus anciens, tout au moins pour les délits de vol et d'injures[9]. Ce pacte éteint d'ailleurs l'obligation délictuelle de plein droit, *ipso jure*.

CHAPITRE III

De l'extinction de l'obligation, à terme ou sous condition (le terme extinctif et la condition résolutoire).

§ 1. — *Du terme extinctif.*

On peut donner comme exemple la stipulation *spondesne decem usque ad calendas Julias?* Or le principe est qu'une stipulation avec terme extinctif n'est pas valable : l'obligation doit être perpétuelle et ne doit être éteinte que par des modes produisant un effet immédiat : *ad tempus deberi non potest*[10].

---

9. *D.*, 2, 14, *De pact.*, 17, 1.
10. *Inst.*, 3, 15, *De verb. obl.*, 3.

Pour maintenir le principe, on décida donc que la stipulation d'une rente viagère (*spondesne decem quoad viram*) ferait naître une créance unique, incertaine et perpétuelle, ayant pour objet la rente elle-même et sanctionnée par l'action *ex stipulatu*[11]. Il en résultait que si le créancier agissait pour les termes échus, il n'en déduisait pas moins tout son droit en justice; et le bénéficiaire une fois mort, le débiteur n'en devait pas moins les arrérages.

C'était là une solution contraire à la volonté des parties. Aussi le préteur intervint : il donna une exception *pacti* ou de dol au débiteur pour repousser la demande de paiement des arrérages échus après la mort du créancier[12]; et il donna au créancier une *praescriptio pro actore* pour lui permettre de poursuivre le paiement des arrérages échus, tout en ne déduisant pas en justice tout son droit, ce qui l'eût empêché de poursuivre les arrérages postérieurs[13].

§ 2. — *De la condition résolutoire ou, plus exactement, du pacte résolutoire sous condition.*

Les Romains ne connaissent pas, à proprement parler, de condition résolutoire; ils ne connaissent qu'une seule condition, celle que nous dénommons suspensive. Cependant ils connaissent les pactes résolutoires sous condi-

---

11. *D.*, 33, 1, *De ann. leg.*, 4; *D.*, 45, 1, *De verb. obl.*, 16, 1.
12. *Inst.*, 3, 15, *De verb. obl.*, 3.
13. Gaius, 4, 131.

tion, au moyen desquels le contrat principal *sub condicione resolvitur*.

1° A une stipulation peut toujours être adjoint un pacte de *non petendo* sous condition. Si la condition arrive, le stipulant qui réclamera du promettant l'exécution de son engagement pourra être repoussé par ce promettant qui lui opposera l'*exceptio pacti*.

2° Mais *les pactes résolutoires sous condition ont pris une importance particulière en matière de vente*. Les principaux pactes résolutoires sous condition, qui sont parfois adjoints au contrat de vente, sont :

1° La *lex commissoria*, par laquelle il est convenu que le vendeur aura le droit de résilier la vente (*res inempta erit*) si le prix ne lui est pas payé. La résiliation ne se produira d'ailleurs que si le vendeur le désire et s'il préfère ne pas forcer l'acheteur à exécuter le contrat[14];

2° L'*in diem addictio*, par laquelle le vendeur se réserve le droit de résilier la vente si, dans un délai donné, une autre personne lui offre de meilleures conditions d'achat[15];

3° Le *pactum displicentiae*, par lequel l'acheteur se réserve le droit de résilier la vente si la chose cesse de lui plaire avant l'expiration d'un certain délai (vente à l'essai)[16];

4° Le *pactum de retrovendendo*, par lequel le vendeur se réserve le droit de résilier la vente, en remboursant dans un certain délai le prix à l'acheteur (clause de réméré)[17].

---

14. *D.*, 18, 3, *De lege commissoria*.
15. *D.*, 18, 2, *De in diem addictione*.
16. *D.*, 18, 5, *De resc. vend.*, 8; *D.*, 19, 5, *De praescr. verb.*, 20, 1.
17. *D.*, 19, 5, *De pr. verb.*, 12; *C.*, 4, 54, *De pactis inter empt. et vend.*, 2.

La question se pose donc de savoir quelles actions appartiendront au vendeur, au cas de *lex commissoria*, de *pactum de retrovendendo* et *d'in diem addictio*, pour recouvrer la chose vendue qu'il aura déjà livrée; et quelle action appartiendra à l'acheteur, au cas de *pactum displicentiae*, pour réclamer le prix qu'il aurait déjà payé.

Au cas de *pactum displicentiae*, convenu dans des ventes de la compétence des édiles curules, l'acheteur avait un *judicium in factum* pour réclamer le prix[18]. Dans les autres cas de pactes résolutoires, on note qu'on donne au vendeur le plus généralement l'action du contrat de vente qui sanctionne naturellement les pactes adjoints[19], parfois une action *in factum*[20], exceptionnellement l'action *praescriptis verbis*[21].

Mais, à côté de l'action personnelle en retranslation de propriété, qui sanctionne ces pactes, le vendeur n'aurait-il pas encore une action réelle pour recouvrer la chose?[22] Ne doit-on pas dire que la propriété de la chose tradée et payée lui est revenue par l'événement de la condition et que, redevenu propriétaire, il peut la revendiquer?

La question a été très discutée : certains auteurs niant que la propriété eût jamais pu revenir à l'aliénateur par l'effet de la condition, d'autres plus nombreux admettant qu'elle pouvait directement revenir à l'aliénateur dans le droit de Justinien et non en droit classique, que l'aliénateur n'avait qu'une action

18. *Fragm. Vat.*, 14.
19. Exemple, *D.*, 18, 3, *De leg. comm.*, 4, *pr.*
20. *D.*, 19, 5, *De pr. v. act.*, 12.
21. *C.*, 4, 54, *De pactis int. e. et v.*, 2.
22. *D.*, 18, 3, *De t. c.*, 8; *C.*, 4, 54, *h. t.*, 4.

personnelle en droit classique pour réclamer la chose tradée et payée, mais qu'il pouvait revendiquer la chose sous Justinien.

Ce qui résulte de l'examen attentif des textes, en distinguant entre ces divers pactes résolutoires sous condition, c'est que tant qu'il furent considérés comme des pactes adjoints au contrat de vente, ils ne furent sanctionnés que par une action personnelle : tandis que l'action réelle fut donnée au vendeur pour recouvrer sa chose, dans les cas où l'on considéra ces pactes, conclus avant toute tradition de la chose, comme des pactes contraires sous condition, soumis aux règles du *contrarius consensus*[23].

CHAPITRE IV

De l'extinction de l'obligation par la *litis contestatio* faite par le créancier.

La *litis contestatio* a pour effet d'éteindre l'obligation originaire déduite en justice et de faire naître le droit d'obtenir un jugement. Elle provoque l'extinction de l'obligation ancienne tantôt *ipso jure*, tantôt *exceptionis ope* (Gaius, 4, 108).

Il y a obligation nouvelle à raison d'un changement d'objet (Gaius, 3, 180) : aussi devait-on penser à rapprocher la *litis contestatio* de la novation : et les interprètes

---

23. A l'arrivée de la condition, le pacte contraire, sous condition, formé alors que le vendeur n'avait pas encore exécuté son obligation, produit son effet : il y a extinction *ipso jure* de la vente par *contrarius consensus* (p. 236) : le vendeur pourra revendiquer la chose qui a été tradée après la formation du pacte contraire et payée.

l'ont parfois appelée novation nécessaire. Cela n'empêche pas qu'à la différence de la novation volontaire, la *litis contestatio* laisse subsister et la demeure du débiteur[24] et le cours des intérêts dus par lui, et les hypothèques et même, depuis Justinien, les cautions qui garantissent l'exécution de l'obligation[25].

CHAPITRE V

De l'extinction de l'obligation par la translation de cette obligation dans une autre, par novation[26]

§ 1. — La définition et les origines de la novation.

La novation est la translation du contenu d'une obligation dans une obligation nouvelle, née d'une stipulation[27], qui la remplace : *novatio est prioris debiti in aliam obligationem vel civilem vel naturalem transfusio atque translatio, hoc est cum ex praecedenti causa ita nova constituatur ut prior perematur*[28].

Elle paraît avoir été admise en vertu de l'idée que la même dette ne peut pas plus faire l'objet de deux contrats que de deux procès.

---

24. *D.*, 22, 1, *De usur.*, 35.

25. *C.*, 8, 40 (41), *De fidej.*, 28.

26. *D.*, 46, 2, *De novationibus et delegationibus.*

27. La novation s'opère au moyen d'une stipulation, peut-être aussi au moyen du contrat *litteris*. Une espèce de novation prétorienne est produite par le pacte de constitut et par le *receptum argentarii* (p. 125).

28. *D.*, 46, 2, *h. t.*, 1, *pr.*

Par exemple, si le créancier stipule d'un nouveau débiteur ce que Titius doit lui *dare*, la dette de Titius s'éteindra; et le créancier aura contre ce nouveau débiteur une créance ayant absolument le même objet.

§ 2. — *Conditions d'existence de la novation.*

Il faut, pour qu'il y ait novation :

1° une obligation ancienne, d'ailleurs née d'une source quelconque, civile ou prétorienne, munie d'action ou naturelle[29];

2° une obligation nouvelle, née en principe d'une stipulation;

3° l'*animus novandi*, l'intention de nover;

Sans doute, dans l'ancien droit, l'extinction de l'obligation ancienne avait-elle lieu du seul fait que s'y opposait une stipulation novatoire. Mais l'intention de nover est requise tout au moins dans le droit de Justinien[30].

4° l'*idem debitum*, le même objet dû que celui de l'obligation ancienne;

Il n'y a pas de novation par changement d'objet dans l'ancien droit[31]. Justinien paraît cependant avoir reconnu cette novation par changement d'objet[32].

---

29. *D.*, 46, 2, *h. t.*, 1, 1.

30. *Inst.*, 3, 29, *Quibus modis obligatio solvitur*, 3 *a*. V. C. civ., art. 1273.

31. En ce sens, Gaius, 3, 176.

32. En ce sens, *C.*, 8, 41 (42), *De nov.*, 8; *D.*, 45, 1, *De verb. obl.*, 58. V. C. civ., art. 1271-1°.

5° *aliquid novi*, un élément nouveau. Sinon, il n'y aurait aucune raison de nover.

§ 3. — *Cas d'application de la novation.*

La novation peut avoir lieu :

1° *inter easdem personas*, entre les mêmes personnes,
sans changement dans les parties contractantes.

L'élément nouveau qui motive la novation consistera
dès lors : *a*) soit dans un changement de la nature de la
créance. Ce sera une obligation née d'un contrat de
bonne foi ou d'un *mutuum* ou d'un délit qui se trouvera
ainsi transformée, novée en une stipulation emportant
engagement abstrait de droit strict (p. 72); — *b*) soit
dans un changement de clauses accessoires. Ce sera quand
la stipulation novatoire emportera l'addition ou la sup-
pression d'un terme, d'une condition, d'un *adpromissor* (Gaius, 3, 177).

2° par changement de créancier.

L'élément nouveau consiste alors dans ce changement
même de créancier. Mais le débiteur ne s'engagera envers un nouveau créancier que sur l'invitation de son
ancien créancier et que s'il y consent lui-même[33] : car ce
débiteur peut avoir intérêt à ne pas changer de créancier,
par exemple pour ne pas être obligé envers un créancier
plus rigoureux.

---

33. *D.*, 46, 2, *h. t.*, 8, 5.

Cette opération pourra permettre de réaliser notamment **une** donation, un paiement, une constitution de dot, etc.

3° par changement de débiteur.

L'élément nouveau consiste alors dans le changement même de débiteur, quand un nouveau débiteur s'engage à la place d'un autre. Sans doute, le créancier doit consentir à cette substitution d'un débiteur à son ancien débiteur; il ne peut changer de débiteur malgré lui. Mais il n'est pas nécessaire que l'ancien débiteur consente à cette novation; il doit lui suffire d'être désormais libéré[34].

Cette novation pourra permettre notamment de constituer une dot à la personne libérée, de lui faire une donation ou un prêt, etc.

§ 4. — *Effets de la novation.*

1° La novation éteint l'obligation ancienne. Elle l'éteint avec tous ses accessoires, hypothèques, gages ou cautions qui en garantissent l'exécution[35]. Du fait de cette extinction, la demeure est purgée; le cours des intérêts de la créance originaire est arrêté[36]; — 2° elle crée une obligation nouvelle. On discute d'ailleurs sur le point de savoir si les exceptions, qui existaient contre l'ancienne obligation, peuvent être également opposées à la nouvelle obligation.

---

34. *D.*, 46, 2, *h. t.*, 8, 5. V. C. civ., art. 1274.
35. *D.*, 46, 2, *h. t.*, 18.
36. *D.*, 13, 1, *De cond. furt.*, 17; *D.*, 46, 2, *h. t.*, 18.

§ 5. — *De l'expromissio et de la delegatio.*

L'*expromissio*, selon les commentateurs, n'a lieu qu'au cas de novation par changement de débiteur : elle a lieu entre *expromissor* et créancier, en dehors de l'ancien débiteur. Mais ce paraît être un sens donné par les commentateurs eux-mêmes.

La délégation suppose au contraire l'action de trois personnes : le délégant, le délégué et le délégataire[37]. Primus débiteur, délégant, présente à Secundus créancier, délégataire, Tertius, délégué, qui, sur son invitation, s'engagera envers le délégataire. Ou bien, Secundus créancier, délégant, présente à Primus débiteur, délégataire, Tertius, délégué, qui deviendra sur son invitation créancier de Primus.

La délégation n'est pas d'ailleurs forcément toujours une novation. D'une part, elle peut avoir lieu par contrat verbal, par contrat littéral, mais aussi par *litis contestatio*[38]. D'autre part, si parfois elle se produit dans un but novatoire, d'autres fois elle se produira sans qu'il y ait novation, par exemple quand le délégué verse une somme d'argent au délégataire sur l'invitation du délégant dans le but de faire une donation ou un prêt au délégant[39].

---

37. *D.*, 46, 2, *h. t.*, 11, *pr.* V. C. civ., art. 1275.
38. *D.*, 46, 2, *h. t.*, 11, 1.
39. *D.*, 12, 1, *De reb. crcd.*, 9, 8; *D.*, 23, 3, *De jure dot.*, 5, 8.

CHAPITRE VI

De l'extinction de l'obligation par compensation[40]

§ 1. — *Définition de la compensation. Elle fut d'abord conventionnelle.*

La compensation, *compensatio*, est définie par Modestin : *debiti et crediti inter se contributio*, la balance d'une créance par une dette[41]. Deux personnes sont à la fois créancières et débitrices l'une de l'autre : la plus forte des deux dettes s'éteint alors jusqu'à concurrence de la plus faible.

D'assez bonne heure, les parties ont dû pouvoir recourir à la compensation conventionnelle. Il ne pouvait, par contre, être question d'une compensation forcée des créances et des dettes, ne fût-ce qu'à raison du principe de la vieille procédure romaine qu'est le principe de l'unité de question. En vue de faciliter la tâche du juge, les plaideurs ne peuvent poser au juge qu'une question : « Celui qui a déposé de l'argent chez moi m'a ensuite volé : on ne confond pas les deux formules d'actions : j'agirai contre lui par l'action de vol et il agira contre moi par l'action de dépôt. » (Sénèque, *De benef.*, 6, 5, 6), Donc, en principe, pas de compensation forcée. Sous les Actions de la loi, elle n'eût pu qu'être conventionnelle, résulter de l'accord des parties.

---

40. *D.*, 16, 2, *De compensationibus.*
41. *D.*, 16, 2, *h. t.*, 1.

§ 2. — Depuis l'introduction de la procédure formulaire jusqu'à Marc-Aurèle : de quelques cas exceptionnels de compensation forcée.

La compensation n'est encore, en principe, que conventionnelle. Celui qui défend à une action ne peut pas encore, en principe, formuler une demande reconventionnelle à raison d'une créance qu'il aurait contre le demandeur[42].

Cependant la compensation forcée est admise exceptionnellement dans un petit nombre de cas :

1° au cas où le débiteur poursuivi par une action de bonne foi est lui-même créancier du demandeur *ex pari causa*, c'est-à-dire est créancier en vertu de la même opération synallagmatique qui l'a rendu débiteur[43]. Par exemple, l'acheteur poursuivi en paiement du prix réclame au vendeur des dommages-intérêts pour sa négligence à garder la chose. Ceci vient de ce que, dans l'action de bonne foi, le juge est saisi à la fois des prétentions des deux parties; il établira les compensations qui peuvent provenir de la coexistence des obligations. La compensation résulte dans ce cas du pouvoir du juge;

---

42. Dans la pratique judiciaire, des textes font allusion au renvoi par le magistrat, devant le même juge, de deux affaires concernant les mêmes parties, le défendeur à une action demandant la délivrance d'une autre formule contre son demandeur et le renvoi des deux actions au même juge. C'est là, dit-on, le système des *mutuae petitiones*. Mais, même dans ce cas, le juge prononcera deux condamnations. Ce qu'on peut seulement dire, c'est qu'il apparaîtra aux parties sans doute naturel de faire entre elles compensation conventionnelle.

43. Gaius, 4, 61-63.

2° au cas où l'*argentarius*, le banquier, qui a été en compte avec un client, agit contre ce client *cum compensatione* : c'est-à-dire après avoir fait lui-même, comme il y est obligé, la balance entre ce que lui, banquier, doit à son client et ce qui lui est dû par ce client[44];

3° au cas où le débiteur poursuivi par le *bonorum emptor*, acheteur en bloc du patrimoine d'un failli, oppose à ce *bonorum emptor*, sous forme de *deductio*, ce qui lui était dû par le failli[45];

4° enfin, dans quelques cas analogues à nos cas de compensation légale. Ainsi, les impenses faites par le mari sur le fonds dotal diminuent d'autant, *ipso jure*, sa dette de restitution de la dot[46].

§ 3. — *Innovation attribuée à Marc-Aurèle.*

C'est à dater de Marc-Aurèle que, suivant le témoignage des Institutes, 4, 6, § 30, la compensation aurait été étendue d'une façon générale aux actions de droit strict; un rescrit de cet empereur aurait permis de l'opposer par le moyen de l'exception de dol. Le débiteur poursuivi opposait au demandeur la créance qu'il prétendait avoir contre lui, même si cette créance était née de toute autre opération (*ex dispari causa*) : il opposait sa créance, en faisant insérer, dans la formule de l'action intentée con-

---

44. Gaius, 4, 64; 66-68.
45. Gaius, 4, 65-68.
46. D., 23, 4, *De pact. dot.*, 5, 2. De même, les arrhes en espèces monnayées versées par l'emprunteur, l'acheteur, le locataire, au lieu de leur être restituées quand ces débiteurs se libèrent, sont imputées sur le prix ou sur la redevance : Varron, *De lingua lat.*, 5, 175.

tre lui, une exception de dol, sans doute en invoquant le principe que c'est un dol de réclamer ce qu'on doit rendre aussitôt après (*dolo facit qui petit quod redditurus est :* Paul, *D.*, 50, 17, *fr.* 173, 3). La menace de l'exception déterminera d'ailleurs le demandeur à accepter le plus souvent *in jure* une compensation conventionnelle.

§ 4. — *La compensation au temps de Justinien.*

Justinien devait soumettre la compensation à certaines règles : notamment, la créance opposée en compensation doit être liquide[47]; elle ne peut être opposée ni au fisc, ni au créancier d'une pension alimentaire, ni par le dépositaire au déposant qui réclame sa chose[48]; elle est opposable aux actions réelles aussi bien qu'aux actions personnelles[49]. Mais, bien qu'on ait prétendu le contraire en invoquant à tort une constitution 14 au Code, 4, 31, selon laquelle la compensation aurait lieu *ipso jure*[50], le droit de Justinien n'a pas connu, en dehors des cas précités, une compensation légale éteignant de plein droit toutes les dettes existant entre deux parties jusqu'à concurrence de la plus faible.

---

47. *C.*, 4, 31, *De compensationibus*, 14, 1.
48. *C.*, 4, 31, *h. t.*, 14, 2.
49. *C.*, 4, 31, *h. t.*, 14, pr.
50. La suite de la constitution, en indiquant les conditions que la compensation doit présenter au juge pour être admise par lui, témoigne qu'il y est question d'une compensation judiciaire et non légale.

Cependant, l'interprétation erronée que la compensation a lieu alors de plein droit, *ipso jure*, une fois admise par les anciens auteurs, n'est pas demeurée stérile : elle a abouti en France à la compensation légale du Code civil. Le droit allemand fait reposer au contraire la compensation sur la déclaration de volonté de l'une des parties.

CHAPITRE VII

De l'extinction d'une obligation d'une manière forcée : par la perte de la chose due, par la confusion, par la mort, par la *capitis deminutio*, par la prescription libératoire.

§ 1. — *Par la confusion.*

La confusion est la réunion de qualités incompatibles sur une même tête, dans l'espèce des qualités de créancier et de débiteur : elle se produit normalement lorsque le débiteur devient l'héritier du créancier, et réciproquement.

Les jurisconsultes l'analysent comme une sorte de paiement que le créancier ou le débiteur, selon les cas, se fait à lui-même[51]. Cependant, il n'y a là aucune exécution; l'exécution est précisément devenue impossible.

§ 2. — *Par la perte de la chose due.*

V. *supra*, p. 190 s.

---

51. D., 46, 1, *De fidejuss.*, 50.

§ 3. — *Par la mort.*

Ce n'est qu'exceptionnellement que les créances et les dettes s'éteignent par la mort du créancier ou par celle du débiteur : V. *supra*, p. 156 et 171-172.

§ 4. — *Par la capitis deminutio.*

La *capitis deminutio* n'éteint qu'exceptionnellement les droits de créance (p. 171). Mais, dans le système du pur droit civil, elle éteint les dettes du *capite minutus* autres que celles nées de délits. Cependant des tempéraments furent apportés à ce principe : d'une part, en pratique, au cas de *maxima* et de *media capitis deminutio*, après la confiscation des biens des condamnés, l'Etat payait les créanciers du condamné jusqu'à concurrence de l'actif du patrimoine; d'autre part, l'adrogeant fut obligé par le préteur à payer les créanciers de l'adrogé (p. 172).

§ 5. — *Par la prescription libératoire.*

Les obligations de l'ancien droit sont perpétuelles : en principe, elles durent jusqu'à ce qu'elles soient éteintes par un acte contraire de même efficacité.

Il n'est que peu d'exceptions à ce principe : l'action *auctoritatis* s'éteint par un délai d'un ou deux ans, puisqu'elle devient inutile, l'usucapion ayant mis au bout de ce délai l'acheteur à l'abri de l'éviction[52]; la loi Furia *de sponsu* déclare libérés par deux ans les *sponsores* et *fidepromissores* d'Italie[53].

—— ——

52. XII Tables, 6, 3.
53. V. *supra*, p. 214.

Les obligations, provenant de l'édit des préteurs ou des édiles curules et pour lesquels ces magistrats avaient donné des actions prétoriennes ou édiliciennes, s'éteignaient au contraire, en principe, par un an[54] (certaines actions prétoriennes sont cependant perpétuelles). Ce laps de temps d'une année, à la fin de laquelle l'obligation est éteinte, est une année, non pas continue, mais sans doute utile *ratione initii*, c'est-à-dire qu'elle court du jour où le créancier a pu agir sans être arrêté par un obstacle venant de lui-même, du défendeur ou même du magistrat[55].

Le droit byzantin limita à trente ans la durée des actions civiles et des actions prétoriennes perpétuelles[56]. Cette prescription trentenaire commence à courir du jour de l'échéance de la dette.

L'action hypothécaire se prescrit par 40 ans, pouvant ainsi survivre pendant 10 ans à l'action personnelle[57]. Se prescrivent aussi par 40 ans les actions des églises et des fondations pieuses[58]. La créance du fisc en remboursement de l'impôt est imprescriptible[59].

La prescription est suspendue lorsque le créancier est un impubère ou un mineur de 25 ans[60]. Elle est interrompue par une demande en justice introduite par le créancier, ou par la

---

54. Gaius, 4, 110.
55. D., 44, 3, *De div. temp. pr.*, 1.
56. C., 7, 39, *De praescriptione XXX vel XL annorum*, 3.
57. V. *supra*, p. 231.
58. Nov. 111.
59. C., 7, 39, *h. t.*, 6.
60. C., 7, 39, *h. t.*, 3, 1 a.

reconnaissance expressse ou tacite de la dette par le débi-teur[61].

APPENDICE. — DES DIVISIONS DES MODES D'EXTINCTION DES OBLIGATIONS GÉNÉRALEMENT ADOPTÉES PAR LES INTERPRÈTES ANCIENS OU MODERNES.

Les principales divisions, généralement adoptées par les interprètes anciens ou modernes, sont :

1° la division en modes d'extinction *ipso jure*, de plein droit, à savoir : l'acte extinctif *per aes et libram*, l'acceptilation verbale ou littérale, le paiement, le *contrarius consensus* à l'égard des obligations nées du contrat consensuel, le pacte de pardon à la suite d'un délit, la *litis contestatio* au cas et de *judicium legitimum* et d'action personnelle *in jus*, la stipulation novatoire, la compensation dans quelques cas, la confusion, sans doute la prescription trentenaire, etc.; — et en modes d'extinction *exceptionis ope*, nécessitant l'insertion dans la formule de l'action d'une exception invoquant le fait de l'extinction, à savoir le pacte *de non petendo*, le *contrarius consensus* à l'égard des obligations nées de stipulations accessoires à un contrat consensuel, la *litis contestatio* au cas et de *judicium imperio continens* et d'action *in factum* et d'action *in rem*, la compensation dans certain cas;

2° la division en modes volontaires, à savoir notamment le paiement, la novation, la compensation, la remise de dette, l'arrivée de la condition ou du terme extinctif; et les modes non volontaires ou forcés, tels que la perte de la chose due, la confusion, la mort, la *capitis deminutio*, la prescription libératoire.

---

61. *C.*, 7, 39, *h. t.*, 7, *pr.*; 7, 5 *a*; 8, 4.

APPENDICE[1]

___

I. — La dot[2].

§ 1. — Définition de la dot. — La dot, *dos, res uxoria*, est, selon les jurisconsultes, la quotité de biens apportés au mari par le *paterfamilias* de la femme *alieni juris* ou par la femme *sui juris* ou par d'autres personnes[3], en vue de supporter les charges du mariage. Elle sert à contribuer notamment et à l'entretien de la femme elle-même, et à l'entretien des enfants nés du mariage[4].

§ 2. — Raisons d'être de l'apport d'une dot. — Au cas de mariage *cum manu*, ce que la femme apportait avec elle dans sa nouvelle famille au moment du mariage était acquis à son nouveau *paterfamilias*[5].

___

1. Nous traitons en appendice *De la dot et des donations*, parce que certains professeurs traitent ces matières en seconde année de licence. Cependant, il est préférable, dans l'enseignement du droit privé romain, de traiter de la dot, des donations *ante* et *propter nuptias*, des donations entre époux, ainsi que du sénatus-consulte Velléien à propos des rapports entre mari et femme quant aux biens. Il est de même préférable de traiter des donations à la suite des autres cas de transfert de propriété (ainsi, *Inst.*, 2, 7), et des donations à cause de mort à la suite des autres cas de transfert à cause de mort.

2. *D.*, 23, 3, *De jure dotium.*

3. La dot constituée par le père au profit de sa fille *alieni juris* est dite dot profectice (*a patre profecta*); la dot constituée par la femme *sui juris* ou par une autre personne que le père est dite dot adventice (Ulpien, *Reg.*, 6, 3).

4. *D.*, 49, 17, *De castr. pec.*, 16, *pr.; Dos matrimonio coharens oneribus ejus ac liberis communibus.. confertur.*

5. Cicéron, *Top.*, 4, 23.

Mais c'est avec le mariage *sine manu* que la dot prend un caractère particulier et nécessaire. Dans ce mariage, où la femme demeure juridiquement dans la famille de son *paterfamilias*, bien qu'en fait d'ordinaire elle vive chez son mari et y soit entretenue; dans ce mariage, où elle doit rester juridiquement étrangère aux enfants qu'elle donne au mari, il apparaît nécessaire qu'elle contribue aux charges du ménage, qu'elle paie pension pour elle-même et qu'elle participe aux frais d'entretien des enfants qu'elle donne au mari : d'où l'apport d'une dot au mari[6]. C'est une coutume courante dès le vi[e] siècle de Rome.

Elle apparaîtra de plus en plus nécessaire pour assurer le mariage des filles. Et, sous Auguste, appuyant les efforts faits pour faciliter le mariage en vue d'enrayer la diminution de la race latine, la jurisprudence formulera l'obligation pour le père de fournir à ses filles une dot raisonnable[7].

§ 3. — **Le mari propriétaire de la dot; modes de constitution de la dot.** — De la dot, le mari est propriétaire (*dominus dotis*)[8].

De la sorte, si du mariage naissent des enfants, ces enfants, qui n'ont pas à cette époque de droit à la succession de leur mère, auront du moins chance de trouver dans la succession d'un père économe cette dot apportée par leur mère ou à cause d'elle.

---

6. La dot, une fois constituée, ne peut pas être, au cours du mariage, détournée de sa destination première : *dotis causa perpetua est* (D., 23, 3, *h. t.*, 1).

7. D., 23, 2, *De ritu nupt.*, 19.

8. Les biens que la femme *sui juris* peut avoir en dehors de la dot fournie au mari sont dits biens extra-dotaux ou paraphernaux : la femme en est propriétaire; elle peut en disposer, sous la réserve du sénatus-consulte Velléien (ci-après, p. 264).

D'ordinaire, la dot est constituée par une dation de biens. Si la dation est différée, elle est promise par stipulation ou bien, dans certains cas, elle fait l'objet d'une *dotis dictio* (p. 66)[9]. D'ailleurs, si ces actes de droit ont lieu avant le mariage, comme il est de coutume, ils ne produiront effet que si le mariage se réalise.

§ 4. — Le divorce et la restitution de la dot : le mari débiteur de la restitution de la dot au cas de dissolution du mariage. — A partir du vi[e] siècle de Rome, les divorces se multiplient. La pratique envisagea dès lors la possibilité de réclamer au mari cette dot, notamment pour mettre les femmes divorcées en mesure de contracter un nouveau mariage[10]. C'est ainsi que l'usage s'introduisit de stipuler du mari, au moment du mariage, la restitution de tout ou partie de la dot au cas de dissolution du mariage : la promesse du mari porte le nom de *cautio rei uxoriae*, sanctionnée par une action *ex stipulatu*[11].

Il n'en demeure pas moins que si l'on ne stipule pas expressément du mari, par stipulation formaliste, la restitution de la dot, la dot reste en la propriété du mari après la dissolution du mariage, notamment par divorce. Le résultat est choquant. Aussi, le préteur est-il intervenu. Du fait que le mari a reçu une dot, il sera désormais dans l'obligation de la restituer lors de la dissolution du mariage, même s'il ne s'est pas engagé par stipulation à la restitution. Et le préteur, pour l'obliger à restituer, donnera à la femme contre lui une action dite *actio rei uxoriae*. C'est une action *in bonum et aequum concepta*, donnée

---

9. Ulpien, *Reg.*, 6, 1. Elle peut être encore constituée par tous les autres procédés au moyen desquels une donation pourrait être faite (p. 266).

10. Mais, à Rome, la dot peut être constituée ou augmentée pendant le mariage : Paul, *Sent.*, 2, 21 b, 1.

11. Aulu-Gelle, 4, 3, 1. — La dot est alors dite *recepticia* : Ulpien, *Reg.*, 6, 3.

à la femme pour réclamer au mari ce qui doit, selon l'équité, lui revenir de sa dot[12].

Donnée d'abord pour le cas de divorce de la femme, elle fut donnée également, dès avant la fin de la République, au cas de prédécès du mari[13].

L'action *ex stipulatu*, née de la *cautio rei uxoriae* et l'action *rei uxoriae* diffèrent dans leurs effets, du fait que l'action *ex stipulatu* est une action de droit strict et que l'action *rei uxoriae* est une action *in bonum et aequum concepta*, classée au temps de Gaius parmi les actions de bonne foi[14].

Ainsi, au cas de stipulation de restitution de dot, la dot doit toujours être rendue par le mari ou par ses héritiers, sans qu'il existe d'ailleurs en leur faveur un délai de grâce après la dissolution du mariage[15]. Elle devra être rendue tout entière; si le mari a des créances contre la femme ou ses héritiers, il agira contre eux par d'autres actions, sans pouvoir de ce fait retenir une partie de la dot : il aura l'action *rerum amotarum* (de choses détournées), si la femme a emporté de chez lui des choses lui appartenant[16]; il aura le *judicium de moribus*, quand le divorce a été provoqué par la mauvaise conduite de la femme[17], etc. Enfin, celui qui a stipulé la restitution de la dot est compté parmi les autres créanciers chirographaires du mari, jusqu'à Justinien.

Au contraire, si la restitution de la dot est poursuivie par l'action *rei uxoriae*, le mari peut obtenir un délai pour la restitution[18]. On finira par admettre qu'il serait condamné seu-

---

12. Cicéron, *Top.*, 17, 66; *D.*, 4, 5, *De cap. min.*, 8.
13. *D.*, 23, 3, h. t., 79.
14. Gaius, 4, 62.
15. *C.*, 5, 13, *De rei uxoriae act.*, 1, 4; 1, 7.
16. *D.*, 25, 2, *De act. rer. amotarum.*
17, Gaius, 4, 102.
18. Ulpien, *Reg.*, 6, 8.

lement dans la limite de ses ressources[19]. Il peut retenir tout ou partie de la dot au lieu d'agir en restitution des choses emportées par la femme, ou au lieu d'agir par le *judicium de moribus*, ou pour se couvrir des impenses qu'il a faites au sujet des biens dotaux, ou pour les frais d'entretien des enfants qui restent à sa charge (*propter liberos*)[20] : dans tous ces cas, il y aura lieu à rétentions dotales. Enfin, l'action *rei uxoriae* bénéficiera par la suite d'un privilège *inter personales actiones*.

§ 5. — Des mesures prises avant Justinien en vue de garantir la femme créancière de la dot contre l'insolvabilité éventuelle de son mari. — Comme le mari est propriétaire de la dot et que la femme n'est que créancière de la restitution de la dot, le mari pendant le mariage peut aliéner la dot, la dissiper; et, à la dissolution du mariage, la femme créancière se trouve en concurrence avec tous les autres créanciers du mari. Pour qu'elle puisse recouvrer sa dot[21], il s'agit donc de prendre des mesures et pour conserver la dot et pour mieux en assurer la restitution.

a) Le procédé le plus énergique de conservation de la dot serait d'interdire au mari l'aliénation des biens la composant. C'est de ce procédé qu'on usa partiellement. Sous Auguste, la loi Julia *de adulteriis*, à son chapitre *de fundo dotali*, décida que le mari ne pourrait plus aliéner l'immeuble dotal situé en Italie, sans le consentement de sa femme[22]. La notion de l'inaliénabilité dotale s'introduit, bien que restreinte à l'im-

---

19. On lui accorde ce qu'on appelle le bénéfice de compétence (*in id quod facere potest*) : C., 5, 13, *De rei uxoriae act.*, 1, 7.

20. Ulp., *Reg.*, 6, 10.

21. D., 23, 3, *h. t.*, 2.

22. Paul, *Sent.*, 2, 21 b, 2. Si l'immeuble a été estimé, estimation vaut vente, et le mari n'est dans ce cas que débiteur du prix.

meuble dotal italique. Il appartient désormais à la femme, par un refus de concours, de se défendre contre les aliénations des immeubles dotaux italiques.

Bien plus, Auguste interdit aux femmes d'intercéder pour leurs maris (p. 264). En conséquence, le mari ne pourra pas hypothéquer le fonds dotal italique, même avec le consentement de sa femme.

b) D'autre part, on tendit à mieux assurer la restitution de la dot, pour le cas où la femme créancière se trouverait en concurrence avec d'autres créanciers du mari.

Dès le Haut-Empire, la femme qui intente l'action *rei uxoriae* voit son action jouir d'un privilège vis-à-vis des autres actions personnelles intentées contre le mari par d'autres créanciers chirographaires, *privilegium inter personales actiones*[23]. Elle passera, pour se faire rembourser de sa créance de la dot, avant les créanciers ordinaires, n'ayant que des actions *in personam*, mais sur ce qui reste après que les créanciers hypothécaires, dont l'action est *in rem*, ont été satisfaits. Cette mesure devait d'ailleurs être complétée à l'époque de Justinien.

§ 6. — **La dot à l'époque de Justinien.** — Le mari ou ses héritiers sont désormais débiteurs de la restitution de la dot dans tous les cas de dissolution du mariage, au cas de divorce ou de prédécès du mari ou de prédécès de la femme. Par une constitution de 530, Justinien a fusionné à cet effet les règles de l'action *rei uxoriae* et celles de l'action *ex stipulatu*[24] : il n'existe plus qu'une seule action pour réclamer la dot; elle est dite action *ex stipulatu*, mais elle conserve en principe les effets de l'action *rei uxoriae*, étant comme celle-ci de bonne foi.

---

23. *C.*, 7, 74, *De privilegio dotis*, 1.

24. *C.*, 5, 13, *De rei uxoriae actione in ex stipulatu actionem transfusa et de natura dotibus praestita; Inst.*, 4, 6, *De act.*, 29.

Pendant le mariage, le mari demeure toujours, semble-t-il, propriétaire de la dot. Mais ses pouvoirs sont tellement restreints que Justinien peut déclarer que si la dot appartient au mari *secundum subtilitatem legum*, elle est à la femme *ex jure naturali*[25] : et il permet à la femme de réclamer la restitution des biens dotaux existants par une action réelle.

En tout cas, Justinien, voulant redonner au régime dotal une vigueur nouvelle, décide en 530 :

d'une part, en vue d'assurer la conservation de la dot, que tout immeuble dotal ne pourra plus être aliéné par le mari, même avec le consentement de la femme[26];

d'autre part, en vue de mieux en assurer la restitution, que la femme aura, à dater du jour du mariage, sur tous les biens du mari, une hypothèque tacite générale[27], qui lui permettra d'obtenir la restitution de sa dot par préférence à tous les créanciers, même aux créanciers hypothécaires dont le droit est né depuis le jour du mariage.

En 531, Justinien devait faire de cette hypothèque une hypothèque privilégiée[28] : la femme passera dès lors même avant les créanciers hypothécaires dont les hypothèques sont antérieures au mariage.

§ 7. — **Les destinées du régime dotal romain.** — Le régime dotal, après la chute de l'empire romain d'Occident, devait subsister en Italie, en Espagne, dans les pays de droit écrit du Midi de la France; il pénétra même en Allemagne.

Dans le Midi de la France, contrairement à l'adage coutumier *Ne dote qui ne veut*, le père de famille est tenu de doter sa fille majeure. Nos anciens auteurs disent que le mari est maître de la dot, qu'il en a le domaine civil, mais ils ajoutent que la femme

---

25. *C.*, 5, 12, *De jure dot.*, 30.
26. *Inst.*, 2, 8, *Quibus alienare licet vel non, pr.*
27. *C.*, 5, 13, *De rei uxor. act.*, 1, 1 b (1 b).
28. *C.*, 8, 17 (18), *Qui pot.*, 12 (constitution *Adsiduis*).

en conserve la vraie propriété; les plus récents traitent le mari de simple usufruitier. Le Code civil n'a fait que reproduire leur doctrine en déniant au mari la propriété de la dot, pour ne lui en laisser que la jouissance.

L'inaliénabilité de la dot immobilière demeure l'une des principales caractéristiques de ce régime matrimonial. Seulement, jusqu'au xiiie siècle, l'immeuble dotal a pu être aliéné avec le consentement de la femme, comme cela était permis à l'époque du Code Théodosien, qui était la législation romaine en vigueur en Occident au moment des invasions. A partir du xiiie siècle, l'immeuble dotal est devenu complètement inaliénable, même avec le consentement de la femme, sous l'influence de la renaissance du droit romain introduisant la législation de Justinien, le *Corpus juris civilis*, dans le Midi de la France.

Le mari, à Rome, est propriétaire de la dot mobilière, qu'il peut aliéner, et dont il est seulement débiteur de la restitution. Progressivement, dans les pays de droit écrit, il fut reçu en principe que la femme ne pouvait pas compromettre la restitution de sa dot mobilière en renonçant à sa créance contre son mari ou à l'hypothèque qui la garantissait. Le Code civil n'a consacré que le principe de l'inaliénabilité de la dot immobilière. La théorie de l'inaliénabilité de la dot mobilière, si importante désormais à raison du développement des valeurs mobilières, a été l'œuvre de la jurisprudence française du xixe siècle.

II. — Les donations *ante* et *propter nuptias*[29].

§ 1. — La donation *ante nuptias* au Bas-Empire jusqu'à la chute de l'Empire romain d'Occident. — C'est une donation en pleine propriété faite par le mari avant le mariage à la future épouse.

Sans doute, les donations entre vifs étaient depuis longtemps en usage entre fiancés : et elles n'étaient pas soumises aux restrictions de la loi Cincia. Mais, peut-être déjà à partir

---

29. *Inst.*, 2, 7, *De don.*, 3; *C.*, 5, 3, *De donationibus ante nuptias vel propter nuptias et sponsaliciis.*

du IIIe siècle, en tout cas au Bas-Empire, ces donations prennent une importance particulière. Elles tendent à mieux assurer la situation de la femme pour après le mariage. Il y a là très vraisemblablement une influence d'institutions des provinces orientales. On voit cette donation constituée en même temps que la dot; et le mari la garde pendant le mariage au même titre que la dot[30].

Elle joue donc principalement le rôle de gain de survie volontaire. Accessoirement, on fait de la perte de la donation *ante nuptias* une peine que l'époux coupable encourt au cas de divorce.

On se demande si ce n'est pas, après la chute de l'Empire d'Occident, de sa combinaison avec la *dos ex marito* germanique, qu'est né le douaire de notre ancien droit.

§ 2. — La donation *propter nuptias* dans l'Empire d'Orient après Théodose II et principalement dans le droit de Justinien. — A cette époque, la donation peut encore être constituée ou augmentée même pendant le mariage : d'où le nom nouveau de donation *propter nuptias*[31].

Elle demeure sans doute un gain de survie pour la femme; sa perte est une peine pour l'époux coupable, au cas de divorce.

Mais elle devient : et obligatoire; et une contre-partie de la dot. C'est une coutume des pays d'Orient qui s'introduit alors, et d'après laquelle il doit y avoir une proportion à observer entre les apports respectifs des deux époux, dot et donation, à cause de mariage. Et, après des hésitations, Justinien décida qu'entre les époux, il y aurait une proportion égale des gains de survie, correspondant à l'égalité des apports des conjoints[32].

---

30. Dans notre ancien droit, on parle en ce sens d' « augment de dot ».

31. *C.*, 5, 3, *h. t.*, 20.

32. Nov. 97. Cette égalité des gains de survie et des apports n'a pas persisté dans le milieu oriental où elle était née.

Au surplus, les mêmes règles régissent la donation *propter nuptias* que la dot, notamment en ce qui concerne les mesures de conservation de la donation et ses garanties de restitution[33].

III. — Le sénatus-consulte Velléien[34].

L'intercession, *intercessio*, est un engagement pris pour la dette d'autrui.

§ 1. — **L'interdiction pour la femme mariée d'intercéder pour son mari.** — En vue de protéger la situation pécuniaire des femmes mariées, Auguste, par un édit, interdit aux femmes d'intercéder pour leurs maris[35]. Les femmes peuvent concourir à l'aliénation des immeubles dotaux italiques; elles peuvent aliéner elles-mêmes les biens non dotaux, dit extra-dotaux ou paraphernaux, qui leur appartiennent : mais il faut que ces aliénations soient définitives. On leur interdit, au contraire, de s'engager pour l'avenir, par complaisance ou par bon cœur, pour leur mari, débiteur d'autrui. Cet engagement pour l'avenir apparaît comme ne comportant qu'un sacrifice éventuel, incertain; le mari habile peut même faire croire qu'il n'aura jamais recours à ce sacrifice éventuel : un pareil engagement constitue l'*intercessio* prohibée. Ainsi, il est interdit à la femme de cautionner une dette du mari, de donner une chose en gage comme garantie que le mari paiera sa dette envers autrui, de consen-

---

33. L'usage s'était introduit, pour le mari, de promettre seulement la donation; il n'exécutait pas cette promesse pendant le mariage; il ne l'exécutait même pas après dissolution du mariage survenue par prédécès de la femme ou par divorce imputable à elle; lui ou ses héritiers devaient l'exécuter au cas de dissolution du mariage survenue par divorce imputable à lui ou par sa mort.

34. *D.*, 16, 1, *Ad senatus-consultum Velleianum; C.*, 4, 29, *eod. tit.*

35. *D.*, 16, 1, *h. t.*, 2, *pr.* Cet édit paraît avoir été renouvelé par Claude.

tir aux créanciers de son mari une hypothèque sur ses biens
dotaux ou extra-dotaux.

**§ 2. — Le sénatus-consulte Velléien et l'interdiction, pour
toute femme, même non mariée, d'intercéder pour autrui.**
— La prohibition de l'intercession ne devait pas demeurer limi-
tée aux engagements pris par la femme pour les dettes de son
mari. Le sénatus-consulte Velléien, rendu sans doute entre le
règne de Claude et celui de Vespasien, défendit à toute femme,
même non mariée, d'intercéder d'une manière générale pour
autrui, *pro alio.*

Cette prohibition est motivée : et par le désir d'éviter à la
femme la comparution dans des débats judiciaires provoqués
souvent par de tels engagements, par le désir de lui éviter
de prendre part ainsi à des *officia virilia;* et surtout pour lui
porter secours à raison de la faiblesse du sexe, *propter sexus
imbecillitatem*[36].

Cette prohibition est sanctionnée par une exception[37]. La
femme a l'exception du sénatus-consulte Velléien pour repousser l'action née de l'engagement contraire au sénatus-consulte.

**§ 3. — L'intercession au Bas-Empire, avant et sous Justi-
nien.** — 1° Au Bas-Empire, avant Justinien, il était entré dans
l'usage de faire renoncer les femmes au bénéfice du sénatus-
consulte Velléien. On venait ainsi en aide à la femme résolue de
seconder son mari.

2° Au contraire, avec Justinien, se constate un retour accentué aux idées romaines classiques. A raison de la *fragilitas
sexus muliebris*, la femme ne peut plus renoncer valablement

---

36. *D.*, 16, 1, *h. t.*, 2, 1: texte du sénatus-consulte.
37. Peut-être parce que le Sénat n'avait pas encore le pouvoir incon-
testé de faire du droit civil.

au Velléien, quand il s'agit d'une *intercessio* faite pour le mari[38]. La renonciation de la femme au Velléien ne peut avoir lieu que, sous certaines conditions[39], en faveur de toute autre personne que le mari.

§ 4. — **Les destinées du sénatus-consulte Velléien.** — Les renonciations au s.-c. Velléien, devenues d'usage dans l'Empire d'Occident à l'époque qui précéda les invasions, en avaient amené la désuétude pratique. La prohibition de l'intercession reparut cependant à la suite de la renaissance du droit romain. Dans le Midi de la France, en pays de droit écrit, elle l'emporta en même temps qu'y était édictée l'inaliénabilité dotale, et sous les mêmes inspirations. En pays de coutumes, elle se heurta à la capacité de la femme non mariée et à la situation faite à la femme dans le régime de communauté. La doctrine peut soutenir le Velléien; la pratique détruit son œuvre en faisant renoncer d'usage les femmes au Velléien. Aussi, un édit de 1606 déclare-t-il aboli le sénatus-consulte. En fait, il demeure toujours en application dans les pays de droit écrit et en Normandie; et il ne disparaît définitivement qu'avec la promulgation de l'art. 1125 du Code civil.

IV. — **Les donations**[40].

Définition; modes de constitution.

Au sens juridique, la donation est l'acte par lequel une personne s'appauvrit, dans un but de libéralité (*animus donandi*[41]), d'une fraction de son patrimoine au profit d'une autre personne qui s'enrichit.

La donation peut se réaliser par divers procédés : non seulement par une translation de propriété, ce qui est le procédé le

---

38. *Nov.*, 134, *c.* 8.
39. *C.*, 4, 29, *h. t.*, 23, 2.
40. *Inst.*, 2, 7, *De donationibus; D.*, 39, 5, *eod. tit.*
41. *D.*, 39, 5, *h. t.*, 1, *pr.*

plus courant[42], mais aussi par une constitution ou une extinction de servitude, par une cession de créance, par une extinction d'obligations. La donation peut d'ailleurs ne pas être immédiate : la convention de donation est reconnue comme pacte légitime sous Justinien[43].

Les donations sont donc régies par les règles particulières à leurs divers modes de constitution. Mais certaines règles de fond diffèrent, suivant que la donation est une donation entre vifs ou une donation à cause de mort.

A. Les donations entre vifs.

§ 1. — **Les donations et la loi Cincia.** — La loi Cincia est un plébiscite, de l'an 550 de Rome, sur les donations, sur les présents[44].

Elle comporte deux chefs distincts :

a) l'un, relatif aux honoraires des avocats. Il est interdit aux avocats de recevoir des honoraires[45], cette prohibition ayant pour but vraisemblablement d'éviter que la plèbe ne fût à la merci des personnages influents pour les services qu'elle ne pouvait attendre que d'eux;

b) l'autre, prohibant de recevoir des donations excédant un certain taux, fixé par la loi[46].

Dans l'un et l'autre cas, le législateur voulait empêcher que

---

42. La plupart des textes envisagent le cas de donation par translation de propriété, en particulier les textes concernant la loi Cincia..

43. V. *supra*, p. 127. Le donateur, actionné par le donataire en paiement de la donation, ne pourra être obligé de payer que dans la limite de ses ressources : on lui accorde le bénéfice de compétence.

44. Cicéron, *De oratore*, 3, 71; *De senectute*, 4, 10.

45. Tacite, *Ann.*, 11, 5.

46. Ulpien, *Reg.*, *pr.*, 1.' Le texte mutilé ne nous fait pas connaître, dans sa partie subsistant, le taux légal des donations.

toute donation fût le résultat d'une pression du donataire sur la volonté du donateur.

Ce but du législateur explique : 1° l'inapplication de la loi à certaines personnes, *personae exceptae*[47], de la part desquelles le législateur ne conçoit d'autre pression sur la volonté du donateur que l'influence toute naturelle des sentiments d'affection; — 2° la fixation d'un taux en deçà duquel les donations seront considérées comme trop modiques pour avoir été le résultat d'une contrainte morale.

La loi Cincia est une loi imparfaite, *lex imperfecta*[48], en ce sens qu'elle prohibe l'acte contraire à la loi, à savoir la donation immodérée, sans toutefois l'annuler comme le ferait une loi parfaite, *lex perfecta*, et sans porter de peine contre le contrevenant à la loi comme le ferait une loi moins que parfaite, *lex minus quam perfecta*. On discute donc sur la sanction de cette prohibition légale. Il semblerait qu'en pratique le donateur eût pu alors avoir une action en répétition, *condictio*, fondée sur l'enrichissement injuste, pour réclamer l'objet de la donation immodérée. Mais, sous la procédure formulaire, plus simplement le donateur aura à sa disposition l'exception de la loi Cincia[49], donnée par le préteur, pour repousser l'action du donataire qui voudrait obtenir (*capere*) la donation excédant le taux légal[50].

---

47. *Fragm. Vat.*, 298-309. Ces personnes exceptées, dont la liste s'est formée et a été remaniée progressivement, comprennent notamment : les cognats jusqu'au 5e degré; les fiancés; les époux (avant la prohibition des donations entre époux); les pupilles; le patron, etc.

48. Ulpien, *Reg.*, 1.

49. *Fragm. Vat.*, 310.

50. Au cas de tradition d'un meuble, le donateur, en mesure d'invoquer la loi Cincia, pouvait le reprendre pendant un certain délai par l'interdit *utrubi* : *Fragm. Vat.*, 311.

L'exception de la loi Cincia ne pouvait plus être invoquée, après la mort du donateur, par ses héritiers[51].

§ 2. — **L'insinuation.** — L'insinuation est la transcription de la sanction sur les registres publics. Il était entré dans l'usage, sous l'Empire, de faire transcrire ainsi non seulement les donations, mais beaucoup d'autres actes dont on voulait faire constater l'existence. Or, Constance Chlore, puis Constantin rendirent cette formalité obligatoire, sous certaines conditions, pour les donations[52] : celle-ci avait alors seulement un but probatoire et de publicité.

Justinien fit davantage : il imposa l'insinuation aux donations excédant le taux de 500 sous. d'or[53], n'en dispensant qu'un petit nombre, notamment les donations en vue du mariage ou pour le rachat des captifs. La sanction de la non-insinuation fut la nullité de la donation pour la part excédant le taux légal.

§ 3. — **La prohibition des donations entre époux.** — Les donations entre époux étaient permises au temps de la loi Cincia: les époux étaient des personnes exceptées (p. 268, n. 47). Mais, peu après, une règle coutumière interdit ces donations, motivant l'interdiction par cette raison que ces donations pouvaient être la résultante d'un entraînement ou d'une pression[54]. L'acte par lequel une telle donation avait été réalisée était considéré comme inexistant.

Cependant, sous l'Empire, particulièrement au temps des Antonins et des Sévères, sous l'influence d'une nouvelle compréhension des rapports matrimoniaux, les donations entre époux

---

51. *Fragm. Vat.*, 259.
52. *C. Th.*, 3, 5, *De spons*, 1.
53. *C.*, 8, 53 (54), *De don.*, 36, 3.
54. *D.*, 24, 1, *De donationibus inter virum et uxorem*, 1; 2.

se trouvent soumises à des règles nouvelles. Au principe de la
prohibition absolue des donations entre vifs entre époux, se
substitue, en fait, le principe des donations toujours possibles,
mais toujours révocables. Pour faciliter l'admission de la ré-
forme, on déclara que la donation entre vifs, tout d'abord
nulle, pourra se trouver confirmée, comme par testament[55], si
le donateur a persisté jusqu'à sa mort dans sa volonté de donner à son conjoint.

§ 4. — **La révocation des donations.** — Elle n'a été envisagée que dans des cas limités. Sans doute, d'après le droit
commun, au cas de donation avec charges, le donateur peut
réclamer, faute d'exécution, ce qu'il a ainsi fourni sans cause,
par une *condictio*[56] : ce qui équivaut à une révocation. Mais,
en droit classique, les donations faites par les patrons à leurs
affranchis sont révocables au gré du donateur[57]. Et, au Bas-
Empire, où ce droit général de révocation des patrons disparaît, il demeure cependant applicable aux donations faites par
eux au cas de survenance d'enfant au donateur[58]. — Bien plus,
le droit de révocation pour cause d'ingratitude du donataire,
invocable d'abord par le seul patron donateur, peut être invoqué, au Bas-Empire, par tout donateur[59].

B. — LES DONATIONS A CAUSE DE MORT.

§ 1. — **Définition et but principal de la donation *mortis
causa*.** — La donation à cause de mort (*mortis causa donatio,*

----

55. *D.*, 24, 1, *h. t.*, 32, *pr.;* 1; 2.

56. *C.*, 4, 6, *De cond. ob caus.*, 3; 8. Dans le droit récent, le donateur
a même une action réelle utile au cas de donation avec charge d'aliments : *C.*, 8, 54 (55), *De don. quae sub mod.*, 1. — Compar. C. civ.,
art. 954.

57. *Fragm. Vat.*, 272.

58. *C.*, 8, 55 (56), *De rev. don.*, 8. V. C. civ., art. 960.

59. *C.* 8, 55 (56), *De rev. don.*, 10. V. C. civ., art. 955 s.

zapio) est une donation faite par le donateur en vue de laisser des biens à une personne déterminée pour après sa mort.

§ 2. — Mode primitif de constitution d'une donation à cause de mort : principaux caractères de l'aliénation fiduciaire *mortis causa*[60]. — La donation à cause de mort paraît avoir été faite tout d'abord dans des cas où le donateur, se sentant en danger de mort, principalement à cause de maladie, transférait un bien à une personne qui en demeurait ainsi propriétaire si le donateur décédait. Cette donation fut primitivement un acte d'aliénation fiduciaire *cum amico* (p. 86). Le donateur transférait un bien au donataire par mancipation ou *in jure cessio* avec convention que ce bien lui serait retransféré, une fois le danger passé, d'ordinaire au cas de maladie, s'il recouvrait la santé[61].

Le donateur étant juge d'apprécier le moment où le danger lui paraît avoir cessé, la faculté de demander, quand il le veut, l'exécution de la convention de rendre (pacte de fiducie) équivaut pour le donateur à un droit de révocation à tout moment. L'exercice de ce droit de révocation a naturellement un terme dans le décès même du donateur : aussi, dit-on que la donation *m. c.* est subordonnée au prédécès du donateur. Enfin, le donateur peut, après le prédécès du donataire, réclamer la chose donnée, en vertu du principe que toute fiducie *cum amico*, basée sur la confiance personnelle, peut prendre fin à la mort du fiduciaire.

De là, les trois caractères principaux de la donation à cause de mort : 1° elle est révocable au gré du donateur; 2° elle cesse d'être révocable au cas de prédécès du donateur; 3° sa restitution peut être demandée au cas de prédécès du donataire.

---

60. *D.*, 39, 6, *De mortis causa donationibus; Inst.*, 2, 7, *De donat.*, 1.
61. *D.*, 39, 6, *h. t.*, 42, *pr.*, interpolé; 30, interpolé.

L'action par laquelle la chose donnée sera réclamée du vivant du donataire au gré du donateur ou à la mort du donataire est l'action *fiduciae*[62].

§ 3. — **Autres modes de constitution d'une donation à cause de mort; extension, à ces modes, des caractères de la donation à cause de mort réalisée par aliénation fiduciaire.** — La donation à cause de mort peut encore être réalisée :

a) par stipulation *mortis causa*[63], stipulation conditionnelle : le donataire stipule du donateur qu'il lui soit donné, si le donateur prédécède. A raison du caractère formaliste de la stipulation, celle-ci ne saurait être en principe révoquée par le promettant; mais ce droit de révocation lui fut, par extension, reconnu dans le droit de Justinien[64];

b) par tradition conditionnelle *mortis causa :* le donateur trade, mais de sorte que le donataire-*accipiens* ne devienne propriétaire que lorsque le donateur sera décédé[65]. Jusqu'à sa mort, le donateur demeure propriétaire[66]; le donataire est détenteur. Le donateur pourra intenter à tout moment l'action en revendication pour recouvrer sa chose, s'il veut exercer le droit de révocation qui lui est reconnu. Si le donateur meurt, le donataire devient immédiatement propriétaire[67].

c) par contrat innommé de donation *mortis causa* (p. 128) : le donateur transfère immédiatement par tradition au donataire la chose donnée, avec convention que la chose lui sera rendue s'il échappe à un danger instant[68], notamment s'il recouvre

---

62. *D.*, 39, 6, *h. t.*, 42, *pr.*, interpolé; 39, 6, *h. t.*, 16, 19.
63. Festus, 161, *v° Mortis causa stipulatio.*
64. *D.*, 23, 3, *De jure dot.*, 76.
65. *D.*, 39, 6, *h. t.*, 2.
66. *D.*, 24, 1, *De donat. inter vir. et ux.*, 11, *pr.*
67. *D.*, 40, 1, *De manum.*, 15.
68. *D.*, 39, 6, *h. t.*, 3-6.

la santé. Les caractères de l'aliénation fiduciaire ont été étendus à ce mode de formation plus récent qui l'a remplacée (p. 87). Le donateur aura une action en répétition, *condictio*, dite *condictio propter poenitentiam*, pour demander, à son gré, à tout moment, la restitution de la chose[69]. Il aura une action *in factum*[70], puis une action *praescriptis verbis*[71], pour réclamer l'exécution de la convention de rendre dans le cas de prédécès du donataire.

d) par convention de donation accompagnée d'un pacte contraire, « si le donateur a recouvré la santé » : depuis la reconnaissance du pacte légitime de donation, le donateur peut convenir qu'il donnera une chose et convenir également, avant toute exécution de la donation, que la chose ne sera pas donnée si lui, donateur, a échappé au danger qui le menace. Si la condition se réalise, si le donateur survit au danger, ce qu'il est seul à apprécier, le pacte contraire produit les effets de tout *contrarius consensus* (p. 236) : le donateur a l'action réelle pour pouvoir réclamer la chose donnée et tradée après la formation du pacte contraire[72].

Ainsi, tandis que le but de ces divers actes demeure en principe le même, la sanction de ces actes sera différente suivant les modes qui auront servi à les constituer.

§ 4. — Les donations à cause de mort et les legs : buts secondaires de la donation « mortis causa ». — La donation à cause de mort joue un rôle plus ou moins analogue, suivant les cas, à celui du legs. Elle présente même

---

69. Paul, *Sentent.*, 3, 7, 2. Il pourra aussi intenter la *condictio ob rem dati* : 39, 6, *h. t.*, 35, 3.
70. *D.*, 39, 6, *h. t.*, 18, 1.
71. *D.*, 39, 6, *h. t.*, 30; 42, *pr.*
72. *D.*, 39, 6, *h. t.*, 29; *D.*, 24, 1, *De donat. inter vir. et ux.*, 11, 9.

l'avantage de n'être pas par elle-même astreinte aux règles qui régissent le testament, sans lequel le legs ne peut exister. Primitivement, elle eut sans doute pour but secondaire, pouvant être faite à tout moment, de remédier aux inconvénients que présentait le testament comitial. Sa fonction, analogue à celle du legs, explique qu'on lui ait appliqué les dispositions des lois Furia *testamentaria* et Voconia[73]. Elle servira plus tard à tourner les prohibitions des lois caducaires : aussi celles-ci lui furent-elles par la suite étendues[74]. Aussi, peut-on constater un rapprochement de plus en plus accentué des donations à cause de mort et des legs[75]. Cependant, même au temps de Justinien, les deux actes ne sont pas confondus : car il peut toujours se faire qu'un donateur veuille faire profiter de ses biens une autre personne, dès son vivant, sans renoncer à les reprendre à toute occasion et normalement au cas où le bénéficiaire mourrait avant lui. Dans cette intention, il ne fera pas un legs; il fera une donation à cause de mort.

---

73. Gaius, 4, 23; 2, 226.

74. *D.*, 39, 6, *h. t.*, 35, *pr.* Les donations à cause de mort apparaissent dans de nombreux cas comme étant des actes testamentaires simulés.

75. *Fragm. Vat.*, 259; *C.*, 6, 50, *Ad legem Falcidiam*, 5; *C.*, 8, 56 (57), *De m. c. donat.*, 2; *D.*, 39, 6, *h. t.*, 15; 10; 17; *C.*, 6, 51, *De caducis toll.*, 1, 14 (a. 534). — Par une constitution de 530, *C.*, 8, 56 (57), *De m. c. donat.*, 4, Justinien remplace pour les donations à cause de mort la formalité de l'insinuation par la présence de cinq témoins, par analogie de ce qui se passait pour les codicilles.

TABLE ANALYTIQUE DES MATIÈRES

Pages.

TITRE III

Des diverses sources non contractuelles et non délictuelles d'obligations.

DEUXIEME PARTIE

De l'exécution des obligations.

TROISIEME PARTIE

De l'extinction des obligations.

APPENDICE

(comprenant des matières parfois enseignées en 2e année de licence.)

TABLE ALPHABÉTIQUE

13264. — Bordeaux. — Imprimerie Cadoret, 17, rue Poquelin-Molière.